KB104210

내 안의 나를 깨우는

장자

잡편
雜篇

일상과 이상을 이어주는 책
일상이상

내 안의 나를 깨우는
장자 | 잡편 雜篇 |

© 2017, 최상용

초판 1쇄 펴낸날 · 2017년 2월 2일
초판 2쇄 펴낸날 · 2017년 6월 16일
펴낸이 · 이효순 | 펴낸곳 · 일상과 이상 | 출판등록 · 제300-2009-112호
편집인 · 김종필
주소 · 경기도 고양시 일산서구 일현로 140 112-301
전화 · 070-7787-7931 | 팩스 · 031-911-7931
이메일 · fkafka98@gmail.com
ISBN 978-89-98453-38-1 (04150)

옛글의 향기 3

내 안의 나를 깨우는 장자

莊子

기발한 상상력으로 자아를 일깨우다

장자 지음 — 최상용 옮김

잡편

雜篇

일상이상

제자백가의 사상을 엿볼 수 있는 잡편(雜篇)

『장자』 잡편은 「경상초(庚桑楚)」, 「서무귀(徐無鬼)」, 「칙양(則陽)」, 「외물(外物)」, 「우언(寓言)」, 「양왕(讓王)」, 「도척(盜跖)」, 「설검(說劍)」, 「어부(漁父)」, 「열어구(列禦寇)」, 「천하(天下)」 등 총 11편으로 구성되었습니다. 잡편은 외편과 마찬가지로 각 편의 첫머리 글자를 취해 편명으로 삼고 있습니다.

잡편 역시 장자의 제자들이나 후학들에 의해 이루어진 것으로 보고 있습니다. 여기에서도 내편에서 드러난 장자의 사상을 부연 전개하고 있다고 볼 수 있습니다. 잡편에서도 다양한 사자성어가 나오는데, 각 편마다 핵심용어를 이루는 한자에 대해 자세한 설명을 곁들이며 그 어원을 밝혀두었습니다.

제23편 「경상초」의 앞부분에서는 노자의 제자 경상초를 등장시켜 '노자의 도'를 논하고, 뒤에서는 '양생'과 '제물론'과 같은 이야기를 전개하고 있습니다. 즉 "양생의 방법이란 자연의 도인 하나를 품고서 자기의 본성을 잃지 않는 것이지" 혹은 "도는 만물에 두루두루 통하고 있습니다. 어떠한 사물이라도 나뉨이 있으면 이루어

짐도 있고, 이루어짐이 있으면 훼손됨도 있게 됩니다"와 같은 내용이랍니다.

제24편 「**서무귀**」에서는 인간의 오욕칠정에 대해 다양하게 설명하고 있습니다. 즉 "지식인은 생각의 변환이 없으면 즐거워하지 않고, 말 잘하는 변사는 말의 조리가 없으면 즐거워하지 않으며, 일을 잘 살피는 사람은 상대방과 논쟁하여 따질 일이 없으면 즐거워하지 않습니다. 이들은 모두가 밖의 사물에 얽매어 있는 자들입니다"라는 내용 등이 실려 있습니다.

제25편 「**칙양**」에서는 다양한 관점에서 여러 인물들을 등장시키며 잡다한 주제들을 논의하고 있습니다. 예를 들면 성인의 특징, 임금으로서의 올바른 도리, 위정자와 백성의 관계, 길흉화복의 문제, 대자연의 변화인 음양의 성쇠에 따른 영향, 인간의 죽음과 삶과 같은 문제들입니다.

제26편 「**외물**」에서는 우리 자신 밖의 모든 것을 뜻하는 외물, 그 중에서도 재물과 명예를 탐하다 인간관계 및 자신을 망치는 사례들을 언급하고 있습니다. 즉 "충신이라고 해서 반드시 신임을 받는 건 아닙니다. 오나라 오자서(伍子胥)는 충신이면서도 사형을 당하여 강물에 던져졌고, 주나라의 대부 장홍(萇弘)은 모함을 받아 촉땅에서 자결했다"는 내용 등입니다.

제27편 「**우언**」에서는 『장자』의 서문과도 같은 내용을 담고 있습니다. 즉 이 편의 첫 장에서 "내 글에서 우화의 형식을 빌려 한 말(寓言)이 십 분의 구 정도이고, 옛사람들이 중시하는 말이나 일을 빌려 한 말(重言)이 십 분의 칠이며, 무심히 한 말(卮言)은 일상에서

수시로 나오되 자연의 질서와 화합된 것들입니다"라는 언급이 있기 때문입니다.

제28편 「양왕」에서는 천자의 자리를 물려주려 해도 자기의 일신을 중시하며 물리친다는 내용을 담고 있습니다. 즉 "해가 뜨면 들로 나가 일하고, 해가 지면 집으로 들어와 쉽니다. 이렇게 하늘과 땅 사이를 소요하다 보면 마음이 한결 흡족해진답니다. 그런데 내 어찌 천하를 다스리겠습니까? 슬프게도 임금님께선 저를 제대로 알고 있지 못한 것 같군요"와 같은 내용이랍니다.

제29편 「도척」의 서두에서는 공자와 도척을, 뒤에서는 자장과 지화를 등장시켜 유가를 비판하고 있습니다. 특히 도척의 입을 통해 "공구 네가 한 말은 모두가 쓸모가 없어 내가 버린 것들이다. 그러니 어서 빨리 돌아가고 다시는 그런 말들은 하지도 말거라! 네가 믿고 있는 도란 본성을 잃고 허둥대는 것으로서 교활하게 남을 속이고 거짓으로 일을 꾸미는 데 쓰이는 것이지, 진정성을 보전할 수 있는 게 아니다"라고 말하기도 합니다.

제30편 「설검」에서는 장자를 등장시켜 칼싸움을 좋아하는 조나라 문왕을 설복하여 그만두게 한다는 내용이 전개되고 있습니다. 본편의 말미에 "장자가 '전하! 이리 편안히 앉으셔서 마음을 좀 안정시키시지요. 검에 대한 이야기는 이미 모두 다 아뢰었습니다.' 그 뒤로 문왕은 석 달 동안이나 궁 밖을 나가지 않았고, 검객들은 모두 그 자리에서 자결하고 말았습니다"라는 내용이랍니다.

제31편 「어부」에서는 도를 체득한 어부를 등장시켜 공자에게 가르침을 준다는 내용을 담고 있습니다. 도가적인 것과 유가적인 내

용이 뒤섞여 있습니다. 즉 "천자 · 제후 · 대부 · 서민 등 이 네 가지 계층의 사람들이 스스로 알아서 올바른 길을 가게 하는 것이 다스림의 미학입니다. 이 네 계층의 사람들이 자신들의 자리를 벗어나게 되면 그보다 큰 사회적 혼란은 없을 겁니다"라는 내용 등입니다.

제32편 「열어구」에서는 도가 사상가인 열자를 등장시키며 여러 도가 사상을 열거하고 있습니다. 특히 본편의 후반부에서 "장자가 막 죽음에 이르렀을 때 제자들이 성대하게 장례를 치르려 하자, '나는 하늘과 땅을 속관과 겉 관으로 삼고, 해와 달을 한 쌍의 구슬 장식으로 삼으며, 별들로 입에 물리는 구슬로 삼고, 만물을 부장품으로 생각하고 있단다. 이처럼 내 장례 용품은 이미 다 갖추어지지 않았느냐? 그런데 여기에 무얼 보탠단 말이냐?'라는 대목"도 기술되고 있습니다.

제33편 「천하」에서는 춘추전국시대의 대표적인 사상가들을 소개하며 각 학파 나름의 특징을 설명하고 있습니다. 여기에 소개된 사람으로는 묵적과 금골리, 송견과 윤문, 팽몽 및 전병과 신도, 관윤과 노자, 장자, 혜시 등이랍니다. 특히 "혜시의 학술은 여러 분야에 걸쳐 있고 그가 지은 책도 다섯 수레나 되었지만, 그가 내세운 도는 잡다한 것들로 뒤섞여 있고 그의 이론 또한 이치에 맞지 않습니다"라며 혜시를 평가절하하고 있는 점이 눈길을 끕니다.

2017년 1월

휴심재(休心齋)에서 최상용(崔相鎔)

제 23 편

외루산에 사는 노자의 제자

경상초

庚 桑 楚

"양생의 방법이란 자연의 도인 하나를 품고서 자기의 본성을 잃지 않는 것이지. 점치는 일로 길흉(吉凶) 따위를 알려 하지 말고, 자기가 놓인 처지에 편히 머물면서 인위적인 행동을 그만두어야 한다네. 타인에 대한 관심을 버리고 모든 걸 자기 자신에게서 찾아야 하지. 행동은 자연스럽게 하고, 마음은 자연에 순응하여 해맑은 아이처럼 순수해야 해. 아이가 하루 종일 울어도 목이 쉬지 않는 것은 자연과의 조화가 지극하기 때문이지. 또 하루 종일 주먹을 쥐고 있어도 손이 저리지 않는 것은 자연의 덕과 함께하기 때문이라네. 하루 종일 보고 있어도 눈을 깜빡이지 않는 것은 외계 사물에 치우쳐 있지 않기 때문이지. 길을 가도 가는 곳을 알지 못하고, 머물러 있어도 무엇을 해야 하는지도 알지 못한다네. 그저 사물에 순응하고, 자연의 흐름에 동조를 하지. 이것이 바로 양생의 방법이라네."

庚 桑 楚

천 세대 이후에는 필시 사람과 사람이 서로를 잡아먹는 일도 생길 것 같구나

제23편 경상초(庚桑楚) 1-1

노자(노담: 老聃)의 제자로 경상초(庚桑楚)라는 사람이 있었는데, 노자의 도를 좀 터득하고는 북방의 외루산에 살고 있었습니다. 그의 하인 중에 똑똑하고 지식이 있는 자들은 내보내고, 그의 첩들 중에 정감 있고 어진 이들은 멀리하였습니다. 그러고는 못난 자들과만 함께 살고 열심히 일하는 사람들만을 썼습니다. 그렇게 3년이 지나고 외루산 지방에 큰 풍년이 들었습니다. 외루산 지방의 백성들은 서로를 붙들고 이야기를 나누었습니다.

"경상초가 처음 왔을 때 우린 깜짝 놀라며 아주 기이하게 여겼었죠. 지금 우리가 하루 이틀로 보아서는 별것 아닌데, 한 해로 계산해 보니 대단한 일을 해놓았습니다. 아마도 그는 성인일 거야. 여러분, 어찌 그러한 분을 윗자리에 모시고 임금으로 섬기지 않는단 말이오!"

老聃之役, 有庚桑楚者, 偏得老聃之道, 以北居畏壘之山. 其臣之畫然知者去之, 其妾之挈然仁者遠之. 擁腫之與居, 鞅掌之爲使. 居三年, 畏壘大穰. 畏壘之民相與言曰:「庚桑子之始來, 吾洒然異之. 今吾日計之而不足, 歲計之而有餘. 庶幾其聖人乎. 子胡不相與尸而祝之, 社而稷之乎!」

경상초는 그 말을 듣고는 남쪽을 향해 앉았으나 기쁘진 않은 듯 보였습니다. 제자들이 이상하게 여기자 경상초가 말했습니다.

"너희는 내가 뭐가 이상하다는 거냐? 봄기운이 발동하면 온갖 풀들이 자라나고, 가을이 되면 만물은 열매를 맺는 법이지. 봄과 가을이 어찌 자연의 도를 얻지 않고 그럴 수 있겠느냐? 그것은 자연의 도에 의하여 운행되고 있는 것이란다. 내가 듣기론 지극한 사람인 지인은 좁은 방 안에 죽은 듯이 숨어 지내고, 백성들은 멋대로 날뛰면서 갈 곳도 알지 못한다고 하였단다. 지금 외루산 지방의 천민들까지도 마음속으로 나를 어진 사람들 사이에 넣곤 떠받들려 하고 있구나. 그러니 나는 그러한 표적이 될 만한 사람이겠느냐? 나는 그래서 노자의 말씀에 어긋나는 것이므로 기쁘지 않게 생각하고 있는 거란다."

庚桑子聞之, 南面而不釋然. 弟子異之. 庚桑子曰:「弟子何異於予? 夫春氣發而百草生, 正得秋而萬寶成. 夫春與秋, 豈無得而然哉? 天道已行矣. 吾聞至人, 尸居環堵之室, 而百姓猖狂, 不知所如往. 今以畏壘之細民, 而竊竊焉欲俎豆予於賢人之間, 我其杓之人邪? 吾是以不釋於老聃之言.」

그의 제자가 말했습니다.

"그렇진 않을 겁니다. 조그만 도랑에서 큰 물고기는 그 몸체를 돌릴 수 없지만, 송사리나 미꾸라지는 제멋대로 움직일 수 있습니다. 낮고 작은 언덕에서 큰 짐승들은 제 몸을 가릴 수 없지만 작은 여우는 둔갑도 부립니다. 또 현명한 사람을 존경하고 능력자에게 벼슬을 내려 착한 일과 이로운 것을 앞세우는 것은 옛날 요 임금과 순 임금 때부터 그래온 일입니다. 그러니 하물며 외루산 지방의 백성들이야 더 말할 것 있겠습니까! 스승님께서는 그들의 요구를 들어주십시오."

弟子曰:「不然. 夫尋常之溝, 巨魚無所還其體, 而鯢鰌爲之制. 步仞之丘陵, 巨獸無所隱其軀, 而孼狐爲之祥. 且夫尊賢授能, 先善與利, 自古堯舜以然, 而況畏壘之民乎! 夫子亦聽矣.」

이에 경상초가 말합니다.

"너희는 가까이 오거라. 수레를 한 입에 삼킬 만한 큰 짐승도 홀로 산을 떠나면 그물과 올가미의 재난을 면치는 못할 것이다. 배를 집어삼킬 만한 큰 물고기라 하더라도 펄쩍 뛰어 물 밖으로 나오면 땅강아지나 개미들까지도 그를 괴롭힐 수가 있지. 그러므로 새와 짐승들은 높은 곳을 싫어하지 않고, 물고기와 자라는 깊은 곳을 싫어하지 않는단다. 또한 자기의 몸과 생명을 온전히 하려는 사람들은 그의 몸을 감추기 위해서 아득히 깊고 먼 곳도 마다하질 않지.

庚桑子曰:「小子來. 夫函車之獸, 介而離山, 則不免於網罟之患. 呑舟之魚, 碭而失水, 則螻蟻能苦之. 故鳥獸不厭高, 魚鱉不厭深. 夫全其形生之人, 藏其身也, 不厭深眇而已矣.

그런데 또 요순 같은 두 사람이야 무엇으로써 칭찬할 만하다 하겠느냐? 그들은 자기들 논리를 앞세우며 함부로 남의 집 담벼락을 뚫게 하고 그 안에 쑥대만 무성케 한 것과 같지. 그들은 머리카락을 세어가며 빗질을 하고, 쌀알을 세어서 밥을 짓는 것 같은 일을 했었지. 그렇게 작은 일에 얽매어 가지고서야 어떻게 세상을 구제할 수 있겠느냐? 이들이 한 것처럼 현명한 사람을 등용하면 백성들도 벼슬을 얻으려고 서로 다투고, 지식인에게 벼슬을 맡기면 백성들은 간악해져 서로를 속이게 될 거야. 이러한 몇 가지 일로는 백성들을 따뜻하게 해줄 수 없는 법이지. 그러한 방법들은 백성들이 자신만의 이익을 위해 더욱 힘쓰게 한 나머지, 자식이 아버지를 죽이고 신하가 임금을 죽이는 일이 발생케 되지. 또 대낮에 도둑질을 하고, 한낮에 남의 집 담장을 뚫고 들어가는 일들이 생기게 된단다.

且夫二子者, 又何足以稱揚哉? 是其於辯也, 將妄鑿垣牆而殖蓬蒿也, 簡髮而櫛, 數米而炊, 竊竊乎又何足以濟世哉? 擧賢則民相軋, 任知則民相盜. 之數物者, 不足以厚民. 民之於利甚勤, 子有殺父, 臣有殺君. 正晝爲盜, 日中穴阫.

내 너희에게 이르노니, 큰 혼란의 근본은 틀림없이 요순시대에 생긴 것으로, 앞으로 천 세대 이후까지 존속할 것이다. 천 세대 이후에는 필시 사람과 사람이 서로를 잡아먹는 일도 생길 것 같구나."

吾語女, 大亂之本, 必生於堯舜之間, 其末存乎千世之後. 千世之後, 其必有人與人相食者也.」

몸집 작은 땅벌은 덩치 큰 콩잎벌레를 부화시킬 수 없고

제23편 경상초(庚桑楚) 2-1

듣고 있던 제자 남영주(南榮趎)가 깜짝 놀라 몸가짐을 바르게 고쳐 앉으며 물었습니다.

"저와 같이 이미 나이가 든 사람은 앞으로 어떻게 수양공부를 해야 말씀하신 것처럼 될 수 있겠습니까?"

이에 경상초가 대답합니다.

"자네의 몸을 잘 보전하고, 자네의 성명(性命)을 잘 보양하면서 이런저런 생각으로 애쓰지 말게나. 그렇게 삼 년만 지내면 내가 말한 경계에 도달할 수 있을 게야!"

南榮趎蹴然正坐曰:「若趎之年者已長矣, 將惡乎托業以及此言邪?」庚桑子曰:「全汝形, 抱汝生, 無使汝思慮營營. 若此三年, 則可以及此言也!」

그러자 남영주가 하소연을 합니다.

"눈의 형체를 보았을 때 다른 모든 사람과의 차이를 모르겠지만 장님은 스스로 보지 못합니다. 귀의 형체를 보았을 때 다른 모든 사람과의 차이를 모르겠지만 귀머거리는 스스로 들을 수 없으며, 또 마음의 형체를 보았을 때 다른 모든 사람과의 차이를 모르겠지만 미치광이는 스스로 제정신을 차리지 못합니다. 이와 같이 형체와 형체는 서로 비슷합니다. 그런데도 기능에 차이가 나는 것은 혹 그 사이에 어떤 게 있는 걸까요? 저는 아무리 도를 추구해 보아도 터득할 수가 없습니다. 좀 전에 '자네의 몸을 잘 보전하고, 자네의 성명을 잘 보양하면서 이런저런 생각으로 애쓰지 말라'고 하셨습니다. 저는 도에 관해 애써 듣기는 하였지만 귀에만 들릴 뿐 깨우치진 못했습니다."

南榮趎曰:「目之與形, 吾不知其異也, 而盲者不能自見. 耳之與形, 吾不知其異也, 而聾者不能自聞. 心之與形, 吾不知其異也, 而狂者不能自得. 形之與形亦辟矣, 而物或間之邪? 欲相求而不能相得. 今謂趎曰:『全汝形, 抱汝生, 勿使汝思慮營營.』趎勉聞道達耳矣.」

이에 경상초가 말합니다.

"내 할 말은 다한 것 같네. 몸집 작은 땅벌은 덩치 큰 콩잎벌레를 부화시킬 수 없고, 몸집 작은 닭은 보다 큰 고니의 알을 품을 수 없지만 덩치 큰 노계라는 닭은 그것이 가능하다 하였다네. 닭과 닭으로서 그 덕은 다름이 없지. 그런데 한편은 가능하고 다른 한편은 불가능한 것은 그 재능이 본래부터 크고 작은 차이가 있기 때문이라네. 지금 나의 재능은 작아서 자넬 교화시키기엔 부족한 것 같네. 자넨 어찌하여 남쪽으로 가서 노자를 찾아뵙지 않는 겐가?”

庚桑子曰:「辭盡矣, 奔蜂不能化藿蠋, 越雞不能伏鵠卵, 魯雞固能矣. 雞之與雞, 其德非不同也. 有能與不能者, 其才固有巨小也. 今吾才小, 不足以化子. 子胡不南見老子?」

자네의 기색(氣色)을 보고서 자네가 품고 있는 의문을 알고 있었다네

제23편 경상초(庚桑楚) 2-2

남영주는 양식을 걸머지고 칠일 낮 칠일 밤을 걸어 노자가 머물고 있는 곳에 도착하였습니다. 이를 본 노자가 말합니다.

“자네는 경상초로부터 온 겐가?”

이에 남영주가 대답합니다.

“네, 그렇습니다.”

다시 노자가 남영주에게 물었습니다.

“자넨 어찌 그리 많은 사람들과 함께 온 겐가?”

남영주는 깜짝 놀라 자신의 뒤를 돌아다보았습니다. 그러자 노자가 답답한 듯 말합니다.

“자넨 내가 말한 뜻을 모르겠는가?”

이에 남영주는 고개를 숙인 채 부끄러워하다가 갑자기 하늘을 우러르며 탄식하듯 말합니다.

“지금 저는 대답할 말을 잊어버렸습니다. 그리고 또 무엇을 물어야 할지도 모르겠습니다.”

노자가 다시 묻습니다.

"그게 무슨 말인가?"

南榮趎贏糧, 七日七夜至老子之所. 老子曰:「子自楚之所來乎?」南榮趎曰:「唯.」老子曰:「子何與人偕來之衆也?」南榮趎懼然顧其後. 老子曰:「子不知吾所謂乎?」南榮趎俯而慙, 仰而歎, 曰:「今者吾忘吾答, 因失吾問.」老子曰:「何謂也?」

그러자 남영주가 간절하게 말을 이어갑니다.

"제가 만약 세상일을 알지 못하면 사람들은 절더러 어리석다 할 것이고, 안다고 하면 도리어 저 자신을 걱정하게 될 겁니다. 제가 어질지 않으면 남을 해칠까 걱정되고, 어질면 도리어 제 몸을 걱정하게 됩니다. 그리고 또 제가 정의롭지 않으면 남에게 손상을 줄까 걱정되고, 정의로우면 외려 제 자신이 걱정될 겁니다. 제가 어떻게 해야 이러한 처지를 피해갈 수 있겠습니까? 이 세 가지가 제가 걱정하는 점입니다. 경상초의 소개로 선생님께 이것을 여쭙고자 한 겁니다."

南榮趎曰:「不知乎, 人謂我朱愚, 知乎, 反愁我軀. 不仁則害人, 仁則反愁我身. 不義則傷彼, 義則反愁我己. 我安逃此而可? 此三言者, 趎之所患也. 願因楚而問之.」

이에 노자가 말합니다.

"조금 전 나는 자네의 눈썹과 속눈썹 사이의 기색(氣色)을 보고서 자네가 품고 있는 의문을 알고 있었다네. 지금 또 자네가 한 말을 듣고 보니 내 예상에 믿음이 가네 그려. 지금 자네의 얼빠진 모양은 마치 부모를 잃고는 장대를 들고서 바다에서 부모를 찾는 거나 마찬가질세. 자넨 지금 본성을 잃은 게야. 아주 멍청해져 버렸어! 자네가 자네의 참된 본성으로 되돌아가려 하지만 돌아갈 방법이 없으니, 참으로 딱한 일일세!"

老子曰:「向吾見若眉睫之間, 吾因以得汝矣. 今汝又言而信之. 若規規然若喪父母, 揭竿而求諸海也. 汝亡人哉! 惘惘乎, 汝欲反汝情性而無由入, 可憐哉!」

약을 먹음으로써 병이 더욱 도지게 하는 것과 같습니다

제23편 경상초(庚桑楚) 2-3

남영주는 간청 끝에 관사로 들어가 수업을 받으면서 그가 좋다고 여긴 것은 추구하고 나쁘다고 생각되는 것은 버렸습니다. 그렇게 열흘이 지났지만 여전히 근심은 남아 다시 노자를 찾아뵙자 노자가 말합니다.

"자넨 스스로 마음을 깨끗이 씻은 듯하지만, 아직도 뭔가 케케묵은 것들로 우울하여 불안한 것 같네. 그리고 자네 마음속엔 여전히 나쁜 생각이 흘러넘치고 있어. 바깥 사물에 얽매인 자는 마음이 번거로워 바로잡을 수 없을 것이니, 안으로 마음작용을 닫아야 할 거야. 또 안으로 자기 마음속에 얽매어 있는 자는 생각이 뒤엉켜 바로잡을 수 없으니, 밖으로 향한 눈귀의 작용을 닫아야 한다네. 밖이나 안으로 얽매어 있는 자는 도덕을 지닐 수가 없지. 하물며 그런데도 대도를 따라 행동할 수 있겠는가?”

南榮趎請入就舍, 召其所好, 去其所惡. 十日自愁, 復見老子. 老子曰: 「汝自洒濯, 熟哉鬱鬱乎. 然而其中津津乎猶有惡也. 夫外韄者不可繁而捉, 將內揵. 乃韄者不可繆而捉, 將外揵. 外內韄者, 道德不能持, 而況放道而行者乎?」

이에 남영주가 말합니다.

“마을 사람이 병을 앓고 있어서 같은 마을 사람이 문병을 갔을 때, 그 병자가 자기 병에 대해 얘기할 수 있다면 그 병자는 아직 중병을 앓고 있는 건 아닙니다. 그런데 제가 선생님께 대도에 관하여 듣는다는 것은, 비유컨대 약을 먹음으로써 병이 더욱 도지게 하는 것과 같습니다. 그러니 그저 삶을 위한 양생의 방법에 대한 말씀만을 듣고 싶을 뿐입니다.”

南榮趎曰: 「里人有病, 里人問之, 病者能言其病, 然其病病者猶未病也. 若趎之聞大道, 譬猶飮藥以加病也. 趎願聞衛生之經而已矣.」

그러자 노자가 말합니다.

“양생의 방법이란 자연의 도인 하나를 품고서 자기의 본성을 잃지 않는 것이지. 점치는 일로 길흉(吉凶) 따위를 알려 하지 말고, 자기가 놓인 처지에 편히 머물면서 인위적인 행동을 그만두어야 한다네. 타인에 대한 관심을 버리고 모든 걸 자기 자신에게서 찾아야 하지. 행동은 자연스럽게 하고, 마음은 자연에 순응하여 해맑은 아이처럼 순수해야 해. 아이가 하루 종일 울어도 목이 쉬지 않는 것은 자연과의 조화가 지극하기 때문이지. 또 하루 종일 주먹을 쥐고 있어도 손이 저리지 않는 것은 자연의 덕과 함께하기 때문이라네. 하루 종일 보고 있어도 눈을 깜빡이지 않는 것은 외계 사물에 치우쳐 있지 않기 때문이지. 길을 가도 가는 곳을 알지 못하고, 머물러 있어도 무엇을 해야 하는지도 알지 못한다네. 그저 사물에 순응하고, 자연의 흐름에 동조를 하지. 이것이 바로 양생의 방법이라네."

老子曰:「衛生之經, 能抱一乎, 能勿失乎. 能無卜筮而知吉凶乎. 能止乎, 能已乎. 能舍諸人而求諸己乎. 能翛然乎, 能侗然乎. 能兒子乎. 兒子終日嗥而嗌不嗄, 和之至也. 終日握而手不挽, 共其德也. 終日視而目不瞚, 偏不在外也. 行不知所之, 居不知所爲, 與物委蛇而同其波. 是衛生之經已.」

듣고 있던 남영주가 말합니다.

"그렇다면 이것이 바로 지극한 사람인 지인(至人)의 덕이란 말입니까?"

그러자 노자가 고개를 흔들며 말합니다.

"그런 건 아닐세! 이것은 이른바 얼음이나 언 것들이 녹아 물로 되돌아가는 상태 정도를 말한 것이지. 지인(至人)이란 사람들과 더불어 대지 위에서 어울려 살고 대자연을 함께 즐기는 사람이라네. 그러니 사람과 사물이나 이익과 피해 때문에 마음이 어지럽혀지지 않고, 남달리 괴이한 행위를 하지 않으며, 어떤 모사도 꾸미지 않고, 어떤 일을 인위적으로 하려고도 않지. 그저 자연스럽게 갔다가, 자연에 순응하며 돌아온다네. 이것이 바로 양생의 방법이지."

南榮趎曰:「然則是至人之德已乎?」曰:「非也. 是乃所謂冰解凍釋者能乎. 夫至人者, 相與交食乎地而交樂乎天, 不以人物利害相攖, 不相與爲怪, 不相與爲謀, 不相與爲事, 翛然而往, 侗然而來. 是謂衛生之經已.」

남영주가 다시 묻습니다.

"그렇다면 이것이 지극함에 이른 겁니까?"

그러자 노자가 고개를 가로저으며 말합니다.

"아직은 아닐세. 내가 일전에도 자네에게 '어린아이 같아야 한다'고 말했었지. 어린아이는 행동하지만 자기가 하는 일을 알지 못하며, 길을 가도 가는 곳을 알지 못한다고 했었네. 몸은 마치 마른 나무의 가지와 같고, 마음은 불 꺼진 재와 같지. 이와 같은 사람에게는 재난도 미치지 않고 복락도 찾아들지 않는다네. 재난이나 복락도 있지 않은데, 어찌 사람으로 인한 재해가 있겠는가?"

曰:「然則是至乎?」曰:「未也. 吾固告汝曰:『能兒子乎.』兒子動不知所爲, 行不知所之, 身若槁木之枝而心若死灰. 若是者, 禍亦不至, 福亦不來. 禍福無有, 惡有人災也?」

하늘이 돕는 사람을 일러 하늘의 아들인 천자(天子)라 하였습니다

제23편 경상초(庚桑楚) 3-1

마음이 태연하고 안정되어 있는 사람은 자연의 빛을 내뿜게 됩니다. 자연의 빛을 내뿜는 사람은 그의 천연의 본질을 드러내고, 그 사물의 천연의 본질을 드러내게 합니다. 사람은 스스로 닦을 수 있어야 비로소 변함없는 덕을 배양할 수 있습니다. 변함없는 덕을 지닌 사람에게는 사람들이 와서 의지하게 되고 하늘도 그를 돕게 됩니다. 사람들이 와서 의지하는 사람을 일러 하늘의 백성인 천민(天民)이라 하고, 하늘이 돕는 사람을 일러 하늘의 아들인 천자(天子)라 하였습니다.

宇泰定者, 發乎天光. 發乎天光者, 人見其人, 物見其物. 人有修者, 乃今有恆. 有恆者, 人舍之, 天助之. 人之所舍, 謂之天民. 天之所助, 謂之天子.

지적 탐구는 알 수 없는 경지에서 멈추는 게 최고랍니다

제23편 경상초(庚桑楚) 4-1

학자는 배울 수 없는 것을 배우려 하고, 실행가는 행할 수 없는 것을 실행하려 하며, 변론가는 변론할 수 없는 것을 변론하려 합니다. 지적 탐구는 알 수 없는 경지에서 멈추는 게 최고랍니다. 만약 이렇게 하지 않는다면 자연의 균형은 깨지기 마련입니다.

學者, 學其所不能學也. 行者, 行其所不能行也. 辯者, 辯其所不能辯也. 知止乎其所不能知, 至矣. 若有不即是者, 天鈞敗之.

사람에게 해를 끼치는 것으로 음양(陰陽)보다 큰 것은 없습니다

제23편 경상초(庚桑楚) 5-1

사물의 변화에 대비하면서 자기의 신체를 보양하고, 잡다한 생각을 하지 않고 수렴함으로써 심신(心神)을 배양하고, 내적인 지혜를 받들어 닦음으로써 외계 사물에 통달해야 합니다. 만약 이리했는데도 각종 재난이 닥친다면 그것은 모두가 하늘의 운명이지 사람 탓이 아니랍니다. 그러므로 그런 것으로 이미 안정된 마음을 어지럽혀서는 안 되며, 마음속으로 끼어들게 해서도 안 됩니다. 마음을 지탱해 주는 것이 있는데, 그 지탱해 주는 것이 무엇인지 알지 못하므로 스스로 지탱할 수 없는 겁니다.

備物以將形, 藏不虞以生心, 敬中以達彼. 若是而萬惡至者, 皆天也, 而非人也, 不足以滑成, 不可內於靈臺. 靈臺者有持, 而不知其所持, 而不可持者也.

마음이 진실된 자기 내면을 보지도 못하고 밖으로만 향하면, 매번 밖으로 향할 때마다 자연의 도에서 어긋날 겁니다. 또 밖으로부터 들어온 것들을 버리지 않으면 매번 자기의 본연의 것을 잃게 됩니다. 밝게 드러난 곳에서 나쁜 짓을 하는 자가 있다면 사람들이 벌을 줄 겁니다. 또 어둑어둑한 곳에서 나쁜 짓을 하는 자가 있다면 귀신이 그에게 벌을 줄 겁니다. 때문에 사람에 대해서도 분명하고 귀신에 대해서도 분명한 연후라야 부끄럼 없이 행동할 수 있습니다.

不見其誠己而發, 每發而不當. 業入而不舍, 每更爲失. 爲不善乎顯明之中者, 人得而誅之. 爲不善乎幽闇之中者, 鬼得而誅之. 明乎人明乎鬼者, 然後能獨行.

자기 내면에 충실한 사람은 행동함에 있어 명분을 따지지 않고,

겉치레에 힘쓰는 사람은 재물을 추구하는 데 뜻을 둡니다. 명분을 따지지 않고 행동하는 사람은 항상 빛이 납니다. 재물을 추구하는 데 뜻을 둔 사람은 장사꾼에 지나지 않습니다. 사람들은 그가 돋보이려 발돋움하고 있음을 알고 있는데도 여전히 잘난 체를 합니다. 바깥 사물에 대해 무심한 사람에게는 모든 사물이 그에게 귀의하여 옵니다. 그러나 바깥 사물을 가로막는 자는 그 자신조차도 용납하지 못하는데, 어떻게 다른 사람을 받아들일 수 있겠습니까? 남을 용납할 수 없는 사람은 친한 사람도 없을 것이고, 친함이 없으면 사람들에게 단절됩니다. 사람의 의지를 꺾는 것은 무기보다도 참혹합니다. 명검인 막야도 그 다음일 뿐입니다. 사람에게 해를 끼치는 것으로 음양(陰陽)보다 큰 것은 없으며, 하늘 땅 사이에서는 달아날 곳도 없습니다. 그 음양의 기운이 사람을 해치는 게 아니라, 바로 그 사람의 마음이 그렇게 만드는 겁니다.

券內者, 行乎無名. 券外者, 志乎期費. 行乎無名者, 唯庸有光. 志乎期費者, 唯賈人也. 人見其跂, 猶之魁然. 與物窮者, 物入焉. 與物且者, 其身之不能容, 焉能容人? 不能容人者無親, 無親者盡人. 兵莫憯於志, 鏌鎁爲下. 寇莫大於陰陽, 無所逃於天地之間. 非陰陽賊之, 心則使之也.

정신이 밖으로 나가서 되돌아오지 않으면 죽음에 가까워진 겁니다

제23편 경상초(庚桑楚) 6-1

도는 만물에 두루두루 통하고 있습니다. 어떠한 사물이라도 나눠이 있으면 이루어짐도 있고, 이루어짐이 있으면 훼손됨도 있게 됩니다. 나눠이 나쁘다는 것은 나뉘면서도 그 온전함을 추구하기 때문입니다. 온전함을 추구하는 것이 나쁘다는 것은 온전하게 있으면서도 끊임없이 온전함을 추구하기 때문입니다. 그러므로 정신이 밖으로 나가서 되돌아오지 않으면 죽음에 가까워진 겁니다. 정신이 밖으로 나가서 얻은 것이 있다는 걸 일러 죽음을 얻었다고 합니다. 이미 자기 본성을 잃으면 형체는 남아 있다 하더라도 귀신과 마찬가지입니다. 형체가 있는 몸으로써 형체가 없는 도(道)를 본받아야만 심신이 안정될 수 있습니다.

道通. 其分也其成也, 其成也毁也. 所惡乎分者, 其分也以備. 所以惡乎備者, 其有以備. 故出而不反, 見其鬼. 出而得, 是謂得死. 滅而有實, 鬼之一也. 以有形者象無形者而定矣.

만물이 생겨나지만 그 근본은 없는 것이며, 죽어도 들어갈 구멍이 있는 것이 아닙니다. 실제로 존재하고 있지만 일정한 한계는 없으며, 성장은 있지만 시작과 끝은 없습니다. 생겨남이 있지만 들어갈 구멍이 없기 때문에 존재하고 있는 겁니다. 실제로 존재하고 있으면서 한계가 없는 것이 한없이 넓은 공간을 뜻하는 우(宇)랍니다. 성장은 있지만 시작과 끝이 없다는 것은 예부터 지금까지 계속되는 있는 시간을 뜻하는 주(宙)입니다.

出無本, 入無竅, 有實而無乎處, 有長而無乎本剽, 有所出而無竅者有實. 有實而無乎處者, 宇也. 有長而無本剽者, 宙也.

도는 삶에도 작용하고 죽음에도 작용하며, 생겨나는 데에도 관여하고 돌아가는 데도 관여합니다. 돌아가게 하고 생겨나게 하면서도 그 형체는 보이지 않는데, 이를 일러 하늘의 문이라고 합니다. 하늘의 문은 무유(無有)입니다. 만물은 이 무유에서 생겨납니다. 존재하고 있는 유(有)가 유(有)로써 유(有)가 되게 할 수는 없습니다. 반드시 무유에서 생겨나며, 무유는 무(無)와 유(有)가 통일된 겁니다. 성인은 이러한 경지에서 마음을 노닐게 합니다.

有乎生, 有乎死. 有乎出, 有乎入. 入出而無見其形, 是謂天門. 天門者, 無有也. 萬物出乎無有. 有不能以有爲有, 必出乎無有, 而無有一無有. 聖人藏乎是.

어느 누가 있음과 없음이나 죽음과 삶이 하나임을 알겠습니까

제23편 경상초(庚桑楚) 7-1

옛날 사람 중에는 그 지혜가 지극한 경지에 도달한 이들이 있었습니다. 얼마나 지극했을까요? 첫째로는, 태초에는 어떠한 사물도 존재하지 않았다고 생각하는 경지랍니다. 이는 지극하고 완벽한 경지여서 더 이상 보탤 것이 없었습니다.

古之人, 其知有所至矣. 惡乎至? 有以爲未始有物者, 至矣, 盡矣, 弗可以加矣.

그 다음으로는 사물의 존재는 인정하지만 삶을 죽음과 같다고 생각하고, 죽음을 되돌아감이라고 여겼습니다. 그러나 이는 이것과 저것이라는 분별이 생겨난 겁니다.

其次以爲有物矣, 將以生爲喪也, 以死爲反也, 是以分已.

그 다음으로는 처음에는 아무것도 없었는데 삶이 있게 되었고, 이 삶 또한 곧 죽게 된다고 여기는 경지입니다. 이는 아무것도 없는 것을 머리로 삼고, 삶을 몸뚱이로 삼으며, 죽음을 꽁무니로 여긴 겁니다. 그러니 어느 누가 있음과 없음이나 죽음과 삶이 하나임을 알겠습니까! 나는 그런 사람과 벗하고 싶습니다.

其次曰始無有, 既而有生, 生俄而死. 以無有爲首, 以生爲體, 以死爲尻. 孰知有無死生之一守者, 吾與之爲友.

이 세 종류의 사람들은 비록 차이가 나지만 같은 부류라 할 수 있습니다. 예를 들어 초나라의 같은 왕족인 소씨(昭氏)와 경씨(景氏)는 직책과 임무로 이름을 나타냈고, 갑씨(甲氏)는 책봉된 땅으로 이름을 나타내 성씨가 같지는 않지만 같은 왕족이라 할 수 있는 겁니다.

是三者雖異, 公族也. 昭景也, 著戴也. 甲氏也, 著封也, 非一也.

매미와 작은 비둘기가 대붕(大鵬)을 비웃었던 것과 같이 어리석은 일입니다

제23편 경상초(庚桑楚) 7-2

생명 있는 모든 것은 가마솥 밑의 그을음과 같이 잠시잠깐입니다. 좀 더 분석적으로 말하면 늘 유동적이어서 '옮겨가는 것'이라 할 수 있습니다. 시험 삼아 '옮겨가는 것'에 대해 말해 보려 해도 말로 표현할 수 있는 게 아닙니다. 비록 그렇게 말하면서도 알 수가 없는 일인 겁니다. 예를 들어 연말에 지내는 대제(大祭) 때 바치는 소는 처녑이나 발가락까지도 모두 그대로 붙어 있는데, 먹지도 못할 이러한 것들은 떼어버려도 괜찮겠지만 떼어버리면 온전한 소가 될 수 없기에 그렇게 하지는 않습니다. 또 집을 보는 사람은 침소와 묘당은 물론 변소까지도 두루 보아야만 완전히 본 것이라 할 수 있습니다. 이 때문에 '옮겨가는 것'인 이시(移是)를 거론하는 겁니다.

有生黬也, 披然曰「移是」. 嘗言「移是」, 非所言也. 雖然, 不可知者也. 臘者之有膍胲, 可散而不可散也. 觀室者周於寢廟, 又適其偃焉. 爲是舉「移是」.

그럼 어디 시험 삼아 '옮겨가는 것'에 대해 말해 봅시다. 이것은 자기의 삶을 근본으로 삼고, 자기 지혜를 사표(師表)로 삼아 옳고 그름을 따지기 때문에 결과적으로 명분과 실질이 있게 됩니다. 그래서 자기를 실질이라 여기고 다른 사람들에게 자신을 위해 절개와 같은 명분을 내세우며 따르게 합니다. 그 때문에 죽음으로써 절개라는 명분을 보상받게 됩니다. 이러한 사람은 쓸모 있는 일을 하는 걸 지혜롭다 하고, 쓸모없는 일을 하는 걸 어리석다고 합니다. 세상에 뜻이 두루 통하는 것을 명분이 섰다 하고, 궁지에 몰리는 것을 치욕이라 여깁니다. '옮겨가는 것'이란 오늘날 사람들을 두고 한 말입니다. 이는 곧 매미와 작은 비둘기가 대붕(大鵬)을 비웃었던 것과 같이 어리석은 일입니다.

請嘗言「移是」. 是以生爲本, 以知爲師, 因以乘是非. 果有名實, 因以己爲質, 使人以爲己節, 因以死償節. 若然者, 以用爲知, 以不用爲愚. 以徹爲名, 以窮爲辱.「移是」, 今之人也, 是蜩與鷽鳩同於同也.

지극한 믿음(信)은 금전이 개입되는 걸 물리친다

제23편 경상초(庚桑楚) 8-1

시장에서 다른 사람의 발을 밟으면 자기 잘못을 사과하지만, 형의 발을 밟았다면 따스한 눈길을 주는 것으로 끝이고, 아주 친한 어버이의 발을 밟았을 경우엔 아무런 내색도 하지 않게 됩니다. 그러므로 말하길 "지극한 예(禮)는 나와 남을 구분하지 않고, 지극한 의로움(義)은 자기와 사물을 구별하지 않으며, 지극한 지혜(知)는 무언가를 도모하는 일이 없고, 지극한 어짊(仁)은 특별히 친함을 드러내지 않으며, 지극한 믿음(信)은 금전이 개입되는 걸 물리친다"고 하였습니다.

蹍市人之足, 則辭以放鰲, 兄則以嫗, 大親則已矣. 故曰: 至禮有不人, 至義不物, 至知不謀, 至仁無親, 至信辟金.

행동을 하되 자기 본성을 잃는 일이 없는 것을 일러 다스림(治)이라 합니다

제23편 경상초(庚桑楚) 9-1

자신의 의지를 어지럽히는 것을 제거하고, 마음의 속박을 풀어내고, 덕성에 누가 되는 것을 제거하고, 도를 가로막는 것을 관통시켜야 합니다. 고귀해지고 부유해지고 저명해지고 존경받고 명예를 얻고 이익을 얻는 여섯 가지는 의지를 어지럽힙니다. 용모와 동작과 얼굴빛과 논리와 기분과 의지의 여섯 가지는 마음을 속박하게 됩니다. 미움과 욕망과 기쁨과 노여움과 슬픔과 즐거움의 여섯 가지는 덕성에 누가 되는 겁니다. 또 떠나고 나아가고 취하고 주는 것과 지혜와 능력의 여섯 가지는 도를 막게 됩니다.

徹志之勃, 解心之謬, 去德之累, 達道之塞. 貴富顯嚴名利六者, 勃志也. 容動色理氣意六者, 謬心也. 惡欲喜怒哀樂六者, 累德也. 去就取與知能六者, 塞道也.

이 네 종류에 속한 여섯 가지 것들이 가슴속을 어지럽히지 않으면 그 사람은 올바르게 될 겁니다. 올바르게 되면 고요해지고, 고요해지면 밝아지고, 밝아지면 텅 비게 되고, 텅 비워지게 되면 인위적으로 하는 일이 없으면서도 하지 않는 것이 없게 될 겁니다. 도라는 것은 덕의 극점입니다. 삶이란 것은 덕의 빛입니다. 본성이라는 것은 삶의 본질입니다. 본성이 움직이는 것을 일러 행위라고 하는데, 행위가 인위적이면 그걸 일러 본성을 잃는 것이라고 합니다. 앎이란 사물과의 접촉으로 생겨납니다. 또 앎이란 생각함으로써 이루어집니다. 그러나 지식인도 알지 못하는 것이 있는 것은 곁눈질로 사물의 일부만을 보기 때문입니다. 행동을 하되 자연을 따라 어쩔 수 없이 움직이는 것을 일러 덕이라 합니다. 행동을 하되 자기 본성을 잃는 일이 없는 것을 일러 다스림(治)이라 합니다. 명분을 추구하는 것은 본성에 어긋나지만 실질적인 것을 추구하는 것은 자연에 순응하는 겁니다.

此四六者不蕩胸中則正, 正則靜, 靜則明, 明則虛, 虛則無爲而無不爲也. 道者, 德之欽也. 生者, 德之光也. 性者, 生之質也. 性之動謂之爲, 爲之僞謂之失. 知者, 接也. 知者, 謨也. 知者之所不知, 猶睨也. 動以不得已之謂德, 動無非我之謂治, 名相反而實相順也.

각자가 좋아하는 것을 미끼로 삼지 않고서는 새장에 가두어둘 수가 없었습니다

제23편 경상초(庚桑楚) 10-1

활쏘기의 명수 예(羿)는 아주 작은 물건도 잘 맞히지만 사람들이 자기를 칭찬하지 않게 만드는 데는 서툴렀습니다. 성인은 자연스런 일은 아주 잘하지만 인위적인 일에는 서툴렀습니다. 자연스러운 일에도 뛰어나고 인위적인 일도 잘하는 자는 오직 완전한 사람인 전인(全人)만이 가능합니다. 오직 벌레들은 벌레 노릇만 하기 때문에 벌레들은 자연스러울 수가 있습니다. 완전한 사람이 자연스러움을 싫어하는 건 인위적인 자연스러움을 싫어하는 겁니다. 그러니 하물며 자연스러움과 인위적인 것을 구분하는 우리는 어떻겠습니까!

羿工乎中微而拙乎使人無己譽. 聖人工乎天而拙乎人. 夫工乎天而俍乎人者, 唯全人能之. 唯蟲能蟲, 唯蟲能天. 全人惡天, 惡人之天, 而況吾天乎人乎!

참새 한 마리가 활의 명수 예에게 날아가면, 예는 반드시 활을 쏘아 떨어뜨리지만 이는 인위적인 위력일 뿐입니다. 그러나 천하 세상을 새장으로 삼는다면 새들은 더 이상 도망칠 곳이 없게 될 겁니다. 그렇기 때문에 은나라의 탕왕은 요리사로써 이윤(伊尹)을 새장에 가두었고, 진나라 목공은 다섯 장의 양가죽으로써 진나라의 현인 백리해(百里奚)를 새장에 가둘 수 있었습니다. 이와 같이 각자가 좋아하는 것을 미끼로 삼지 않고서는 새장에 가두어둘 수가 없었습니다.

一雀適羿, 羿必得之, 威也. 以天下爲之籠, 則雀無所逃. 是故湯以包人籠伊尹, 秦穆公以五羊之皮籠百里奚. 是故非以其所好籠之而可得者, 無有也.

정신을 온전히 하고 싶으면 마음을 자연에 순응하면 됩니다

제23편 경상초(庚桑楚) 11-1

다리 잘리는 형벌을 받은 사람이 법도에 구애받지 않는 건 세상의 비난이나 칭찬을 도외시하기 때문입니다. 중노동을 당하는 죄수들이 높은 곳에 올라가도 두려워하지 않는 건 삶과 죽음을 초월했기 때문입니다. 도를 잘 익혀 안으로 자기에게 부끄러움이 없는 사람은 남과의 구분을 잊게 됩니다. 남과 구분을 잊게 되면 자연과 하나되는 천인합일(天人合一)을 이루게 됩니다. 그러므로 그를 공경하여도 기뻐하지 않고, 그를 업신여겨도 화내지 않는 것은 오직 자연의 조화에 합일된 사람만이 그렇게 할 수 있는 겁니다.

介者拸畫, 外非譽也. 胥靡登高而不懼, 遺死生也. 夫復謵不饋而忘人, 忘人, 因以爲天人矣. 故敬之而不喜, 侮之而不怒者, 唯同乎天和者爲然.

성낼 일을 당해도 화내지 않으면 성냄도 마음에 화가 되지 않습니다. 행동을 함에 있어 인위적으로 하는 일이 없는 무위로 하면 행동은 무위하게 됩니다. 고요히 하고자 하면 기분을 평온히 하면 되고, 정신을 온전히 하고 싶으면 마음을 자연에 순응하면 됩니다. 하고자 하는 일들이 도에 합당하고자 한다면 자연에 따라 부득이하게 행동해야 합니다. 자연에 따라 부득이하게 행동하는 것이 바로 성인의 도랍니다.

出怒不怒, 則怒出於不怒矣. 出爲無爲, 則爲出於無爲矣. 欲靜則平氣, 欲神則順心. 有爲也欲當, 則緣於不得已. 不得已之類, 聖人之道.

한자어원풀이

數米而炊(수미이취) 란 "쌀알을 일일이 세어서 밥을 짓는다"는 뜻으로, "그들은 머리카락을 세어가며 빗질을 하고, 쌀알을 세어서 밥을 짓는 것 같은 일을 했었지. 그렇게 작은 일에 얽매어 가지고서야 어떻게 세상을 구제할 수 있겠느냐? 이들이 한 것처럼 현명한 사람을 등용하면 백성들도 벼슬을 얻으려고 서로 다투고, 지식인에게 벼슬을 맡기면 백성들은 간악해져 서로를 속이게 될 거야"라는 대목에서 유래했습니다.

셀 數(수, 자주 삭) 은 별 이름 루(婁)와 칠 복(攵)으로 이루어졌습니다. 婁(루)는 없을 무(毋)와 가운데 중(中) 그리고 여자 여(女)로 이루어진 회의글자지만, 금문에 새겨진 자형을 보면 상형글자임을 알 수 있습니다. 즉 다소곳이 앉은 여인(女)이 머리를 틀어 올려 온갖 장식을 하는 모양이랍니다. 그래서 '아로새기다', '드문드문하다'의 뜻을 지니게 되었으며, 별자리를 나타내는 28수(宿)의 열여섯 번째 별자리의 이름으로 보다 많이 쓰이고 있습니다.

攵(복)은 攴(복)의 간략형으로 손(又)에 회초리나 몽둥이(卜)를 들고서 친다는 뜻을 지녔습니다. 일반적으로 글월 문(文)과 비슷하다 하여 붙여진 '등(等) 글월 攵(문)'이라고도 하는데 주로 자형의 우변에 놓입니다. 따라서 數(수)의 전체적인 의미는 머리카락을 틀어 올린 여자(婁)의 머리에 온갖 장식을 하면서 흐트러지지 않도록 손에 쥔 작은 막대기(攵)로 여러 번 두들기고 헤아린다는 데서 '셈하다'의 뜻을 지니게 되었으며, 또한 장식물이 떨어지지 않도록 자주 매만진다 하여 '자주'라는 뜻도 갖고 있습니다.

쌀 米(미) 는 벼와 기장의 알맹이 모양을 본뜬 상형글자로 갑골문에도 보이는데, 가로획(一)을 중심으로 상하에 있는 각각의 점들이 곡식의 낟알을 표시하고 있습니다. 米(미)에 대해 허신은 『說文』에서 "米는 곡식의 알맹이라는 뜻이다. 벼와 기장의 알맹이 모양을 본떴다"라고 하였습니다.

말 이을 而(이) 는 갑골문이나 금문에도 보이는 자형으로 사람의 옆얼굴에 난 구레나룻을 의미하기도 하였지만 코밑과 턱에 난 수염을 뜻하게 되었습니다. 그러나 본뜻인 '수염'보다는 말을 이어주는 어조사로써 널리 쓰이고 있습니다. 즉 위아래의 수염처럼 말을 '머뭇거리다'가도 다음 문장으로 '이어줌'을 뜻해 '말 이을 이'로 확장되었습니다.

불 땔 炊(취) 는 불 화(火)와 하품 흠(欠)으로 이루어졌는데, 火(화)는 장작더미 위로 타오르는 불꽃을 본떠 만든 상형글자입니다.

欠(흠)에 대해 허신은 『說文』에서 "欠은 입을 벌려서 내부의 공기를 내보냄을 뜻한다. 공기가 사람의 위로부터 나가는 모양을 본떴다"라고 하였습니다. 갑골문의 자형은 보다 사실적인데, 사람이 무릎을 꿇고 앉아 입을 벌리고 하품하는 모양 그대로랍니다. 여기서는 입을 벌리고 숨을 내쉬며 바람을 분다는 뜻입니다. 이에 따라 炊(취)는 밥을 짓기 위해 모닥불(火)이 잘 타도록 입으로 바람을 분다(欠)는 데서 '불 때다', '밥을 짓다'는 뜻을 갖게 되었습니다.

제
24
편

은자 중의 은자

서무귀

徐 無 鬼

“개가 잘 짖어댄다고 좋은 개가 되는 건 아닙니다. 사람 또한 말 잘한다고 현명한 사람이 되는 건 아닙니다. 그러니 하물며 대업을 이룰 수 있겠습니까! 스스로 위대하다고 내세워서는 위대해질 수 없습니다. 하물며 덕을 갖추었다 할 수 있겠습니까? 위대함을 갖추고 있는 것으로 하늘과 땅만 한 게 없습니다. 그러나 무엇을 추구하여 위대함을 갖추었겠습니까? 위대함이 갖추어진 것에 대해 아는 사람은 추구하는 것도 없고, 잃는 것도 없으며, 버리는 것도 없고, 또 바깥 사물에 의해 자기 본성을 바꾸는 일도 없습니다. 자기 본성으로 되돌아가 자연스럽게 궁벽하지도 않은 채 옛 도를 따르되 꾸미지 않는 것이, 위대한 사람의 참된 모습입니다.”

성질이 상급인 개는 자기 자신을 잃은 것처럼 한결같습니다

제24편 서무귀(徐無鬼) 1-1

은자인 서무귀(徐無鬼)가 위나라 대신 여상(女商)의 소개로 위나라 무후(武侯)를 만났습니다. 이때 무후가 서무귀를 위로하며 말합니다.

"선생은 지쳐 병이 난 게로군요. 산림 속에서 은거하자니 고통스러웠을 겁니다. 그래서 나를 만나러 오셨군요."

徐無鬼因女商見魏武侯, 武侯勞之曰:「先生病矣, 苦於山林之勞, 故乃肯見於寡人.」

그러자 서무귀는 고개를 저으며 말합니다.

"오히려 제가 임금님을 위로하고자 합니다. 그런데 임금님이 어찌 저를 위로한단 말입니까! 임금님은 욕망을 가득 채우고 좋아하고 싫어함에 따라 일을 처리하시니, 성명(性命)의 참모습이 병들었습니다. 또 임금님께선 욕망을 버리며 좋아하고 싫어하는 감정을 없애려 하니, 눈과 귀가 병든 겁니다. 그러니 저야말로 임금님을 위로하려는데, 임금님께서 어찌 저를 위로한단 말입니까!"

徐無鬼曰:「我則勞於君, 君有何勞於我! 君將盈耆欲, 長好惡, 則性命之情病矣. 君將黜耆欲, 掔好惡, 則耳目病矣. 我將勞君, 君有何勞於我!」

이에 무후는 시큰둥하니 아무 대답도 하지 않았습니다. 잠시 후에 서무귀가 말했습니다.

"그럼 시험 삼아 제가 개를 살핀 결과를 임금님께 말씀드리겠습니다. 성질이 하급인 개는 배불리 먹어야만 가만히 있습니다. 이는 살쾡이의 성질과 같습니다. 성질이 중급인 개는 해를 바라보듯 의기가 고매합니다. 성질이 상급인 개는 자기 자신을 잃은 것처럼 한결같습니다. 제가 개를 살피는 실력은 또 말을 살피는 실력만은 못합니다. 제가 말을 살핀 결과, 말이 걸을 때 똑바로 가는 것이 먹줄처럼 곧고, 돌 때에는 그림쇠처럼 둥글게 돌며, 굽은 길을 갈 때는 굽은 자를 댄 것처럼 꺾어 돌고, 둥글게 돌 때는 그림쇠를 댄 것처럼 둥글게 돈다면, 이런 말은 국마(國馬)라 할 만합니다. 그러나 아직 천하의 명마라 할 수 없습니다. 천하의 명마는 천성적으로 재질을 갖추고 있어서 고요히 안정된 듯 자기 자신을 잃은 듯하며, 모든 걸 잊은 듯 한결같습니다. 이러한 말은 뭇 말들을 앞질러 질풍같이 달려도 먼지 하나 일으키지도 않고, 가는 곳을 의식하지도 않습니다."

그제야 무후는 크게 기뻐하면서 호탕하게 웃었습니다.

武侯超然不對. 少焉, 徐無鬼曰:「嘗語君吾相狗也. 下之質, 執飽而止, 是狸德也. 中之質, 若視日. 上之質, 若亡其一. 吾相狗, 又不若吾相馬也. 吾相馬, 直者中繩, 曲者中鉤, 方者中矩, 圓者中規. 是國馬也, 而未若天下馬也. 天下馬有成材, 若卹若失, 若喪其一. 若是者, 超軼絶塵, 不知其所.」武侯大悅而笑.

당신은 유배당한 월나라 사람의 이야기를 듣지 못했습니까

제24편 서무귀(徐無鬼) 1-2

서무귀가 나오자 여상이 물었습니다.

"선생께서는 우리 임금님을 어떤 말로 설득하신 겁니까? 제가 우리 임금님을 설득할 때 횡적으로는『시경』·『서경』·『예경』·『악경』을 거론하였고, 종적으로는 태공의 병법인『주서(周書)』의 금판편과 육도편을 말씀드리곤 합니다. 정사에 대해 말씀을 올려 크게 공을 세운 게 헤아릴 수가 없을 정도이지만, 임금님께선 아직껏 제 말에 이를 드러내놓고 웃으신 적이 없었습니다. 지금 선생께선 무슨 말씀으로 임금님을 설득하셨기에 그처럼 기뻐하신 겁니까?"

이에 서무귀가 대답합니다.

"나는 다만, 내가 개와 말을 살핀 결과를 말씀드렸을 뿐이랍니다."

徐無鬼出, 女商曰:「先生獨何以說吾君乎? 吾所以說吾君者, 橫說之則以『詩』·『書』·『禮』·『樂』, 從說則以『金板』, 『六弢』, 奉事而大有功者不可爲數, 而吾君未嘗啓齒. 今先生何以說吾君, 使吾君說若此乎?」徐無鬼曰:「吾直告之吾相狗馬耳.」

그러자 여상이 되묻습니다.

"그것뿐이었습니까?"

이에 서무귀가 말합니다.

"당신은 유배당한 월나라 사람의 이야기를 듣지 못했습니까? 나라를 떠난 지 며칠이 지나자 그가 전에 알았던 사람을 보기만 해도 기뻤습니다. 나라를 떠난 지 수십 일이 지나자 전에 나라 안에서 만난 적이 있는 사람만 보아도 기뻐했죠. 일 년이 지나자 아는 사람과 비슷한 사람을 보기만 하여도 기뻤다는 겁니다. 사람들을 떠난 지가 오래될수록 사람들 생각이 더욱 깊어지는 것 아니겠습니까? 인적 드문 텅 빈 곳으로 도망하여 명아주가 우거져 겨우 족제비나 다닐 법한 막다른 좁은 길에서 서성거릴 때 사람의 발자국 소리가 들리기만 하여도 기뻐하기 마련입니다. 하물며 형제나 친척들의 웃고 얘기하는 소리가 그의 곁에서 들린다면 어떻겠습니까? 오래 동안 진인의 말로써 웃고 얘기하는 소리가 임금님 곁에선 나지 않았던 겁니다."

女商曰:「若是乎?」曰:「子不聞夫越之流人乎? 去國數日, 見其所知而喜. 去國旬月, 見所嘗見於國中者喜. 及期年也, 見似人者而喜矣. 不亦去人滋久, 思人滋深乎? 夫逃虛空者, 藜藋柱乎鼪鼬之徑, 良位其空, 聞人足音跫然而喜矣, 而況乎昆弟親戚之謦欬其側者乎? 久矣夫, 莫以眞人之言謦欬吾君之側乎.」

임금님의 정신과 육체를 위로해 드리려 합니다

제24편 서무귀(徐無鬼) 2-1

서무귀가 또다시 위나라 무후를 찾아뵈니, 무후가 말합니다.

"선생은 산 숲속에 살면서 도토리와 밤을 먹고 파와 부추에 만족하면서 나를 떠난 지 오래되었소. 이제야 찾아오신 게 늙음 때문인가요? 아니면 술과 고기 맛을 보고 싶은 건가요? 그렇지도 않으면 내가 계속해서 사직을 보존할 수 있는 복이 내린 건가요?"

徐無鬼見武侯, 武侯曰:「先生居山林, 食芧栗, 厭蔥韭, 以賓寡人, 久矣夫, 今老邪? 其欲干酒肉之味邪? 其寡人亦有社稷之福邪?」

이에 서무귀가 대답합니다.

"저는 가난하고 천한 몸으로 태어나 이제껏 임금님의 술과 고기를 마시고 먹어본 적도 생각해 본 적도 없습니다. 다만 저는 임금님을 위로하러 왔을 뿐입니다."

徐無鬼曰:「無鬼生於貧賤, 未嘗敢飮食君之酒肉, 將來勞君也.」

그러자 무후가 묻습니다.

"그게 무슨 소리! 어떻게 날 위로한단 말이요?"

그러자 서무귀가 대답합니다.

"임금님의 정신과 육체를 위로해 드리려 합니다."

이에 도통 알 수 없다는 듯 무후가 다시 묻습니다.

"대체 무슨 말을 하려는 겁니까?"

君曰:「何哉! 奚勞寡人?」曰:「勞君之神與形.」武侯曰:「何謂邪?」

그러자 서무귀가 말합니다.

"천지자연이 만물을 양육하는 것은 누구에게나 한결같습니다. 높은 데 올라간다고 해서 더 길게 자라게 할 수 없고, 낮은 곳에 있다고 해서 더 짧게 자라게 할 순 없습니다. 그런데 임금님께선 한 나라의 주인이랍시고 온 나라의 백성들을 괴롭히면서까지 귀와 눈과 코와 입의 욕망을 충족시키고 있습니다. 임금님의 신명(神明)이 허락하지 않는데도 말입니다. 신명이란 조화를 좋아하고 사사로운 걸 싫어합니다. 자신만을 챙기는 사사로움은 병입니다. 그래서 위로해 드리려 하는 겁니다. 오직 임금님께서만 이러한 병에 걸린 건 무엇 때문이겠습니까?"

徐無鬼曰:「天地之養也一, 登高不可以爲長, 居下不可以爲短. 君獨爲萬乘之主, 以苦一國之民, 以養耳目鼻口, 夫神者不自許也. 夫神者, 好和而惡姦. 夫姦, 病也, 故勞之. 唯君所病之何也?」

부디 가슴속의 정성스러움을 닦음으로써 천지자연의 정황에 순응하여야 합니다

제24편 서무귀(徐無鬼) 2-2

듣고 있던 무후가 간절한 눈빛으로 말합니다.

"나는 오래전부터 선생을 만나보고 싶었다오. 나는 앞으로 백성을 사랑하고 의로움을 위해 전쟁을 그만두려 하는데, 그게 가능할까요?"

武侯曰:「欲見先生久矣. 吾欲愛民而爲義偃兵, 其可乎?」

그러자 서무귀가 고개를 흔들며 단호하게 말합니다.

"그건 안 됩니다. 백성을 사랑한다는 건 백성을 해치는 시작입니다. 의로움을 위해 전쟁을 그만두는 건 전쟁을 일으키는 근본 원인이 됩니다. 임금님께서 그러한 방법으로 정치를 하신다면 기필코 성공하지 못할 겁니다. 훌륭한 정치를 하겠다는 것부터가 해악의 바탕이 됩니다. 임금님께선 비록 인의(仁義)를 시행하신다 하더라도 아마 그건 위선이 되고 말겁니다. 인의라는 형식을 갖추게 되면 또 다른 거짓된 형식이 만들어지고, 이러한 형식이 만들어져 갖추어지게 되면 자랑을 일삼게 됩니다. 이러한 형식의 변화는 본디 남과 싸움을 일으키게 됩니다.

徐無鬼曰:「不可. 愛民, 害民之始也. 爲義偃兵, 造兵之本也. 君自此爲之, 則殆不成. 凡成美, 惡器也. 君雖爲仁義, 幾且僞哉. 形固造形, 成固有伐, 變固外戰.

임금님께서는 또한 높은 망루 사이에서 성대하게 학익진과 같은 군사의 열병을 시키지 말아야 하며, 치단(錙壇)의 궁 앞에서 보병과 기병을 달리게 하지 말아야 할 겁니다. 그리고 덕에 어긋나는 마음을 품어서는 안 되며, 기교로써 남을 이기려 해서는 안 되고, 모략으로써 남을 이기려 해서도 안 되며, 전쟁으로써 남을 이기려 해서는 안 됩니다. 남의 나라 백성을 죽이고 남의 땅을 차지하면서 자기의 몸과 정신을 만족시키려 하는 자는, 그 전쟁이 아무리 인의를 위한 것이라 하더라도 무엇이 선하고 또 승리는 어디에 있는지를 알 수 없게 됩니다. 임금님께서는 그러한 일을 말아주시기 바랍니다. 부디 가슴속의 정성스러움을 닦음으로써 천지자연의 정황에 순응하여 다른 사물을 어지럽히지 말아야 합니다. 그래야 백성들은 죽음의 공포로부터 벗어날 수 있습니다. 그렇게 되면 임금님께서 새삼스럽게 전쟁을 그만두니 어쩌니 하실 필요가 있겠습니까!"

君亦必無盛鶴列於麗譙之間, 無徒驥於錙壇之宮, 無藏逆於得, 無以巧勝人, 無以謀勝人, 無以戰勝人. 夫殺人之士民, 兼人之土地, 以養吾私與吾神者, 其戰不知孰善, 勝之惡乎在, 君若勿已矣. 修胸中之誠以應天地之情而勿攖. 夫民死已脫矣, 君將惡乎用夫偃兵哉!」

천하를 다스리는 방법이란 말을 먹이는 것과 무엇이 다르겠습니까

제24편 서무귀(徐無鬼) 3-1

황제가 대외(大隗)를 만나기 위해 구자산을 찾았습니다. 방명(方明)이 왼쪽에 앉아 수레를 몰고 창우(昌寓)가 오른쪽에 앉아 조수가 되고, 장약(張若)과 습붕(謵朋)이 앞에서 길을 안내하고 곤혼(昆閽)과 골계(滑稽)가 수레 뒤를 따랐습니다. 양성의 들판에 이르렀을 때 일곱 성인 모두가 길을 잃었는데, 갈 길을 물어볼 곳도 없었습니다.

때마침 말 먹이는 아이를 만나 길을 물었습니다.

"너는 구자산을 아느냐?"

"네."

"너는 대외가 계신 곳을 알고 있느냐?

"네."

黃帝將見大隗乎具茨之山, 方明爲御, 昌寓驂乘, 張若謵朋前馬, 昆閽滑稽後車. 至於襄城之野, 七聖皆迷, 無所問塗. 適遇牧馬童子, 問塗焉, 曰:「若知具茨之山乎?」曰:「然.」「若知大隗之所存乎?」曰:「然.」

이를 지켜본 황제가 이상하다는 듯 말합니다.

"참으로 기이한 아이구나! 구자산을 알 뿐만 아니라 대외가 계신 곳까지 알고 있다니, 그럼 어디 천하를 다스리는 방법에 대해서도 물어보자꾸나!"

黃帝曰:「異哉小童! 非徒知具茨之山, 又知大隗之所存. 請問爲天下!」

이에 어린아이가 말합니다.

"천하를 다스리는 방법도 또한 이와 같이 말을 먹이는 것과 같을 뿐, 또 무슨 일을 하려고 애를 씁니까! 저는 어려서부터 천지자연의 사방 안에서 노닐었습니다만 어쩌다 눈이 어두워지는 병에 걸리고 말았습니다. 어떤 어르신께서 저에게 가르침을 주시길 '너는 저 태양의 수레를 타고 양성의 들판에서 노닐거라'는 겁니다. 이제는 눈병이 조금 나아진 것 같으니, 저는 다시 천지사방의 밖을 노닐어볼까 합니다. 천하 세상을 다스리는 일도 제 눈병이 나아진 것과 같을 뿐, 제가 또 무슨 일을 하려고 애쓰겠습니까!"

小童曰:「夫爲天下者, 亦若此而已矣, 又奚事焉! 予少而自遊於六合之內, 予適有瞀病, 有長者教予曰:『若乘日之車而遊於襄城之野.』今予病少痊, 予又且復遊於六合之外. 夫爲天下亦若此而已. 予又奚事焉!」

황제가 이해가 안 된 듯 다시 묻습니다.

"천하를 다스리는 일이 정녕 너의 일은 아니다만, 그렇더라도 천하를 다스리는 방법에 대해 물어보자꾸나."

어린아이는 사양했지만 황제가 거듭해서 묻자, 어린아이가 말합니다.

"천하를 다스리는 방법이란 말을 먹이는 것과 무엇이 다르겠습니까! 그저 말을 해롭게 하는 것들을 제거해 주는 것뿐이랍니다."

황제는 두 번이나 절하고 머리를 조아린 뒤 하늘 같은 스승(天師)이라 부르며 물러갔습니다.

黃帝曰:「夫爲天下者, 則誠非吾子之事, 雖然, 請問爲天下.」小童辭. 黃帝又問. 小童曰:「夫爲天下者, 亦奚以異乎牧馬者哉! 亦去其害馬者而已矣.」黃帝再拜稽首, 稱天師而退.

권력과 세력이 왕성하지 않으면 과시하기 좋아하는 자는 슬퍼합니다

제24편 서무귀(徐無鬼) 4-1

지식인은 생각의 변환이 없으면 즐거워하지 않고, 말 잘하는 변사는 말의 조리가 없으면 즐거워하지 않으며, 일을 잘 살피는 사람은 상대방과 논쟁하여 따질 일이 없으면 즐거워하지 않습니다. 이들은 모두가 밖의 사물에 얽매어 있는 자들입니다.

知士無思慮之變則不樂. 辯士無談說之序則不樂. 察士無淩誶之事則不樂. 皆囿於物者也.

세상의 부름을 받은 사람은 조정에서 출세하고, 백성을 잘 다스리는 사람은 관직을 얻어 영화롭게 되며, 힘센 사람은 어려운 일을 잘 극복하고, 용감한 사람은 환난을 만났을 때 분발하며, 병법에 뛰어난 사람은 전쟁을 즐기고, 산속에서 은거하는 사람은 명성을 추구하며, 법률에 밝은 사람은 다스림을 널리 펼치고, 예의와 음악에 밝은 사람은 용모를 공손히 하며, 인의를 내세우는 사람은 사람과의 관계를 중시합니다.

招世之士興朝. 中民之士榮官. 筋力之士矜難. 勇敢之士奮患. 兵革之士樂戰. 枯槁之士宿名. 法律之士廣治. 禮樂之士敬容. 仁義之士貴際.

농부는 밭갈이할 일이 없으면 마음이 편치 않고, 상인은 장터에서 장사할 일이 없으면 마음이 즐겁지 않습니다. 일반 서민은 아침저녁으로 할 일이 있으면 부지런해지고, 공인들은 정교한 기계가 있으면 열심히 일합니다.

農夫無草萊之事則不比. 商賈無市井之事則不比. 庶人有旦暮之業則勸. 百工有器械之巧則壯.

돈과 재물이 쌓이지 않으면 탐욕스러운 자는 걱정하고, 권력과 세력이 왕성하지 않으면 과시하기 좋아하는 자는 슬퍼하며, 권세나 재물을 좇는 무리는 변란을 반가워합니다. 이와 같은 자들은 때를 만나 자기가 할 일만 있으면 어떤 일이든 하지 않을 수 없게 됩니다. 이들은 모두가 세월의 변동에 따라 이끌려 다니는 자들이며, 사물의 변화에 얽매이는 자들입니다. 그러니 자기의 육체와 정신을 고달프게 하고 온갖 사물에 빠져든 채, 평생토록 자기 본성으로 되돌아가지 못한 자들이니, 참으로 슬픈 일입니다!

錢財不積則貪者憂, 權勢不尤則夸者悲, 勢物之徒樂變. 遭時有所用, 不能無爲也, 此皆順比於歲, 不物於易者也. 馳其形性, 潛之萬物, 終身不反, 悲夫!

아들을 절름발이로 만들어 송나라로 보낸 자가 있었다네

제24편 서무귀(徐無鬼) 5-1

장자가 벗 혜자에게 묻습니다.

"활을 쏘는 사람이 표적을 겨냥하지도 않았는데 우연찮게 명중했을 경우 이를 활을 잘 쏜다고 말한다면, 천하 사람들이 모두 활의 명수 예(羿)와 같은 사람이 되는데, 그래도 괜찮을까?"

莊子曰:「射者非前期而中謂之善射, 天下皆羿也, 可乎?」

이에 장자의 벗 혜자(惠子)가 고개를 끄덕이며 말합니다.

"그럼 괜찮지."

그러자 장자가 다시 묻습니다.

"천하 세상엔 모두가 인정한 옳은 게 있는 건 아니니, 각자가 옳다고 여긴 것을 옳다고 한다면 천하 사람 모두가 요 임금과 같은 성인이 되는데, 그래도 괜찮을까?"

이에 혜자가 말합니다.

"그럼 괜찮지."

惠子曰: 「可.」 莊子曰: 「天下非有公是也, 而各是其所是, 天下皆堯也, 可乎?」 惠子曰: 「可.」

그러자 장자가 벗 혜자를 바라보며 다시 말합니다.

"그렇다면 유가와 묵가, 양주와 공손룡 학파 넷에 자네까지 합하면 다섯 학파가 되는데, 과연 어느 학파가 옳을까? 혹은 노거(魯遽)와 같은 입장일까? 한 번은 그의 제자가 노거에게 말하길 '저는 스승님의 도를 터득했습니다. 저는 겨울에 불을 때지 않고도 밥을 지을 수 있고, 여름에는 시원한 얼음을 만들 수도 있습니다'라고 했다네. 그래서 노거가 말했다네. '그것은 다만 양의 기운으로써 양기인 불을 불러오고, 음의 기운으로써 음기인 얼음을 불어온 것일 뿐 내가 말한 도는 아니구나. 내 너에게 나의 도를 보여주마'라고 하며, 제자를 위해 거문고를 조율해서는 하나는 대청마루에 놓고 하나는 방 안에 놓았다네. 그러고는 한쪽에서 거문고의 궁(宮) 음의 줄을 뜯으면 다른 한쪽 거문고에서도 궁 음의 줄이 울렸고, 각(角) 음의 줄을 뜯으면 다른 거문고의 각 음 줄이 울렸는데, 두 거문고의 음률이 똑같았기 때문이라네. 그런데 만약 어느 한 줄의 음조를 바꾸어 다섯 음인 궁 · 상 · 각 · 치 · 우 어느 것에도 맞지 않게 하고서 어느 한 줄을 뜯으면, 다른 거문고의 스물다섯 줄 모두가 울린다네. 처음부터 소리가 다른 것은 아니었는데, 그것이 다른 모든 음을 지배하게 된 거지. 자네도 이와 같은 입장이 아닐까?"

莊子曰: 「然則儒墨楊秉四, 與夫子爲五, 果孰是邪? 或者若魯遽者邪? 其弟子曰: 『我得夫子之道矣. 吾能冬爨鼎而夏造冰矣.』 魯遽曰: 『是直以陽召陽, 以陰召陰, 非吾所謂道也. 吾示子乎吾道.』 於是爲之調瑟, 廢一於堂, 廢一於室, 鼓宮宮動, 鼓角角動, 音律同矣. 夫或改調一弦, 於五音無當也. 鼓之, 二十五弦皆動, 未始異於聲, 而音之君已. 且若是者邪?」

듣고 있던 혜자가 말합니다.

"지금 유가와 묵가, 양주와 공손룡 학파들은 나와 변론을 전개하며 언변으로써 서로를 배척하고 큰 목소리로 서로를 억압하려 들지만, 처음부터 내가 잘못되었다고 생각하지 않는다면 어찌 그들과 같겠는가?"

惠子曰: 「今乎儒墨楊秉, 且方與我以辯, 相拂以辭, 相鎭以聲, 而未始吾非也, 則奚若矣?」

그러자 장자가 말을 이어갑니다.

"제나라 사람으로 아들을 절름발이로 만들어 송나라로 보낸 자가 있었다네. 아들의 안전을 위해 불구자로 만들어 문지기를 시키려 한 게지. 그런 그가 소중한 술잔이나 악기를 구입해서는 깨지지 않도록 잘 묶어 두었다네. 그리고 잃어버린 자식을 찾으려 하면서도 애초부터 자기 사는 지역을 벗어나본 적도 없었다네. 각 학파의 변론도 이와 비슷한 게지. 또 초나라 사람으로 남의 집에 묵으며 발을 잘린 문지기가 있었다네. 한밤중 아무도 없을 때 부둣가로 갔다가 뱃사공과 싸움을 했다면, 그는 부둣가를 떠나기도 전에 이미 뱃사공과 원수를 진 셈이지."

莊子曰:「齊人蹢子於宋者, 其命閽也不以完. 其求鈃鐘也以束縛. 其求唐子也而未始出域. 有遺類矣. 夫楚人寄而蹢閽者. 夜半於無人之時而與舟人鬬, 未始離於岑而足以造於怨也.」

혜자가 죽었으니 내가 더불어 이야기할 상대가 없어져버린 거야

제24편 서무귀(徐無鬼) 6-1

장자가 다른 사람의 장례식에 갔다 돌아오는 길에 벗이었던 혜자의 묘 옆을 지나다 제자들을 뒤돌아보며 말합니다.

"옛날 초나라의 수도인 영 땅에 사는 사람이 자기 코끝에 흰 흙을 파리 날개만큼 얇게 바르고, 장석(匠石)이라는 사람에게 그걸 깎아내게 했단다. 이에 장석이 도끼를 휘두르자 휙휙 바람소리가 났고, 장석은 그 소리를 들으며 깎아내려 갔지. 흰 흙이 다 없어지도록 코끝은 상처 하나 나지 않았고, 영 땅의 사람은 얼굴빛 하나 변하지 않은 채 그대로 서 있었단다.

莊子送葬, 過惠子之墓, 顧謂從者曰:「郢人堊慢其鼻端若蠅翼, 使匠石斲之. 匠石運斤成風, 聽而斲之, 盡堊而鼻不傷, 郢人立不失容.

송나라의 원군이 이 이야기를 듣고선 장석을 불러 말했지. '어디 한 번 내게도 그렇게 해 보거라.' 그랬더니 장석이 대답했지. '제가 전에는 그렇게 깎아낼 수 있었습니다. 그렇지만 제 기술의 바탕이 되었던 영 땅의 사람은 죽은 지 오래되어버렸습니다'라고 말이지. 이제 나의 벗 혜자가 죽고 나니, 나의 이론을 전개할 바탕이 없어져버렸구나. 내가 더불어 이야기할 상대가 없어져버린 거야."

宋元君聞之, 召匠石曰:『嘗試爲寡人爲之.』匠石曰:『臣則嘗能斲之. 雖然, 臣之質死久矣.』自夫子之死也, 吾無以爲質矣, 吾無與言之矣.」

그는 국정을 운영하는 데 있어 듣지 않아야 될 것들이 있음을 알고

제24편 서무귀(徐無鬼) 7-1

재상인 관중(管仲)이 병이 나자 제나라 환공(桓公)이 위로하러 와서 물었습니다.

"중부께서 앓고 계신 병환이 너무 무겁습니다. 꺼림칙하지만 큰 병에 걸렸다고 말하지 않을 수가 없습니다. 그러니 나는 누구에게 국정을 맡기는 게 좋겠습니까?"

이에 관중이 말합니다.

"임금님께선 누구에게 맡기실 생각이십니까?"

그러자 환공이 대답합니다.

"포숙아(鮑叔牙)랍니다."

管仲有病, 桓公問之曰:「仲父之病病矣, 可不諱云, 至於大病, 則寡人惡乎屬國而可?」管仲曰:「公誰欲與?」公曰:「鮑叔牙.」

이에 관중이 고개를 저으며 말합니다.

"그건 안 됩니다. 그의 사람됨은 청렴결백하면서 선하기만 한 선비입니다. 그는 자기만 못한 사람과는 친하게 지내지 않을 뿐 아니라 또 남의 잘못을 들으면 평생토록 잊지 못합니다. 만약 그에게 국정을 맡기게 되면 위로는 임금님께 반기를 들 것이고, 아래로는 백성들이 그의 뜻을 거스를 겁니다. 그렇게 되면 그가 임금님께 죄를 짓게 될 날이 머지않아 보입니다."

曰:「不可. 其爲人潔廉, 善士也. 其於不己若者不比之, 又一聞人之過, 終身不忘. 使之治國, 上且鉤乎君, 下且逆乎民. 其得罪於君也將弗久矣!」

그러자 환공이 다시 묻습니다.

"그렇다면 누가 좋겠습니까?"

公曰:「然則孰可?」

이에 관중이 대답합니다.

"어쩔 수 없이 말씀드린다면 습붕이 괜찮을 겁니다. 그의 사람됨은 위로는 임금의 존재를 잊을 수 있고, 아래로는 백성들의 의견을 반영할 겁니다. 그는 황제와 같지 못함을 부끄러워하고, 자기만 못한 사람을 불쌍히 여길 줄 압니다. 덕으로써 남에게 베푸는 사람을 일러 성인이라 하고, 자기의 재물을 남에게 나누어주는 사람을 일러 현인이라 하였습니다. 스스로를 현인이라 하면서 남에게 군림하여 인덕을 얻은 사람은 아직 없습니다. 그러나 현인이면서도 남의 아래에 처신하여 인덕을 얻지 못한 사람 또한 아직까지 없었습니다. 그는 국정을 운영하는 데 있어 듣지 않아야 될 것들이 있음을 알고, 집안일에 있어서도 일일이 참견하진 않을 겁니다. 그러니 어쩔 수 없다면 습붕이 괜찮을 겁니다."

對曰:「勿已則隰朋可. 其爲人也, 上忘而下畔, 愧不若黃帝, 而哀不己若者. 以德分人謂之聖. 以財分人謂之賢. 以賢臨人, 未有得人者也. 以賢下人, 未有不得人者也. 其於國有不聞也, 其於家有不見也. 勿已則隰朋可.」

자네도 그 잘난 얼굴을 내세우며 남에게 교만하게 굴어서는 안 될 거야

제24편 서무귀(徐無鬼) 8-1

오나라 왕이 강에 배를 띄우고 건너가 원숭이들이 많이 사는 산에 올랐습니다. 대부분의 원숭이들이 그를 보자 놀라서 모든 걸 버리고 달아나 깊은 숲속으로 숨어버렸습니다. 그런데 한 마리만이 나뭇가지를 날렵하게 오가면서 열매를 따 휙 내던지기도 하며, 왕에게 보라는 듯 온갖 재주를 부렸습니다. 왕이 화살을 쏘자 빠르게 날아오는 화살을 붙잡아버렸습니다. 그러자 왕은 좌우로 따르는 신하들에게 쫓아가 활을 쏘게 하니 결국엔 원숭이가 화살을 맞고 죽임을 당했습니다.

吳王浮於江, 登乎狙之山, 衆狙見之, 恂然棄而走, 逃於深蓁. 有一狙焉, 委蛇攫搔, 見巧乎王. 王射之, 敏給搏捷矢. 王命相者趨射之, 狙執死.

이를 지켜본 왕이 자기의 벗인 안불의(顔不疑)를 돌아다보면서 말합니다.

"저 원숭이는 자기 재주를 자랑하며 자신의 날램만 믿고 방자하게 굴다가 이처럼 죽임을 당하는 지경에 이른 거라네. 이러한 점을 경계해야 할 걸세. 아아! 자네도 그 잘난 얼굴을 내세우며 남에게 교만하게 굴어서는 안 될 거야!"

王顧謂其友顔不疑曰:「之狙也, 伐其巧恃其便以敖予, 以至此殛也. 戒之哉, 嗟乎! 無以汝色驕人哉!」

안불의는 집으로 돌아와선 오나라의 현인 동오(董梧)를 스승으로 모시고 교만했던 낯빛을 없앤 채 즐겼던 것들을 버리고 높은 벼슬자리에서도 물러났습니다. 그렇게 삼 년이 지나자 온 나라 사람들이 그를 칭송하게 되었습니다.

顔不疑歸而師董梧, 以鋤其色, 去樂辭顯, 三年而國人稱之.

나는 남의 슬픔을 슬퍼하는 하는 자를 보고 슬퍼하지

제24편 서무귀(徐無鬼) 9-1

남백자기(南伯子綦)가 책상에 기대앉은 채 하늘을 우러르며 길게

숨을 내쉬고 있었습니다. 제자인 안성자(顔成子)가 들어와 그걸 보고선 말합니다.

"스승님께선 참으로 위대하신 분이십니다. 몸이라는 것도 본래부터 마른나무처럼 만들 수 있고, 마음이라는 것도 본래부터 식은 재와 같이 될 수 있는 겁니까?"

南伯子綦隱几而坐, 仰天而噓. 顔成子入見曰:「夫子, 物之尤也. 形固可使若槁骸, 心固可使若死灰乎?」

이에 스승 남백자기가 제자를 바라보며 말합니다.

"난 이전에 산속 굴 안에서 살아본 적이 있었지. 그 당시에 제나라 임금인 전화(田禾)라는 분이 날 보려고 한 번 찾아왔었단다. 그때 제나라의 많은 백성들이 그 일을 세 번이나 축하했다고 했었지. 그땐 내가 기필코 명성을 얻으려 했기 때문에 임금이 날 알아봤던 거야. 즉 내가 이름을 팔려고 했기 때문에 임금이 그걸 샀던 거란다. 만약에 내가 그러한 마음을 품고 있지 않았다면 어떻게 임금이 그걸 알았겠느냐? 내가 만약 내 명성을 팔려고 하지 않았다면 임금이 어떻게 날 살 수 있었겠느냐? 아아! 나는 명성을 얻으려고 자기의 본성을 잃은 자를 슬퍼한단다. 나는 또 남을 슬퍼하는 자를 보고 슬퍼했고, 나는 또 남의 슬픔을 슬퍼하는 하는 자도 슬퍼하지. 그래서 그 뒤로부터는 날로 모든 번거로움에서 멀어질 수 있었단다."

曰:「吾嘗居山穴之中矣. 當是時也, 田禾一覩我而齊國之衆三賀之. 我必先之, 彼故知之. 我必賣之, 彼故鬻之. 若我而不有之, 彼惡得而知之? 若我而不賣之, 彼惡得而鬻之? 嗟乎! 我悲人之自喪者. 吾又悲夫悲人者. 吾又悲夫悲人之悲者. 其後而日遠矣!

위대함을 갖추고 있는 것으로 하늘과 땅만 한 게 없습니다

제24편 서무귀(徐無鬼) 10-1

공자(仲尼)가 초나라에 갔을 때 초나라 왕이 그를 위하여 술잔치(酒宴)를 베풀었습니다. 손숙오(孫叔敖)는 술잔을 들고 서 있었고, 시남의료(市南宜僚)가 술잔을 받아 제사상에 올리며 공자에게 말합니다.

"옛사람들은 이러한 때엔 한 말씀 올렸습니다."

仲尼之楚, 楚王觴之. 孫叔敖執爵而立. 市南宜僚受酒而祭, 曰:「古之人乎, 於此言已.」

이에 공자가 나섭니다.

"저는 말없는 말씀을 들어본 적이 있습니다만, 아직껏 말해 본 적이 없으나 오늘은 한 말씀 올리겠습니다. 시남의료께서는 구슬놀이를 하며 초나라와 송나라의 전쟁을 해결하였고, 손숙오께서는 새의 깃으로 만든 부채를 손에 쥐고서 단잠을 자는 사이 초나라의 영땅 사람들이 무기를 버리고 평화를 찾았습니다. 그러니 저는 오늘은 좀 더 길게 말씀드리고자 합니다.

曰:「丘也聞不言之言矣, 未之嘗言, 於此乎言之. 市南宜僚弄丸而兩家之難解. 孫叔敖甘寢秉羽而郢人投兵. 丘願有喙三尺.

시남의료와 손숙오가 행한 것을 일러 말로 표현할 수 없는 도라 할 수 있고, 제가 말한 것을 일러 말로 표현할 수 없는 변론이라 할 수 있을 겁니다. 그러므로 덕이란 도가 하나되어 있는 곳으로 모이게 되고, 변론이란 지식으로는 알 수 없는 경지에 머물러야만 지극한 법입니다. 도가 하나되어 있는 곳에선 덕으로는 함께 표현할 수 없고, 지식으로 알 수 없는 경지는 변론으로는 거론할 수 없는 겁니다. 그런데도 이를 밝히려고 명분을 내세우는 유가나 묵가는 흉할 수밖에 없는 겁니다.

彼之謂不道之道, 此之謂不言之辯. 故德總乎道之所一, 而言休乎知之所不知, 至矣. 道之所一者, 德不能同也. 知之所不能知者, 辯不能擧也. 名若儒墨而凶矣.

그러므로 바다는 동쪽으로 흘러드는 모든 강물을 사양하지 않고 받아들여 지극히 큰 바다가 될 수 있습니다. 성인은 또한 하늘과 땅을 아울러 감싸고 그 은택을 천하에 미치게 하면서도 천하 백성들은 그가 누구인지도 알지 못하는 겁니다. 이 때문에 성인은 살아서는 그 어떤 벼슬도 없고, 죽어서는 아무런 시호(諡號)도 내려지지 않습니다. 또 재산도 모으지도 않고, 명성도 추구하지 않으니, 이러한 분을 일러 위대한 사람인 대인(大人)이라 하였습니다.

故海不辭東流, 大之至也. 聖人并包天地, 澤及天下, 而不知其誰氏. 是故生無爵, 死無謚, 實不聚, 名不立, 此之謂大人.

개가 잘 짖어댄다고 좋은 개가 되는 건 아닙니다. 사람 또한 말

잘한다고 현명한 사람이 되는 건 아닙니다. 그러니 하물며 대업을 이룰 수 있겠습니까! 스스로 위대하다고 내세워서는 위대해질 수 없습니다. 하물며 덕을 갖추었다 할 수 있겠습니까? 위대함을 갖추고 있는 것으로 하늘과 땅만 한 게 없습니다. 그러나 무엇을 추구하여 위대함을 갖추었겠습니까? 위대함이 갖추어진 것에 대해 아는 사람은 추구하는 것도 없고, 잃는 것도 없으며, 버리는 것도 없고, 또 바깥 사물에 의해 자기 본성을 바꾸는 일도 없습니다. 자기 본성으로 되돌아가 자연스럽게 궁벽하지도 않은 채 옛 도를 따르되 꾸미지 않는 것이, 위대한 사람의 참된 모습입니다."

狗不以善吠爲良, 人不以善言爲賢, 而況爲大乎! 夫爲大不足以爲大, 而況爲德乎? 夫大備矣, 莫若天地. 然奚求焉, 而大備矣? 知大備者, 無求, 無失, 無棄, 不以物易己也. 反己而不窮, 循古而不摩, 大人之誠.」

자식은 복이 넘치는데, 아버지는 그걸 복으로 여기지 않는군요

제24편 서무귀(徐無鬼) 11-1

자기(子綦)에게 여덟 명의 아들이 있었습니다. 어느 날 면전에 모두 불러 앉혀놓고는 관상가 구방인(九方歅)을 불러 말합니다.

"날 위해 내 자식들 관상 좀 봐주게나. 누가 복을 타고났는가?"

이에 구방인이 아이들을 훑어보곤 말합니다.

"아들 곤(梱)이 가장 복된 기운을 타고났습니다."

자기는 놀랍고도 기뻐서 묻습니다.

"그래, 어떤 복인가?"

이에 구방인이 자랑스레 말합니다.

"곤은 장차 한 나라의 임금과 같은 음식을 먹으면서 평생을 보낼 겁니다."

子綦有八子, 陳諸前, 召九方歅曰: 「爲我相吾子, 孰爲祥?」 九方歅曰: 「梱也爲祥.」 子綦瞿然喜曰: 「奚若?」 曰: 「梱也, 將與國君同食以終其身.」

아버지 자기는 어두운 낯빛이 되어 눈물을 흘리면서 말합니다.

"내 자식이 어째서 그러한 극한 불행에 이르게 된단 말인가?"

그러자 의아한 듯 구방인이 말합니다.

"나라의 임금님과 같은 식사를 하게 되면 그 은택이 삼족에게까지 미치게 되는데, 하물며 그 부모야 말할 필요가 있겠습니까? 그런데 지금 선생께선 내 얘기를 듣고서 눈물을 흘리고 계시는데, 이는 그 복을 차버리는 겁니다. 자식은 복이 넘치는데, 아버지는 그걸 복으로 여기지 않는군요."

子綦索然出涕曰: 「吾子何爲以至於是極也?」 九方歅曰: 「夫與國君同食, 澤及三族, 而況父母乎? 今夫子聞之而泣, 是御福也. 子則祥矣, 父則不祥.」

괴이한 징조가 있게 되면 반드시 괴상한 행위가 나타나는 법이지

제24편 서무귀(徐無鬼) 11-2

곤의 아버지 자기가 말합니다.

"구방인 자네가 무얼 안다고 곤이 복을 타고났다고 하는가? 기껏해야 술과 고기를 코와 입으로 먹는다는 것뿐인데, 그것들이 어디로부터 오는 것인지 자네가 어떻게 알겠는가? 내가 가축을 기른 적도 없는데 암컷 양이 집 안에 생겨나거나, 사냥을 좋아하지도 않았는데 메추라기가 방 안에서 생겨나는 것에 대해 자네는 이상하게 생각하지도 않는 것 같으니 어찌된 일인가?

子綦曰:「歅, 汝何足以識之, 而梱祥邪? 盡於酒肉, 入於鼻口矣, 而何足以知其所自來? 吾未嘗爲牧而牂生於娛, 未嘗好田而鶉生於宎, 若勿怪, 何邪?

내가 내 자식들과 함께 노닐려는 것은 하늘과 땅에서 노니는 것이지. 나는 자식들과 더불어 대자연의 운행을 따라 즐기고, 자식들과 더불어 땅의 변화에 순응하며 먹고살려는 거네. 나는 자식들과 더불어 인위적으로 일을 만들지 않고, 무언가를 도모하지도 않고, 괴상한 짓도 하지 않을 걸세. 나는 자식들과 더불어 천지의 참됨을 깨쳐 바깥 사물로 인해 번거롭지도 않을 것이며, 한결같이 유유자적하며 우리에게 맞는 일만을 골라하는 짓도 않을 거야. 그런데 지금 내 자식에게 세속적인 보상이 따르다니? 대개 괴이한 징조가 있게 되면 반드시 괴상한 행위가 나타나는 법이지. 아마도 나와 내 자식의 허물은 아닐 터이니, 어쩌면 하늘이 그렇게 만든 걸 거야. 나는 그래서 울었던 걸세."

吾所與吾子遊者, 遊於天地. 吾與之邀樂於天, 吾與之邀食於地. 吾不與之爲事, 不與之爲謀, 不與之爲怪. 吾與之乘天地之誠, 而不以物與之相攖，吾與之一委蛇，而不與之爲事所宜．今也然有世俗之償焉？凡有怪徵者必有怪行．殆乎非我與吾子之罪，幾天與之也．吾是以泣也.」

얼마 지나지 않아 아들 곤을 연나라로 보냈는데, 가는 도중에 도적들에게 붙잡히고 말았습니다. 도둑들은 몸이 온전해서는 도망칠 우려가 있어 노예로 팔기가 곤란하니 다리를 잘라버리고 파는 게 쉽다고 결론지었습니다. 이에 도둑들은 그의 발을 자른 다음 제나라에 팔아버렸습니다. 때마침 곤은 제나라 부잣집인 거공에게 팔리어 그 집 문지기가 되었으므로 죽을 때까지 고기를 먹을 수 있었습니다.

無幾何而使梱之於燕，盜得之於道，全而鬻之則難，不若刖之則易．於是乎刖而鬻之於齊，適當渠公之街，然身食肉而終.

요 임금은 현인(賢人)이 천하 사람들에게 해로움을 준다는 건 모르고 있습니다

제24편 서무귀(徐無鬼) 12-1

스승 설결(齧缺)이 제자 허유(許由)를 만나 물었습니다.

"자넨 어딜 가는 겐가?"

이에 허유가 대답합니다.

"요 임금을 피해 달아나려 합니다."

그러자 스승 설결이 묻습니다.

"아니, 그게 무슨 말인가?"

齧缺遇許由曰:「子將奚之?」曰:「將逃堯.」曰:「奚謂邪?」

이에 제자 허유가 대답합니다.

"요 임금이 인(仁)을 실천하려고 부지런히 애쓰고 있습니다만, 저는 그가 천하 사람들에게 웃음거리가 되지 않을까 걱정됩니다. 이렇게 나가다가는 후세엔 사람과 사람이 서로를 잡아먹을 겁니다. 백성들을 모으기란 어렵지 않습니다. 사랑해 주면 친근해지고, 이롭게 해주면 다가오고, 칭찬해 주면 열심히 일합니다. 그러나 그들이 싫어하는 일을 시행하면 흩어지게 마련이죠. 대개 사랑하고 이롭게 하는 건 인의(仁義)에서 나온다고 합니다만, 인의(仁義)라는 명분을 버리고 행하는 자는 드물고, 인의라는 명분을 앞세워 이로움을 펴는 자는 많습니다. 인의를 앞세워 행동하는 건 진실됨이 없고, 탐욕스런 위정자들의 도구일 따름입니다. 이는 한 사람이 천하 사람들에게 제 멋대로 이익을 주겠는 것은, 비유하자면 사물의 단면만을 얼핏 보는 것과 같습니다. 요 임금은 현인(賢人)이 천하 사람들에게 이롭다는 것만 알았지, 천하 사람들에게 해로움을 준다는 건 모르고 있습니다. 오직 현인을 초월한 사람만이 알 수 있습니다."

曰:「夫堯畜畜然仁, 吾恐其爲天下笑. 後世其人與人相食與. 夫民不難聚也, 愛之則親, 利之則至, 譽之則勸, 致其所惡則散. 愛利出乎仁義, 捐仁義者寡, 利仁義者衆. 夫仁義之行, 唯且無誠, 且假乎禽貪者器. 是以一人之斷制天下, 譬之猶一覕也. 夫堯知賢人之利天下也, 而不知其賊天下也. 夫唯外乎賢者知之矣.」

진인은 인위적인 생각으로 천지자연의 일에 개입하지 않았습니다

제24편 서무귀(徐無鬼) 13-1

우리가 사는 세상에는 남의 말을 잘 따르는 사람이 있고, 일시적인 안락함에 빠진 사람이 있으며, 지나치게 심신을 괴롭히는 사람이 있습니다. 이른바 남의 말을 잘 따르는 사람이란 한 선생의 학설을 배우고 나면 곧이곧대로 따라 자기의 학설로 받아들여 스스로 만족하는 사람들입니다. 그들은 처음에는 사물이 있지 않았음을 모르는 자들로, 이 때문에 이러한 사람들을 일러 남의 말만을 따르는 자들이라고 합니다.

有暖姝者, 有濡需者, 有卷婁者. 所謂暖姝者, 學一先生之言, 則暖暖姝姝而私自說也. 自以爲足矣, 而未知未始有物也. 是以謂暖姝者也.

일시적인 안락에 빠진 사람들이란 돼지 몸에 붙은 이와 같은 존재들입니다. 돼지의 성기고 길게 털이 난 곳을 골라 살며, 제 스스로는 넓은 궁전이나 커다란 정원이라 생각합니다. 그리고 발굽이 굽은 사이 또는 유방 사이나 넓적다리 사이를 제 스스로는 안락한 방이나 살기 이로운 곳이라고 여깁니다. 그러나 백정이 어느 때건 팔을 휘둘러 돼지를 잡은 뒤 마른풀을 깐 다음 불을 붙이고 돼지를 올려놓으면, 자신도 돼지와 함께 타버릴 거라는 사실을 알지 못합니다. 이는 자기가 사는 구역에 따라 살기도 하고 죽기도 하는 것으로, 이러한 사람을 일러 일시적인 안락에 빠져 사는 거라 합니다.

濡需者, 豕蝨是也, 擇疏鬣, 自以謂廣宮大囿. 奎蹄曲隈, 乳間股脚, 自以爲安室利處. 不知屠者之一旦鼓臂布草操煙火, 而己與豕俱焦也. 此以域進, 此以域退, 此其所謂濡需者也.

지나치게 심신을 괴롭히는 사람이란 순 임금과 같은 자들입니다. 양고기는 개미가 그리워 모여들진 않겠지만 개미들은 양고기가 그리워 모여드는데, 양고기에서 누린내가 나기 때문입니다. 순 임금의 행동에도 누린내가 나는 데가 있어서 백성들이 기쁘게 모여드는 겁니다. 그래서 순 임금은 세 번이나 이사를 했지만 그때마다 백성들이 모여들어 도시를 이루었고, 등(鄧)이라는 고장으로 옮겼을 때는 십여만 집이 모여들었습니다. 요 임금은 순이 현명하다는 얘기를 듣고서는 그를 등용하여 불모지나 다름없는 땅을 맡기면서 말합니다.

"바라건대 그대가 이 땅에 와서 은택을 베풀어주길 바라오."

순은 불모의 땅을 맡아 등용된 다음 나이도 늙어 귀와 눈도 어두워졌으나 돌아가 쉴 줄을 몰랐습니다. 이러한 사람을 이른바 지나치게 심신을 괴롭히는 자라 합니다.

卷婁者, 舜也. 羊肉不慕蟻, 蟻慕羊肉, 羊肉羶也. 舜有羶行, 百姓悅之, 故三徙成都, 至鄧之虛而十有萬家. 堯聞舜之賢, 擧之童土之地, 曰: 「冀得其來之澤.」 舜擧乎童土之地, 年齒長矣, 聰明衰矣, 而不得休歸, 所謂卷婁者也.

이 때문에 신인(神人)은 많은 사람들이 모여드는 걸 싫어하고, 많은 사람들이 모여들면 가까이 지내지 않고, 가까이 지내지 않으면 이익을 얻겠다는 생각도 하지 않게 됩니다. 그러므로 몹시 친하게 지내는 사람도 없고, 아주 소원하게 지내는 사람도 없습니다. 그저 타고난 덕을 잘 품고 화기로움을 잘 길러 천하 이치에 따르는 사람을 일러 진인(眞人)이라고 합니다. 개미를 보고서는 얄팍한 지식을 버리고, 물고기를 보고서는 물속에서 유유자적 사는 법을 체득하고, 양을 보고서는 뭔가를 꾀하는 의도를 버려야 합니다, 눈으로는 눈에 비치는 것을 그대로 보고, 귀로는 귀에 들리는 것을 그대로 듣고, 마음으로는 원래 타고난 마음을 회복해야 합니다. 이러한 경지에 이른 사람은 마음이 평정할 때는 먹줄을 친 것 같고, 변화할 때는 대자연의 변화를 그대로 따릅니다. 옛날의 진인은 천지자연의 이치로써 사람을 대했고, 인위적인 생각으로 천지자연의 일에 개입하지 않았습니다. 이것이 바로 옛날의 진인(眞人)인 겁니다.

是以神人惡衆至, 衆至則不比, 不比則不利也. 故無所甚親, 無所甚疏, 抱德煬和, 以順天下, 此謂眞人. 於蟻棄知, 於魚得計, 於羊棄意. 以目視目, 以耳聽耳, 以心復心. 若然者, 其平也繩, 其變也循. 古之眞人, 以天待人, 不以人入天, 古之眞人.

올빼미의 눈은 낮에는 보질 못하지만 밤에는 잘 볼 수 있다

제24편 서무귀(徐無鬼) 14-1

얻는 것이 삶이고 잃는 것이 죽음일 수도 있지만, 얻는 것이 죽음이고 잃는 것이 삶일 수도 있습니다. 약이라는 것 중에는 오두

나 도라지나 계옹이나 시령이라는 약재 등이 있는데, 이것들은 그 때의 질병증상에 따라 주재료가 되기도 하니, 어찌 어느 것이 보다 중요하다고 말할 수 있겠습니까?

得之也生, 失之也死. 得之也死, 失之也生. 藥也. 其實菫也, 桔梗也, 雞癕也, 豕零也, 是時爲帝者也, 何可勝言?

월나라 임금 구천(句踐)은 전쟁에서 패한 뒤 병사 삼천 명을 이끌고 회계산으로 도망하였습니다. 이때 오직 월나라 대부인 종(種)만이 지금은 망했지만 다시 부흥할 것임을 알았습니다. 그러나 오직 대부 종만이 그것이 자신에게는 불행이 될 줄은 알지 못했습니다. 그러므로 말하길 '올빼미의 눈은 낮에는 보질 못하지만 밤에는 잘 볼 수 있고, 학의 다리는 긴 마디가 있어야지 길다고 잘라버리면 슬퍼한다'고 했습니다.

句踐也以甲楯三千棲於會稽, 唯種也能知亡之所以存, 唯種也不知其身之所以愁. 故曰: 鴟目有所適, 鶴脛有所節, 解之也悲.

그러므로 또 말하길 '바람이 불어오면 강물이 줄어들고, 햇빛도 비춰들면 강물이 줄어든다. 그러나 바람과 햇빛이 서로 함께 강물을 지켜보고 있는데도 강물이 조금도 동요하지 않는 것은 끊임없이 흘러드는 수원(水源)을 믿고 흐르기 때문이다'고 합니다.

故曰: 風之過, 河也有損焉. 日之過, 河也有損焉. 請只風與日相與守河, 而河以爲未始其攖也, 恃源而往者也.

그러므로 물은 땅을 지키면서 두루 미치며, 그림자는 사람을 떠나지 않고 지키며, 사물은 다른 사물을 지키며 연계되어 있습니다. 그러므로 눈이 너무 밝으면 위험하고, 귀가 너무 밝아도 위험하고, 마음이 무언가에 너무 탐닉해도 위험합니다. 대체로 보아 인간의 능력이란 쌓아두면 위험하고, 이미 위험한 상황이 조성되고 나면 그것을 바뀌게 할 수 없습니다. 재앙이 자라나 걷잡을 수 없이 커지게 되면 그것을 되돌리는 많은 노력이 들어야 하며, 그 결과는 오랜 시간이 지난 뒤에야 나타납니다. 그런데도 사람들은 뛰어난 능력을 자기의 보배로 여기고 있으니 슬픈 일이 아니겠습니까? 이 때문에 나라를 망하게 하고 백성을 죽이는 일이 그치지 않는데도, 그 원인에 대해서는 알아보려고도 하지 않습니다.

故水之守土也審, 影之守人也審, 物之守物也審. 故目之於明也殆, 耳之於聰也殆, 心之於殉也殆, 凡能其於府也殆, 殆之成也不給改. 禍之長也茲萃, 其反也緣功, 其果也待久. 而人以爲己寶, 不亦悲乎? 故有亡國戮民無已, 不知問是也.

무심(無心)으로 모르는 경지에 이른 후에야 진정으로 알게 됩니다

제24편 서무귀(徐無鬼) 15-1

그러므로 발로 땅을 밟을 때 비록 밟고 있는 부분은 작지만 밟지 않은 부분이 더 크다는 것을 믿은 후에야 널리 마음대로 잘 걸을 수 있습니다. 사람의 지식이란 적지만, 비록 지식이 적더라도 알지 못하는 부분이 훨씬 크다는 것을 믿은 후에야 천지대자연이 일러 주는 것을 알 수 있습니다.

故足之於地也踐，雖踐，恃其所不蹍而後善博也. 人之於知也少，雖少，恃其所不知而後知天之所謂也.

만물의 근원인 하나라는 대일(大一)을 알고, 만물의 근원이 지극히 고요하다는 대음(大陰)을 알고, 만물을 분별없이 보는 대목(大目)을 알며, 자연의 원리는 균등하다는 대균(大均)을 알고, 자연에는 일정한 법도가 있다는 대방(大方)을 알며, 자연이란 진실하다는 대신(大信)을 알고, 자연이란 지극히 안정된 것이라는 대정(大定)을 알면, 지극한 앎의 경지에 이르게 됩니다. 대일은 도에 통하게 하고, 대음은 모든 분규를 해결케 하며, 대목은 자연의 이치에 달관케 하고, 대균은 각자의 본성을 따라 스스로 터득케 하며, 대방은 모든 법도를 체득케 하고, 대신은 모든 의혹을 없애주며, 대정은 자신을 안정되게 유지시켜줍니다.

知大一, 知大陰, 知大目, 知大均, 知大方, 知大信, 知大定, 至矣. 大一通之, 大陰解之, 大目視之, 大均緣之, 大方體之, 大信稽之, 大定持之.

모든 만물 속에는 자연의 이치가 담겨 있고, 순환변화 속에는 밝은 지혜로움이 있으며, 그윽한 어둠 속에는 만물을 작용케 하는 중추가 있고, 태초 때부터 만물의 주재자가 있었습니다. 인간의 지식으로 이러한 사물의 이치를 이해한다 하더라도 결국엔 이해하지 못하는 것과 같고, 그걸 알고 있다 해도 알지 못하는 것과 같습니다. 무심(無心)으로 모르는 경지에 이른 후에야 진정으로 알게 됩니다. 대도에 대한 물음에 있어선 한계가 있을 수도 없고, 한계가 없을 수도 없습니다.

盡有天, 循有照, 冥有樞, 始有彼. 則其解之也似不解之者, 其知之也似不知之也, 不知而後知之. 其問之也, 不可以有崖, 而不可以無崖.

그 속엔 복잡하지만 실리가 있고, 예나 지금이나 바뀌지도 않고 훼손된 일도 없습니다. 그러니 천지자연에는 위대한 원리원칙이 있다고 말하지 않을 수 없을 겁니다. 그런데 사람들은 이 도(道)를 묻지도 않고 어찌하여 미혹에 빠져 있단 말입니까? 미혹되지 않은 마음으로 미혹을 풀어줌으로써 미혹되지 않은 마음의 경지로 되돌아간다면, 이것이야말로 참으로 위대한 미혹되지 않는 경지에 이르는 겁니다.

頡滑有實, 古今不代, 而不可以虧, 則可不謂有大揚搉乎? 闔不亦問是已, 奚惑然爲? 以不惑解惑, 復於不惑, 是尚大不惑.

한자어원풀이

空谷足音(공곡족음)이란 "인적이 드문 골짜기에서 사람의 발자국 소리만 들어도 반갑다"는 뜻으로, "인적 드문 텅 빈 곳으로 도망하여 명아주가 우거져 겨우 족제비나 다닐 법한 막다른 좁은 길에서 서성거릴 때 사람의 발자국 소리가 들리기만 하여도 기뻐하기 마련입니다. 하물며 형제나 친척들의 웃고 얘기하는 소리가 그의 곁에서 들린다면 어떻겠습니까?"에서 유래했습니다.

빌 空(공)은 구멍 혈(穴)과 장인 공(工)으로 이루어졌습니다. 穴(혈)은 고대의 주거형태로 땅을 파내어 만든 동굴형태 집의 출입구를 본뜬 것으로 상형글자입니다. 그래서 '구멍', '동굴', '움집' 등을 뜻하게 되었습니다.

工(공) 자는 갑골문과 금문에도 보이는 아주 오래된 글자인데, 대체적으로 장인들이 일을 할 때 쓰던 길이를 재거나 무언가를 깎아내고 구멍을 파는 '공구'로 보는 게 일반적이랍니다. 한편으로는 소리를 내기 위해 틀에 매달린 석경(石磬)으로 보기도 합니다. 여러 음계의 소리를 내기 위해서는 각기 정교하게 돌을 깎아 다듬어야 한다는 데서 '장인', '기교', '솜씨' 등의 뜻이 발생하였습니다. 따라서 空(공)의 전체적인 의미는 땅을 파내(工) 만든 굴(穴)처럼 안이 텅 '비다', '없다' 등의 뜻이 생겨났습니다.

골짜기 谷(곡) 은 상형문자랍니다. 아래의 입 구(口) 자는 물이 흐르는 여울 가운데 놓인 돌(石)을 의미하며, 위에 쓰인 겹쳐진 '八'의 형태는 돌 양옆으로 비켜 흐르는 물살의 모습을 본뜬 것이죠. 따라서 시냇가 가운데 놓인 돌(口)을 비켜 흐르는 물살(겹친 八)을 상형한 것이며, '골짜기'를 회화적으로 그려냈다고 볼 수 있습니다.

발 足(족) 은 사람의 다리를 본뜬 상형글자입니다. 足(족)에 대해 『說文』에서는 "足은 사람의 발을 뜻하며 몸의 아래쪽에 위치해 있다. 口(구)와 止(지)로 짜여 있다"라고 하였습니다. 발모양을 본뜬 止(지)의 갑골문을 보면 자형 우측의 옆으로 뻗는 모양(-)은 앞으로 향한 엄지발가락이며, 중앙의 세로(丨)와 좌측의 작은 세로(丨)는 각각 발등과 나머지 발가락을, 자형하부의 가로(一)는 발뒤꿈치를 나타내며 앞으로 향한 좌측 발의 모습을 그려내고 있습니다.

소리 音(음) 은 입(口)에 나팔과 같은 관악기(辛)를 불고 있는 모양, 즉 사람의 입을 통해 나오는 소리를 표현한 지사글자입니다. 音(음)에 대해 허신은 『說文』에서 "소리가 마음에서 우러나와 몸 밖으로 나오는 것이 마디마디가 있는 것을 音(음)이라 한다. 宮(궁)·商(상)·角(각)·徵(치)·羽(우)는 '소리'이고, 絲(사)·竹(죽)·金(금)·石(석)·匏(포)·土(토)·革(혁)·木(목)은 가락(音)이다"고 하였습니다. 8음이란 다음의 여덟 가지 재료(絲·竹·金·石·匏·土·革·木)로 만든 악기에서 나는 소리를 말합니다. 자형상부의 모양(立)은 소리의 꼴을 나팔처럼 형상화한 것이랍니다.

제
25
편

초나라 왕을 만나고픈 노나라 사람

칙양

則 陽

"옛날의 군주들은 이득은 백성들에게 돌리고, 손실은 자기에게 돌렸습니다. 또 바른 것은 백성 탓으로 돌리고, 바르지 못한 것은 자기 탓으로 돌렸습니다. 그러므로 한 사람이라도 잘못이 있을 때는 자리에서 물러나 스스로를 견책하였죠. 그런데 지금은 그렇지가 않습니다. 일부러 일을 숨겨두고서 그것을 모르면 어리석다 하고, 일을 매우 어렵게 만들어 놓고서 그것을 감당하지 못한다고 죄를 묻습니다. 또 중책을 맡겨 놓고서 이겨내지 못하면 벌을 주고, 먼 길을 가게 하고는 이르지 못했다고 처형을 일삼습니다."

추위에 떤 자는 봄이 되어서야 옷을 빌려 입습니다

제25편 칙양(則陽) 1-1

노나라의 칙양(則陽)이라는 사람이 야심을 품고 초나라를 유람하고 있을 때, 이절(夷節)이란 자가 초나라 왕에게 소개했으나 왕이 만나주지 않았습니다. 실망한 이절이 집으로 돌아가자, 칙양은 초나라의 현인 왕과(王果)를 찾아가 말했습니다.

"선생께서는 어찌하여 저를 왕에게 추천해 주지 않으시는 겁니까?"

이에 왕과가 대답합니다.

"나는 공열휴(公閱休)라는 사람만도 못하다오."

그러자 칙양이 궁금한 듯 다가서며 묻습니다.

"공열휴라는 사람은 어떤 분입니까?"

則陽遊於楚, 夷節言之於王, 王未之見. 夷節歸. 彭陽見王果曰:「夫子何不譚我於王?」王果曰:「我不若公閱休.」彭陽曰:「公閱休奚爲者邪?」

이에 왕과가 말해 줍니다.

"그는 겨울이 되면 강에서 작살을 이용하여 자라를 잡고, 여름이 되면 산속 숲 그늘에서 휴식을 취한다오. 지나가는 사람들이 그 연유를 물으면 '여기가 내 집이니까!'라고 대답할 뿐이라오. 그런데 저번에 이절이 왕께 추천해도 안 된 일을, 하물며 나 같은 사람이야 되겠습니까! 내 능력 또한 이절만 못하다오. 이절의 사람됨은 덕은 부족하지만 지식은 잘 갖추었다오. 스스로를 내세우지 않고 정신으로써 사람들과 교감하다 보니 본래부터 부귀를 추구하는 측면에서는 어두웠습니다. 그는 덕으로 서로를 돕지 않았기에 서로 도운 게 상실된 겁니다.

曰:「冬則擉鱉於江, 夏則休乎山樊. 有過而問者, 曰:『此予宅也.』夫夷節已不能, 而況我乎! 吾又不若夷節. 夫夷節之爲人也, 無德而有知, 不自許, 以之神其交, 固顚冥乎富貴之地. 非相助以德, 相助消也.

대체로 보아 추위에 떤 자는 봄이 되어서야 옷을 빌려 입고, 더위를 먹은 자는 도리어 겨울이 되어서야 찬바람을 찾습니다. 초나라 왕의 사람됨은 외형적으로는 존엄하여 사람들의 죄에 대해서는 호랑이와도 같이 용서라는 게 없습니다. 그러니 뛰어난 말재주가 있거나 올바른 덕을 갖춘 자가 아니라면 그 누가 그를 설복할 수 있겠습니까?

夫凍者假衣於春, 暍者反冬乎冷風. 夫楚王之爲人也, 形尊而嚴, 其於罪也, 無赦如虎. 非夫佞人正德, 其孰能撓焉?

그러므로 공열휴와 같은 성인은 곤궁할 때는 집안 식구들에게 가난함을 잊게 만들고, 출세했을 때는 임금이나 대신들에게 벼슬이나 녹봉을 잊게 하여 스스로 자신의 지위를 낮추게 합니다. 그는 사물에 대해서도 함께 즐기고, 사람들에 대해서는 사물과 소통하기에 자기본성도 보전되는 겁니다. 그러므로 때로는 말없이 있으면서도 사람들을 화합되게 하고, 사람들과 나란히 서 있으면서도 사람들을 교화시켜 부자간의 화목함처럼 만들어줍니다. 저 공열휴는 자연으로 돌아가 은거하면서도 한결같은 마음으로 베풀어줍니다. 세상 사람들의 조급한 마음을 누그러뜨림이 이와 같이 원대합니다. 그래서 '공열휴를 기다렸다가 맞이하라'고 말한 겁니다."

故聖人其窮也, 使家人忘其貧. 其達也, 使王公忘爵祿而化卑. 其於物也, 與之爲娛矣. 其於人也, 樂物之通而保己焉. 故或不言而飮人以和, 與人竝立而使人化, 父子之宜. 彼其乎歸居, 而一閒其所施. 其於人心者, 若是其遠也. 故曰: 『待公閱休』.」

자신의 얄팍한 지식으로부터 근심걱정이 생겨납니다

칙양(則陽) 2-1

성인은 얽히고설킨 대자연의 질서에 통달해 모든 만물과 일체가 되었지만, 자신이 그렇다는 것을 알지 못합니다. 이는 본성으로부터 나온 겁니다. 그는 타고난 천명을 회복하여 활동하면서 대자연을 스승으로 삼고 있을 뿐인데, 사람들이 이를 따르면서 성인이라고 이름 붙인 겁니다. 자신의 얄팍한 지식으로부터 근심걱정이 생기고, 그나마 실천행위도 늘 얼마 지나지 않아 멈추어버리니, 그걸 어찌해야 좋겠습니까?

聖人達綢繆, 周盡一體矣, 而不知其然, 性也. 復命搖作而以天爲師, 人則從而命之也. 憂乎知, 而所行恒無幾時, 其有止也, 若之何?

태어나면서부터 아름다운 사람은 다른 사람이 거울을 주면서 그 사실을 알려주지 않으면, 자신이 다른 사람보다 아름답다는 것을 알지 못할 겁니다. 그가 그 사실을 알든 모르든, 그 사실을 들었든 듣지 못했든, 그가 그걸 기뻐할 수 있는 것 또한 끝내 그침이 없을 것이며, 사람들이 그를 좋아하는 것 역시 멈춤이 없는데, 이 또한 모두가 본성으로부터 나온 겁니다.

生而美者, 人與之鑑, 不告則不知其美於人也. 若知之, 若不知之, 若聞之, 若不聞之, 其可喜也終無已, 人之好之亦無已, 性也.

성인은 사람들을 사랑하는데 사람들이 그에게 성인이라 부르면서 그 사실을 알려주지 않으면, 그가 사람들을 사랑하고 있다는 사실도 모를 겁니다. 그가 그 사실을 알든 모르든, 그 사실을 들었든 듣지 못했든, 그가 사람들을 사랑하는 것 또한 끝내 멈춤이 없을 것이며, 사람들이 그를 편안하게 여기는 것 역시 그침이 없는데,

이 또한 모두가 본성으로부터 나온 겁니다.

聖人之愛人也, 人與之名, 不告則不知其愛人也. 若知之, 若不知之, 若聞之, 若不聞之, 其愛人也終無已, 人之安之亦無已, 性也.

하루가 없으면 일 년도 없고, 안이 없으면 겉도 없다

제25편 칙양(則陽) 3-1

누구에게나 본성과도 같은 조국이나 고향은 멀리서 바라만 보아도 기쁜 일입니다. 비록 산언덕이나 초목에 가려져 십 분의 일밖에 보이지 않는다 하더라도 여전히 기쁜 마음일 겁니다. 하물며 예전에 보았던 것을 다시 보고 예전에 들었던 것을 다시 듣거나, 예전에 보았던 높다란 누각이 사람들 사이로 솟아 있는 걸 본다면 어쩌겠습니까?

舊國舊都, 望之暢然. 雖使丘陵草木之緡入之者十九, 猶之暢然, 況見見聞聞者也, 以十仞之臺縣衆間者也?

옛 성왕이었던 염상씨(冉相氏)는 우주변화의 원리인 환중(環中)을 체득하여 만물의 생성이치를 따름으로써 만물과 더불어 끝도 없고 시작도 없고, 때도 없고 시간도 없는 경지에서 지냈습니다. 날마다 만물과 함께 변화하는 것은 하나도 변화하지 않는 것인데, 사람들은 왜 그러한 경지에 머물려 들지 않을까요?

冉相氏得其環中以隨成, 與物無終無始, 無幾無時. 日與物化者, 一不化者也. 闔嘗舍之?

대자연을 스승으로 삼으려 하면서도 자연을 스승으로 삼지 못하고 모두가 바깥 사물에 빠져 인위를 일삼는 건, 무엇 때문일까요? 성인은 애초부터 자연에 대한 의식도 없었고, 애초부터 사람에 대한 의식도 없었으며, 애초부터 시초에 대한 의식도 없었고, 애초부터 사물에 대한 의식도 없었습니다. 세상과 더불어 행동하면서 중도에 멈춤도 없었으니, 그의 행위는 그 자체로 완벽하고 부족함도 없었습니다. 그가 대자연과 합일됨이 이와 같으니 무엇 때문이겠습니까?

夫師天而不得師天, 與物皆殉. 其以爲事也, 若之何? 夫聖人未始有天, 未始有人, 未始有始, 未始有物, 與世偕行而不替, 所行之備而不洫, 其合之也, 若之何?

상나라의 탕 임금은 사어(司御)이자 문윤의 관직에 있던 등항(登恒)을 스승으로 모셨지만, 스승을 따르면서도 얽매이지는 않았고 자연의 변화를 따름으로써 법도를 이룰 수 있었습니다. 이 때문에 사어인 등항도 명성을 얻었고, 탕왕은 뛰어난 법도로 명성을 얻어 그 둘이 세상에 드러난 겁니다. 공자도 고심 끝에 결국엔 자연을 스승으로 삼은 겁니다. 그래서 황제 때 역법을 제정했던 용성씨(容成氏)는 '하루가 없으면 일 년도 없고, 안이 없으면 겉도 없다'고 했습니다.

湯得其司御門尹登恒爲傅之. 從師而不囿, 得其隨成. 爲之司其名, 之名嬴法, 得其兩見. 仲尼之盡慮, 爲之傅之. 容成氏曰:「除日無歲, 無內無外.」

임금님께선 그저 올바른 도를 추구하면 그뿐입니다

제25편 칙양(則陽) 4-1

위나라 혜왕인 영(瑩)이 제나라 위왕인 전후모(田侯牟)와 맹약을 맺었는데, 전후모가 그 맹약을 배반하였습니다. 이에 위나라 혜왕은 진노하면서 자객을 보내 살해하려 했습니다. 위나라 서수벼슬에 있던 공손연(公孫衍)이 이 소식을 듣고선 부끄러움을 느끼며 혜왕에게 아뢰었습니다.

"임금님께선 만승 대국의 군주이신데도 자객을 보내 원수를 갚으려 하고 계십니다. 청하옵건대 저에게 군사 이십만을 주시면 임금님을 위해 제나라를 공격하여 그 나라 백성들을 포로로 잡고 그들의 소와 말을 끌고 오겠습니다. 그렇게 하면 제나라 임금은 속이 부글부글 끓어올라 등창이 날 것이고, 그런 후에 제나라를 송두리째 뽑아버리겠습니다. 또 제나라 장수 전기(田忌)를 달아나게 한 후 그의 등을 내리쳐 척추를 부러뜨려버리겠습니다."

魏瑩與田侯牟約, 田侯牟背之, 魏瑩怒, 將使人刺之. 犀首公孫衍聞而恥之, 曰:「君爲萬乘之君也, 而以匹夫從讎. 衍請受甲二十萬, 爲君攻之, 虜其人民, 係其牛馬, 使其君內熱發於背, 然後拔其國. 忌也出走, 然後抶其背, 折其脊.」

위나라의 신하 계자(季子)가 그런 얘기를 듣고선 부끄러운 마음에 혜왕에게 아룁니다.

"열 길 높이의 성을 쌓고자 하여, 열 길 높이의 성을 이미 쌓았다가 또다시 허물어버린다면, 이는 일꾼들에게 헛고생만 시킨 꼴이 됩니다. 지금 군사를 일으키지 않은 지 칠 년이나 되었는데, 이는 임금님 국정운영의 기반이 되고 있습니다. 공손연은 공연히 분란만 일으키는 사람이니, 그의 말을 들어서는 안 될 겁니다."

季子聞而恥之, 曰:「築十仞之城, 城者既十仞矣, 則又壞之, 此胥靡之所苦也. 今兵不起七年矣, 此王之基也. 衍亂人也, 不可聽也.」

또 다른 신하 화자(華子)가 그 얘기를 듣고선 창피한 마음에 혜왕에게 아뢥니다.

"제나라를 정벌하는 것이 최선이라고 말하는 자는 분란을 일으키려는 사람입니다. 제나라를 정벌하지 않는 것이 최선이라고 말하는 자 역시 분란을 조장하려는 사람입니다. '제나라를 정벌하자는 자와 하지 말자는 자를 모두 혼란을 조장하는 자라고 이야기하는 사람 또한 공연히 분란만 일으키는 사람입니다."

그러자 위나라 혜왕이 답답한 듯 말합니다.

"그렇다면 어찌해야 한단 말이오?"

이에 신하 화자가 대답합니다.

"임금님께선 그저 올바른 도를 추구하면 그뿐입니다.

華子聞而醜之, 曰:「善言伐齊者, 亂人也. 善言勿伐者, 亦亂人也. 謂『伐之與不伐亂人也』者, 又亂人也.」君曰:「然則若何?」曰:「君求其道而已矣.」

마음을 막힘이 없는 경지에 노닐게 할 줄 아신다면

제25편 칙양(則陽) 4-2

위나라의 재상 혜자가 그 소식을 듣고는 현인의 한 사람인 대진인(戴晉人)을 혜왕에게 소개했습니다. 소개받은 자리에서 혜왕에게 말합니다.

"달팽이라는 놈이 있는데, 임금님께선 알고 계신지요?"

"알지요!"

惠之聞之, 而見戴晉人. 戴晉人曰: 「有所謂蝸者, 君知之乎?」 曰: 「然.」

그러자 대진인이 말합니다.

"달팽이의 왼쪽 뿔에 한 나라가 있었는데 촉씨(觸氏)라고 불렀습니다. 또 달팽이의 오른쪽 뿔에도 한 나라가 있었는데 만씨(蠻氏)라고 부릅니다. 수시로 그들은 땅을 빼앗기 위해 전쟁을 벌였는데, 죽어 쓰러진 시체가 수만 구에 이르렀고, 패배하여 도망친 병사들을 추격했다가 십오 일 만에야 돌아오곤 하였습니다."

「有國於蝸之左角者, 曰觸氏. 有國於蝸之右角者, 曰蠻氏. 時相與爭地而戰, 伏尸數萬, 逐北旬有五日而後反.」

듣고 있던 혜왕이 손을 저으며,

"에이! 그건 지어낸 말이겠지요?"

이에 대진인이 정색을 하며 말합니다.

"그렇다면 제가 임금님을 위해 실증해 보이겠습니다. 임금님 생각엔 사방과 위아래에 막힘이 있다고 보십니까?"

그러자 혜왕이 대답합니다.

"막힘이야 없겠지요."

君曰:「噫! 其虛言與?」曰:「臣請爲君實之. 君以意在四方上下有窮乎?」君曰:「無窮.」

이에 대진인이 말합니다.

"마음을 막힘이 없는 경지에 노닐게 할 줄 아신다면, 사람들이 오가는 이 세상의 나라들로 마음을 다시 돌아오게 해보십시오. 그러면 이러한 나라라는 것은 있는지 없는지도 모를 존재가 되지 않겠습니까?"

혜왕이 대답합니다.

"그렇겠지요."

이에 대진인이 덧붙여 말합니다.

"사람들이 오가는 이 세상 한가운데에 위나라가 있고, 위나라 한가운데에 수도인 양(梁)이 있고, 수도인 양 한가운데에 임금님께서 계십니다. 그렇다면 임금님과 만씨 사이에 차이가 있습니까?"

혜왕이 대답합니다.

"차이가 없소."

曰:「知遊心於無窮, 而反在通達之國, 若存若亡乎?」君曰:「然.」曰:「通達之中有魏, 於魏中有梁, 於梁中有王, 王與蠻氏有辯乎?」君曰:「無辯.」

대진인이 나가는데도 혜왕은 멍하니 자신의 존재감도 잃어버렸습니다. 대진인이 나오자 혜자가 혜왕을 알현합니다. 그러자 혜왕이 혜자에게 말합니다.

"대진인은 정말 위대한 사람이구려! 성인이라도 그를 당해낼 수 없을 거야!"

이에 혜자가 말합니다.

"피리를 불면 삐 하는 큰 소리가 나지만, 칼자루 끝의 구멍을 불면 휙 하고 작은 소리가 날 뿐입니다. 요 임금과 순 임금을 사람들이 칭송하지만, 대진인 앞에서 요 임금과 순 임금을 언급하는 것은 비유하자면 휙 하고 작은 소리를 내는 것과 같습니다."

客出而君惝然若有亡也. 客出, 惠子見. 君曰:「客大人也, 聖人不足以當之.」惠子曰:「夫吹筦也, 猶有嗃也. 吹劍首者, 吷而已矣. 堯舜. 人之所譽也. 道堯舜於戴晉人之前, 譬猶一吷也.」

저분들은 성인들인데 일부러 하인노릇을 하고 있지

제25편 칙양(則陽) 5-1

공자가 초나라로 가다가 의구산 아래 주막에 머물렀습니다. 그 이웃집의 부부가 남녀 하인들과 지붕에 올라가 지붕을 손질하고 있었습니다. 그걸 본 자로(子路)가 스승 공자에게 물었습니다.

"저기 바삐 움직이는 이들은 무얼 하는 사람들인가요?"

孔子之楚, 舍於蟻丘之漿. 其鄰有夫妻臣妾登極者, 子路曰:「是稯稯何爲者邪?」

이에 공자가 대답합니다.

"저분들은 성인들인데 일부러 하인노릇을 하고 있지. 저분들은 스스로 백성들과 뒤섞이며 스스로 농사일을 하며 숨어산단다. 그 명성을 드러내지 않고 있지만 그 정신만은 무궁한 대도 속에 노닐고 있지. 지금 입으로 말은 하고 있으나 마음속으로는 전혀 말을 하고 있지 않단다. 그리고 세상과 멀리 떨어지면서 함께 어울리려고도 하지 않지. 저분들은 땅속에 잠겨 있듯이 숨어 지내고 있단다. 아마도 시남의료(市南宜僚)와 같은 사람일 게야!"

仲尼曰:「是聖人僕也. 是自埋於民, 自藏於畔. 其聲銷, 其志無窮, 其口雖言, 其心未嘗言. 方且與世違, 而心不屑與之俱. 是陸沉者也, 是其市南宜僚邪!」

말을 듣고 난 제자 자로가 가서 그들을 모셔오겠다고 하자, 공자가 말합니다.

"아서라! 저분들은 내가 자기들을 들춰낼 것을 알고 있을 것이다. 또 내가 초나라로 가서는 틀림없이 초나라 왕에게 자기들을 초청케 할 것이라는 것도 알고 있을 것이다. 저분들은 또 나를 아첨이나 하는 사람으로 알고 있을 게야. 저와 같은 분들은 아첨꾼에게서 말을 듣는 것조차 수치라고 생각할 텐데, 하물며 친히 만나는 것이야 얼마나 수치로 생각하겠느냐! 너는 저분들이 아직도 거기에 남아 있을 것이라고 생각하느냐?"

자로가 그 말을 듣고 가서 보니 그 집은 이미 텅 비어 있었습니다.

子路請往召之. 孔子曰:「已矣! 彼知丘之著於己也, 知丘之適楚也, 以丘爲必使楚王之召己也. 彼且以丘爲佞人也. 夫若然者, 其於佞人也, 羞聞其言, 而況親見其身乎! 而何以爲存?」子路往視之, 其室虛矣.

욕망과 증오의 싹이 돋아 그의 본성을 가리는 무성한 갈대숲을 이룹니다

제25편 칙양(則陽) 6-1

장오 지역의 국경지기가 공자의 제자 자뢰(子牢)에게 말했습니다.

"군주가 정치를 할 때는 거칠게 함부로 해서는 안 되고, 백성을 다스릴 때도 지리멸렬하게 해서는 안 됩니다. 전에 제가 벼농사를 지었는데, 논갈이를 거칠게 함부로 했더니 벼이삭도 역시 거칠게 함부로 내게 보답을 하더군요. 또 김매는 것을 대충대충 소홀하게 했더니, 벼이삭들도 역시 대충대충 소홀하게 열리는 것으로 내게 보답했습니다. 저는 다음 해에는 방법을 바꾸어 논갈이도 깊게 하고 김매는 것도 정성을 들였더니, 벼이삭들이 무성하게 잘 자라 저는 일 년 내내 배불리 먹을 수 있었습니다."

長梧封人問子牢曰:「君爲政焉勿鹵莽, 治民焉勿滅裂. 昔予爲禾, 耕而鹵莽之, 則其實亦鹵莽而報予. 芸而滅裂之, 其實亦滅裂而報予. 予來年變齊, 深其耕而熟耰之, 其禾蘩以滋, 予終年厭飧.」

장자가 그 얘기를 듣고서 말했습니다.

"요즘 사람들은 몸을 다스리고 마음을 추스르는 데 있어, 다분히 국경지기가 말한 것과 비슷한 데가 있습니다. 사람들은 자연으로부터 벗어나고, 본성으로부터 멀리 떠나고, 타고난 성정을 잃고, 정신을 망치면서까지 세상의 여러 가지 일에 종사합니다. 그러므로 자기 본성에 대해 대충대충 소홀하게 대하면 욕망과 증오의 싹이 돋아 그의 본성을 가리는 무성한 갈대숲을 이룹니다. 처음에는 싹이 터서 자기 몸에 도움을 줄 듯이 보이지만 결국엔 자기 본성을 뽑아 해치게 됩니다. 또 온몸이 무너짐과 동시에 구멍이나 새면서 장소를 가리지 않고 종기나 부스럼이나 옴이나 등창이 생기고, 안으로는 열이 발생해 오줌이 탁해지는 당뇨병이 발생하는 것은 바로 이러한 이유 때문이랍니다."

莊子聞之曰:「今人之治其形, 理其心, 多有似封人之所謂. 遁其天, 離其性, 滅其情, 亡其神, 以衆爲. 故鹵莽其性者, 欲惡之孽爲性, 萑葦蒹葭, 始萌以扶吾形, 尋擢吾性. 竝潰漏發, 不擇所出, 漂疽疥癰, 內熱溲膏是也.」

백성들의 지식과 능력이 고갈되면 거짓으로써 일을 꾸밉니다

제25편 칙양(則陽) 7-1

제자 백구(柏矩)가 스승 노자에게 가르침을 받으면서 말했습니다.

"청하옵건대 천하 세상을 유람하고 싶습니다."

이에 스승 노자가 말합니다.

"아서라! 천하 세상도 이곳과 다를 게 없단다."

그래도 또다시 제자 백구가 간청하자 스승 노자가 말합니다.

"너는 어느 곳에서부터 유람을 시작할 생각이냐?"

그러자 제자 백구가 대답합니다.

"제나라로부터 시작하겠습니다."

柏矩學於老聃, 曰:「請之天下遊.」老聃曰:「已矣! 天下猶是也.」又請之, 老聃曰:「汝將何始?」曰:「始於齊.」

제자 백구가 제나라에 이르러 나무기둥에 묶여 사형을 당한 사람을 보았습니다. 그는 시체를 떠밀어 올바로 뉘이고는, 자기의 예복을 벗어 덮어주고는 하늘을 우러러 통곡합니다.

"아아! 그대여! 천하 세상에는 큰 재앙이 있는데, 그대 홀로 먼저 떠났구나! 세상에선 '도둑질하지 말라, 살인하지 말라' 하지만, 영예와 치욕을 당한 후에야 그 병폐를 보게 되고, 재화를 끌어 모은 후에야 다툼을 보게 됩니다. 지금 세상에서는 사람들이 싫어할 병폐를 내세우고, 사람들이 서로 다투어 가지려는 것들을 모아놓아 사람들의 몸을 힘들게 하면서 쉴 틈을 주지 않는데, 이러한 처지에 이르지 않으려 한다고 해도 그것이 가능하겠는가?

至齊, 見辜人焉, 推而強之, 解朝服而幕之, 號天而哭之, 曰:「子乎! 子乎! 天下有大菑, 子獨先離之. 曰:『莫爲盜, 莫爲殺人.』榮辱立然後覩所病, 貨財聚然後覩所爭. 今立人之所病, 聚人之所爭, 窮困人之身, 使無休時. 欲無至此得乎?

옛날의 군주들은 이득은 백성들에게 돌리고, 손실은 자기에게 돌렸습니다. 또 바른 것은 백성 탓으로 돌리고, 바르지 못한 것은 자기 탓으로 돌렸습니다. 그러므로 한 사람이라도 잘못이 있을 때는 자리에서 물러나 스스로를 견책하였죠. 그런데 지금은 그렇지가 않습니다. 일부러 일을 숨겨두고서 그것을 모르면 어리석다 하고, 일을 매우 어렵게 만들어 놓고서 그것을 감당하지 못한다고 죄를 묻습니다. 또 중책을 맡겨 놓고서 이겨내지 못하면 벌을 주고, 먼 길을 가게 하고는 이르지 못했다고 처형을 일삼습니다.

古之君人者, 以得爲在民, 以失爲在己. 以正爲在民, 以枉爲在己. 故一形有失其形者, 退而自責. 今則不然, 匿爲物而愚不識, 大爲難而罪不敢, 重爲任而罰不勝, 遠其塗而誅不至.

그리고 백성들의 지식과 능력이 고갈되면 거짓으로써 일을 꾸밉니다. 위정자가 날로 거짓된 일을 많이 꾸며내면 백성들도 어찌 거짓된 일을 꾸며내지 않겠습니까? 능력이 부족하게 되면 거짓됨을 일삼고, 지식이 부족하면 속이게 되며, 재물이 부족하면 도둑질을 하게 되는 법입니다. 그렇다면 이렇게 도둑질하는 행위에 대해선 누구에게 책임을 물어야 옳겠습니까?"

民知力竭, 則以僞繼之. 日出多僞, 士民安取不僞? 夫力不足則僞, 知不足則欺, 財不足則盜. 盜竊之行, 於誰責而可乎?」

사람들은 자신의 지식으로 알 수 있는 것은 존중하지만

제25편 칙양(則陽) 8-1

위나라의 현인 거백옥(蘧伯玉)은 나이 육십이 되기까지 육십 번이나 태도를 바꾸었습니다. 처음에는 옳다고 주장했던 일도 나중에 가서는 잘못되었다고 굽히지 않는 것이 없을 정도였습니다. 지금 옳다고 말하는 것도 지난 오십구 년 동안 잘못된 일이라 했던 건지도 모르겠습니다. 천지의 만물은 생겨나긴 하지만 그 뿌리를 볼 수 없고, 죽어 나가지만 그 문을 볼 수가 없습니다. 사람들은 자신의 지식으로 알 수 있는 것은 존중하지만, 자신들의 지식으로 알 수 없는 것에 의거한 후에야 알 수 있음을 알지 못합니다. 그러니 커다란 의혹이 아니라고 할 수 있겠습니까? 아서라! 아서라! 나 또한 그로부터 자유롭진 못할 겁니다. 그러니 이것도 그렇게 말하곤 있지만 정말 그럴까요?

蘧伯玉行年六十而六十化. 未嘗不始於是之, 而卒詘之以非也. 未知今之所謂是之非五十九非也. 萬物有乎生而莫見其根, 有乎出而莫見其門. 人皆尊其知之所知, 而莫知恃其知之所不知而後知, 可不謂大疑乎? 已乎! 已乎! 且無所逃. 此則所謂然與然乎?

자손에 의지할 필요 없이 영공이 이곳을 차지하여 묻히리라

제25편 칙양(則陽) 9-1

공자가 역사를 기록하는 태사관 벼슬에 있는 대도(大弢)와 백상건(伯常騫) 및 희위(狶韋)에게 물었습니다.

"위나라 영공(靈公)은 술을 마시고 즐기는 데만 빠진 채 나라의 정사는 돌보지도 않고, 그물과 주살을 이용하여 사냥하러 다니느라 제후들과의 교류에도 응하지 않았습니다. 그런데도 영공이란 시호(諡號)를 올린 것은 무엇 때문입니까?"

仲尼問於大史大弢伯常騫狶韋曰:「夫衛靈公飮酒湛樂, 不聽國家之政. 田獵畢弋, 不應諸侯之際: 其所以爲靈公者何邪?」

이에 대도가 말합니다.

"그것은 그럴만한 이유가 있기 때문입니다."

곁에 있던 백상건도 이어 말합니다.

"영공에겐 세 명의 부인이 있었는데 한 욕조에서 목욕을 할 만큼 문란했습니다. 그러나 위나라의 대부 사추(史鰌)가 어명을 받들어 영공에게 나아가면, 그는 사람을 불러 폐백을 받게 하고 부축하게 하였습니다. 처들과는 그리 심하게 문란한 행동을 하면서도 현자를 대할 때는 이와 같이 엄숙하기도 하였지요. 이것이 그가 영공이란 시호를 받게 된 이유랍니다."

大弢曰:「是因是也.」伯常騫曰:「夫靈公有妻三人, 同濫而浴. 史鰌奉御而進所, 搏幣而扶翼. 其慢若彼之甚也, 見賢人若此其肅也, 是其所以爲靈公也.」

두 사람의 말을 듣고 있던 희위가 말합니다.

"영공이 죽었을 때 점을 쳤는데, 조상들이 묻힌 선영에 장사지내는 것은 불길하다고 나왔습니다. 그래서 다시 점을 치니 사구라는 땅에 장사지내는 것이 길하다는 겁니다. 그곳 땅 몇 길을 파내려갔더니 돌로 된 관이 나왔습니다. 관을 씻고 자세히 살펴보니 '자손에 의지할 필요 없이 영공이 이곳을 차지하여 묻히리라'라는 글귀가 새겨져 있었습니다. 영공에게 영공이라는 시호가 정해진 것은 이렇게 오래되었습니다. 저 두 사람이 어찌 그걸 다 알겠습니까?"

狶韋曰:「夫靈公也死, 卜葬於故墓, 不吉. 卜葬於沙丘而吉. 掘之數仞, 得石槨焉, 洗而視之, 有銘焉, 曰:『不馮其子, 靈公奪而里之.』夫靈公之爲靈也久矣. 之二人何足以識之?」

도라는 것은 그 모두를 감쌀 만큼 공정한 것이야

제25편 칙양(則陽) 10-1

소지(少知)가 태공조(太公調)에게 물었습니다.

"한 마을(丘里)의 여론이라는 것이 무엇을 말하는 겁니까?"

이에 대공조가 대답합니다.

"구리(丘里)란 열 가지 성이 다른 수많은 사람들이 모여서 이룬 풍속을 말하지. 다른 것을 합하여 같은 것으로 만들기도 하며, 같은 것을 나누어 다른 것으로 만들어버리기도 한단다. 예를 들자면, 말의 몸을 백 가지 부위로 나누어 놓고 그것을 말이라고 할 순 없지만, 눈앞에 묶여 있는 말은 그 백 가지 부위가 합쳐 있기 때문에 말이라고 부르는 것과 같지.

少知問於太公調曰:「何謂丘里之言?」太公調曰:「丘里者, 合十姓百名而爲風俗也, 合異以爲同, 散同以爲異. 今指馬之百體而不得馬, 而馬係於前者, 立其百體而謂之馬也.

그렇기 때문에 언덕이나 산은 낮은 곳에서부터 흙이 쌓여 높아진 것이고, 양자강과 황하는 작은 물줄기들이 합해져서 커진 것이며, 대인(大人)은 여러 가지 의견을 아우르고 통합하여 공정한 거야. 이 때문에 외부로부터 어떤 의견이 제시되면 자기의 주관이 있다 하더라도 자기 것에만 집착하지 않아. 그리고 자기가 제시한 의견이 올바르다 하여도 남의 의견을 거부하진 않지.

是故丘山積卑而爲高, 江河合水而爲大, 大人合并而爲公. 是以自外入者, 有主而不執. 由中出者, 有正而不距.

사계절의 기후가 각기 다르지만 하늘은 어느 한쪽으로 치우치지 않기 때문에 한 해가 이루어진다네. 다섯 가지 관직은 직무가 각기 다르지만 군주가 어느 한쪽으로 치우치지 않기 때문에 나라가 다스려지며, 문인과 무인은 각기 기능이 다르지만 대인은 어느 한쪽으로 치우치지 않기 때문에 덕이 갖추어지지. 만물의 이치는 각기 다르지만 도(道)가 어느 한쪽으로 치우치지 않기 때문에 이름이 없는 무명(無名)의 지위를 차지하고, 무명이기 때문에 인위적으로 하는 일이 없는 무위(無爲)할 수 있으며, 무위하지만 하지 않는 일이 없게 된다네.

四時殊氣, 天不賜, 故歲成. 五官殊職, 君不私, 故國治. 文武殊能, 大人不賜, 故德備. 萬物殊理, 道不私, 故無名. 無名故無爲, 無爲而無不爲.

각각의 계절에는 시작과 끝이 있고 세상에는 변화가 있다네. 재앙(禍)과 복록(福)은 유동하는 것이기 때문에 어느 한쪽에선 거슬리는 게 있더라도 다른 한쪽에선 마땅한 게 있기 마련이지. 사람은 각자가 자기 생각에 따라 추구해가기 때문에 옳다고 여기는 것 속에도 틀린 것이 있다네. 가령 큰 택지에 비유해 본다면 온갖 재료들이 모두가 자기 도수에 맞는 것과 같고, 큰 산에 비추어본다면 나무와 돌들이 그 기반을 이루고 있는 것과 같지. 이것을 일러 한 마을의 여론이라 하는 거야."

時有終始, 世有變化, 禍福淳淳, 至有所拂者而有所宜, 自殉殊面. 有所正者有所差, 比於大澤, 百材皆度. 觀於大山, 木石同壇. 此之謂丘里之言.」

이에 소지가 다시 묻습니다.

"그렇다면 그것을 도라고 말해도 괜찮을까요?"

少知曰:「然則謂之道足乎?」

그러자 태공조가 손을 저으며 말합니다.

"그렇진 않아. 지금 사물의 숫자를 헤아려보면 만 가지로도 부족하지만, 그것을 만물이라고 약속한 것은 숫자 중의 큰 것으로써 부르자고 한 것뿐이지. 그러므로 천지라는 것은 형체 중에서 가장 큰 것이며, 음양이라는 것은 기 가운데서 가장 큰 것이고, 도라는 것은 그 모두를 감쌀 만큼 공정한 것이야. 그 때문에 그것의 크기에 따라 그렇게 불러도 좋겠지만, 이미 도라는 이름을 지니게 되면 사물들과 같은 차원에서 비교되는 존재가 되어버릴 것이야. 만약 이와 같이 논한다면, 비유하자면 개나 말과 같이 다른 사물과 분별하기 위한 이름이 되어버리니 사실과는 너무 동떨어져버릴 거야."

太公調曰:「不然. 今計物之數, 不止於萬, 而期曰萬物者, 以數之多者號而讀之也. 是故天地者, 形之大者也. 陰陽者, 氣之大者也. 道者爲之公. 因其大以號而讀之則可也, 已有之矣, 乃將得比哉. 則若以斯辯, 譬猶狗馬, 其不及遠矣.」

말도 아니고 침묵도 아닌 경지에서만 도의 지극함을 논의해야 할 거야

제25편 칙양(則陽) 11-1

소지가 또 물었습니다.

"그러면 사방 안 우주 사이의 만물은 어디를 바탕해서 생겨나는 걸까요?"

少知曰:「四方之內, 六合之裏, 萬物之所生惡起?」

그러자 태공조가 말합니다.

"음과 양이 서로 돕기도 하고 서로 통제를 하면서 서로를 다스려 가지. 춘하추동 사계절이 교대되면서 상생과 상극을 한단다. 이러한 과정에서 욕망과 증오와 버리고 취하고자 하는 생각들이 여기에서 일어나고, 암컷과 수컷이 나뉘고 결합하는 이러한 과정에서 모든 것이 존재하게 되지. 안정과 위험이 서로 바뀌고, 재앙과 복록이 서로를 낳고, 완만함과 조급함이 서로 갈마들며, 모이고 흩어짐이 이러한 현상들 때문에 형성된단다.

太公調曰:「陰陽相照, 相蓋相治, 四時相代, 相生相殺. 欲惡去就, 於是橋起. 雌雄片合, 於是庸有. 安危相易, 禍福相生, 緩急相摩, 聚散以成.

이러한 것은 음양의 작용이라서 그 이름과 내용도 실마리를 알 수 있으며, 아주 세세한 작용도 기록할 수가 있지. 모든 것은 질서를 따라 서로 다스려지며, 일정한 운행에 따라 서로를 부리고, 다하면 되돌아오며, 끝나면 다시 시작하는데, 이러한 것은 만물이 지니고 있는 현상이란다. 따라서 말로써 다 설명할 수 있는 것과 지식으로 알 수 있는 것은 그저 사물의 현상을 두루 아는 것일 뿐이지. 그러나 도를 깨우친 사람은 사물이 다하는 지점을 알려 하지 않고, 그것이 생겨나는 근원을 따지지 않는데, 이것은 논리로써는 추구할 수 없기 때문이란다."

此名實之可紀, 精微之可志也. 隨序之相理, 橋運之相使, 窮則反, 終則始, 此物之所有. 言之所盡, 知之所至, 極物而已. 覩道之人, 不隨其所廢, 不原其所起, 此議之所止.」

그러자 소지가 또다시 묻습니다.

"제나라의 현인 계진(季眞)은 자연의 운행은 어떠한 주재자도 없다는 막위론(莫爲論)을, 제나라의 또 다른 현인 접자(接子)는 자연의 운행은 누군가의 조작에 의해 이루어진다는 혹사론(或使論)을 주장하였습니다. 이 두 사람의 주장 가운데 누구의 주장이 실정에 맞고, 누구의 주장이 진리에 합당한 겁니까?"

少知曰: 「季眞之莫爲, 接子之或使. 二家之議, 孰正於其情, 孰偏於其理?」

이에 태공조가 대답합니다.

“닭이 울고 개가 짖는 것은 사람들이 다 알고 있지. 그러나 지식이 뛰어난 사람일지라도 왜 울고 짖는지 말로 설명할 수는 없고, 그것들이 앞으로 무엇을 할지 마음으로 헤아릴 순 없단다. 이러한 이치로 분석해 보면, 더 이상 비교할 수 없을 만큼 정밀함에 이르고 더 이상 에워쌀 수 없을 정도로 큰 것에 이르게 되지. 누군가가 조작한다고 보든(或使論), 아무도 조작하지 않는다고 보든(莫爲論), 사물에 구애됨을 벗어나지 못하기 때문에 결국엔 둘 다 과오를 범하게 된단다. 자연의 운행은 누군가의 조작에 의해 이루어진다는 혹사론(或使論)은 주재자가 실재한다는 것이고, 자연의 운행은 어떠한 주재자도 없다는 막위론(莫爲論)은 주재자가 없다는 것이지.

太公調曰:「雞鳴狗吠, 是人之所知. 雖有大知, 不能以言讀其所自化, 又不能以意其所將爲. 斯而析之, 精至於無倫, 大至於不可圍. 或之使, 莫之爲, 未免於物而終以爲過. 或使則實, 莫爲則虛.

이름이 있고 실재가 있다는 것은 사물이 실재함을 말하고, 이름도 없고 실재도 없다는 것은 사물이 없음을 말하는 거지. 말할 수 있고 생각할 수 있다면 말할수록 더욱 사실과는 멀어진단다. 아직 생겨나지 않은 것을 태어나지 못하게 할 수도 없고, 이미 죽어버린 것을 죽지 못하게 막을 수도 없는 것이지. 삶과 죽음은 멀리 떨어져 있는 게 아니고, 그에 대한 이치는 알 수도 없는 것이란다. 누군가가 조작하고 있다고 보는 것이나 아무도 조작하지 않는다고 보는 것은 의문을 바탕으로 가정한 것이야.

有名有實, 是物之居. 無名無實, 在物之虛. 可言可意, 言而愈疏. 未生不可忌, 已死不可徂. 死生非遠也, 理不可覩. 或之使, 莫之爲, 疑之所假.

내가 사물의 근본을 볼 때 이미 흘러간 시간은 끝이 없고, 내가 사물의 말단을 볼 때 흘러오는 시간 또한 멈춤이 없단다. 끝이 없고 멈춤이 없다는 것은 무(無)에 대해 말한 것으로, 이는 사물의 이치와 동일한 것이지. 누군가가 조작한다고 보는 혹사론(或使論)과 아무도 조작하지 않는다고 보는 막위론(莫爲論)은 사물의 근본을 말한 것으로, 사물과 더불어 끝났다가 사물과 더불어 시작할 뿐이란다. 그러니 도라는 것은 있다고 할 수도 없고, 또 없다고도 할 수가 없는 거지. 도라는 명칭은 그저 가정해서 빌려 쓰고 있을 뿐인 거야.

吾觀之本, 其往無窮. 吾求之末, 其來無止. 無窮無止, 言之無也, 與物同理. 或使莫爲, 言之本也, 與物終始. 道不可有, 有不可無. 道之爲名, 所假而行.

누군가가 조작한다고 보는 혹사론(或使論)과 아무도 조작하지 않는다고 보는 막위론(莫爲論)은 사물의 한 측면만을 이야기하고 있는 것인데, 어찌 대도(大道)에까지 적용할 수 있겠느냐? 말로써 충분히 표현할 수 있다면 하루 종일 말한 것이 다 도일 것이고, 말로써는 충분히 표현할 수 없다면 하루 종일 말한 것이 모두가 사물에 관한 것일 뿐이지. 도(道)는 사물의 지극한 이치이기 때문에 말이나 침묵으로도 충분히 설명할 순 없지. 말도 아니고 침묵도 아닌 경지에서만이 도의 지극함을 논의해야 할 거야."

或使莫爲, 在物一曲, 夫胡爲於大方? 言而足, 則終日言而盡道. 言而不足, 則終日言而盡物. 道物之極, 言默不足以載. 非言非默, 議有所極.」

한자어원풀이

百材皆度(백재개도) 란 "온갖 재료들은 모두가 자기만의 도수를 갖고 있다"는 뜻으로, "사람은 각자가 자기 생각에 따라 추구해 가기 때문에 옳다고 여기는 것 속에도 틀린 것이 있다네. 가령 큰 택지에 비유해 본다면 온갖 재료들이 모두가 자기 도수에 맞는 것과 같고, 큰 산에 비추어본다면 나무와 돌들이 그 기반을 이루고 있는 것과 같지. 이것을 일러 한 마을의 여론이라 하는 거야"라는 데서 연유했습니다.

일백 百(백) 은 한 일(一)과 흰 백(白)으로 구성되어 있습니다. 一(일)은 지사글자로 철학적인 의미를 부여해 만물의 근원인 태극으로 보았습니다. 따라서 글자의 제작에 있어서도 지사글자인 一(일)은 모든 자형의 근본이 되고 있습니다. 그 뜻은 '첫째', '처음'을 의미하면서도 만물의 근본이기에 '전체'라는 뜻도 지니게 되었습니다.

白(백)은 '엄지손가락'의 흰 부위를 본떴다는 설과 '사람의 머리'를 상형하였다는 설이 있는데, 갑골문에서는 白(백)과 百(백)이 혼용되다가 금문(金文)에서는 百(백)이 숫자 100을 뜻하는 것으로 정착되었습니다. 여기서는 '온갖'이란 뜻으로 쓰였습니다.

재목 材(재)는 나무의 모양을 상형한 나무 목(木)과 재주 재(才)로 이루어졌습니다. 才(재)에 대한 해석은 한나라의 문자학자인 허신이 『說文』에서 풀이한 "才는 초목이 처음 나온 모습이다. 丨(곤)이 위로 자라 一(일)을 관통하여 앞으로 가지와 잎이 생기려는 모양으로 구성되었다. 一(일)은 땅을 뜻한다"라고 한 해석을 따르고 있습니다. 이에 따라 가지와 잎이 아직 생기지 않았기 때문에 '처음'이라는 뜻을 가지며 '처음 初(초), 처음 哉(재), 처음 始(시)'와 서로 통한다고 했습니다. 그래서 초목의 성장에 따라 才(재)는 아직 잎이나 가지가 나오지 않은 상태이며, 屮(철)은 가지나 잎이 어느 정도 자란 것을, 之(지)는 줄기와 가지가 보다 자란 것을, 그리고 出(출)은 더욱더 자란 모습을 나타낸다고 보는 것이 『說文解字』식의 해석입니다. 따라서 '될성부른 놈은 떡잎만 보아도 안다'는 이유에서 '재주'라는 뜻을 지니게 되었습니다. 材(재)의 전체적인 의미는 어린 싹(才)이 자라나 동량으로 쓰일 만큼 큰 나무(木)가 되었다는 데서 '재목'을 뜻하게 되었습니다.

다 皆(개)는 견줄 비(比)와 말할 백(白)으로 구성되었는데, 比(비)는 두 사람이 어깨를 나란히 한 모양으로 구성되었습니다. 갑골문의 자형들을 살펴보면 같은 뜻의 글자라 하더라도 그 구성부수의 순서나 위치가 바뀌는 경우가 많은 점을 고려할 때, 从(종)이나 比(비)는 같은 의미를 지닌 글자로 보입니다. 그러나 후대로 오면서 从(종)은 두 사람이 서로 따라간다는 뜻으로 정해지면서 현재 쓰이는 從(종)의 옛글자로써 뿐만 아니라 요즘에는 이의 간체자(簡體字)로

도 쓰이고 있습니다. 또한 比(비)는 두 사람이 어깨를 나란히 하고 서 앉아(匕) 있다는 데서 '견주다', '나란히 하다'의 뜻이 발생했습니다. 이에 따라 皆(개)는 여러 사람(比)이 다 같이 찬동하며 말한다(白)는 데서 '모두', '다'라는 뜻을 지니게 되었습니다.

법도 度(도, 헤아릴 탁)는 여러 서(庶)의 생략형과 또 우(又)로 이루어졌습니다. 庶(서)는 집 엄(广)과 스물 입(廿) 그리고 불 화(灬)로 구성되어 있는데, 广(엄)은 한쪽 벽면이 트인 우마차를 보관하는 창고(庫)나 관공서(廳)와 같은 건물을, 廿(입)은 열 십(十) 두 개가 겹친 것으로 스물을, 灬(화)는 불 화(火)와 같은 뜻으로 주로 자형의 하부에 놓이며 모닥불이란 뜻을 지닙니다. 이에 따라 그 의미는 한쪽 벽면이 트인 건물(广) 안에 따뜻한 모닥불(灬)을 피우고 여러 사람(廿)들이 불을 쬐고 있는 모습을 본떠 '무리'나 '여러 사람'이라는 뜻을 지니게 되었습니다.

又(우)는 오른손을 세 손가락으로 줄여서 만든 상형글자로 왼손에 비해 자주 쓰기 때문에 '또', '다시'라는 의미로 확장되었으나 다른 자형에 더해질 때는 주로 '손'이라는 뜻을 지닙니다. 따라서 度(도)의 전체적인 의미는 여러 사람(庶)의 손길(又)을 거쳐 만든 것이 곧 '법도'라는 것이며, 또한 여러 사람의 손으로 '헤아리다'는 뜻으로 쓰일 때는 '탁'으로 읽습니다.

제
26
편

우리 밖의 사물

외물

外 物

"내가 어제 이리로 오는데 도중에 날 부르는 자가 있었습니다. 내가 뒤돌아보았더니 수레바퀴 자국 가운데 붕어가 있더군요. 내가 붕어에게 물었습니다. '붕어야! 넌 무슨 일로 그러느냐?' 그러자 붕어가 대답했습니다. '저는 동쪽 바다의 파도를 관장하는 신하랍니다. 선생께서 한 말이나 몇 됫박의 물을 제게 부어주어 날 살려주십시오.' 그래서 내가 말했죠. '그러지. 내 남쪽으로 가서 오나라와 월나라의 왕을 설복한 다음 서강의 물을 끌어다 너에게 주겠다. 괜찮겠지.' 그러자 붕어가 벌컥 화를 내곤 낯빛을 바꾸며 말합디다. '나는 내가 늘 살고 있었던 물을 잃어버렸기 때문에 지금 머물 곳이 없습니다. 저는 지금 한 말이나 몇 됫박의 물만 있으면 살 수 있습니다. 그런데 선생께서 그렇게 말하다니, 차라리 건어물 가게에서 날 찾는 편이 나을 겁니다'라고요."

사람에게는 이로움과 해로움이라는 두 가지 함정이 있습니다

제26편 외물(外物) 1-1

우리 밖의 사물은 일정한 법칙으로 규정할 수 없습니다. 그러므로 충신 용봉(龍逢)은 하나라 걸왕에게 처형당했고, 충신 비간(比干)도 바른말을 하다가 은나라 주왕에게 살해당했습니다. 그리고 기자(箕子)는 주왕의 폭정을 보고는 미친 체하며 살았고, 나쁜 짓을 일삼은 주왕의 간신 오래(惡來)도 죽임을 당했으며, 걸왕과 주왕도 결국엔 멸망하였습니다.

外物不可必. 故龍逢誅, 比干戮, 箕子狂, 惡來死, 桀紂亡.

세상의 어떤 군주도 모두가 자기의 신하들이 충성스럽기를 바라지만, 충신이라고 해서 반드시 신임을 받는 건 아닙니다. 그래서 오나라 오자서(伍子胥)는 충신이면서도 사형을 당하여 강물에 던져졌고, 주나라의 대부 장홍(萇弘)은 모함을 받아 촉 땅에서 자결했는데, 장사지낸 지 삼 년이 지나 그의 피가 변화하여 푸른 옥이 되었다고 합니다.

人主莫不欲其臣之忠, 而忠未必信. 故伍員流於江, 萇弘死於蜀, 藏其血三年而化爲碧.

부모된 사람이라면 누구나 그 자식이 효성스럽기를 바라지만 효자라고 반드시 사랑을 받는 건 아닙니다. 그래서 은나라 고종의 아들 효기(孝己)는 계모의 박대 속에 괴로워하며 살아야 했고, 효성지극한 증삼(曾參)은 아버지의 미움을 받아 슬픔 속에 살아야 했습니다.

人親莫不欲其子之孝, 而孝未必愛. 故孝己憂而曾參悲.

나무와 나무가 서로 마찰되면 불이 붙고, 쇠가 불 속에 오래 있게 되면 녹아 흐르게 됩니다. 음과 양의 기운이 어긋나게 운행되면 하늘과 땅은 큰 변동을 일으키는데, 이때 천둥과 번개가 치게 되며, 그리고 비가 내리는 가운데 벼락이 쳐 커다란 홰나무를 불태우기도 합니다.

木與木相摩則然, 金與火相守則流. 陰陽錯行, 則天地大絯, 於是乎有雷有霆, 水中有火, 乃焚大槐.

사람에게는 이로움과 해로움이라는 매우 걱정되는 두 가지 함정이 있는데, 두 가지 중 어느 편에 빠져도 도망칠 곳이 없게 됩니다. 그것은 마음을 불안하고 초조하게 하여 아무것도 이루지 못하게 합니다. 마음이 마치 하늘과 땅 사이에 매달려 있는 것과 같아 안절부절 못하고 착 가라앉습니다. 그리고 이로움과 해로움의 관념이 갈등을 일으켜 울화가 빈번하게 치밀어 올라 대부분의 사람들이 조화의 기운을 태워버리고 맙니다. 달과 같이 차분한 마음으로도 이 울화를 다스리지 못하면, 여기서 모든 것이 무너져 내리듯 도(道)가 사라져버립니다.

有甚憂兩陷而無所逃. 螴蜳不得成, 心若縣於天地之間, 慰暋沈屯, 利害相摩, 生火甚多, 衆人焚和, 月固不勝火, 於是乎有僓然而道盡.

차라리 건어물 가게에서 날 찾는 편이 나을 겁니다

제26편 외물(外物) 2-1

장자는 집이 매우 가난했습니다. 그래서 황하를 관리하는 관리인 감하후(監河侯)에게 식량을 빌리러 갔습니다. 이에 감하후가 장자에게 말합니다.

"그럽시다. 내가 앞으로 우리 고을의 세금을 거두려고 하는데, 거두게 되면 당신에게 삼백 금을 빌려주겠소. 괜찮겠습니까?"

莊周家貧, 故往貸粟於監河侯. 監河侯曰:「諾. 我將得邑金, 將貸子三百金, 可乎?」

장자는 화가 치밀어올라 얼굴 빛을 붉히면서 말합니다.

"내가 어제 이리로 오는데 도중에 날 부르는 자가 있었습니다. 내가 뒤돌아보았더니 수레바퀴 자국 가운데 붕어가 있더군요. 내가 붕어에게 물었습니다. '붕어야! 넌 무슨 일로 그러느냐?' 그러자 붕어가 대답했습니다. '저는 동쪽 바다의 파도를 관장하는 신하랍니다. 선생께선 한 말이나 몇 됫박의 물을 제게 부어주어 날 살려 주십시오.'

莊周忿然作色曰:「周昨來, 有中道而呼者, 周顧視, 車轍中有鮒魚焉. 周問之曰:『鮒魚來, 子何爲者耶?』對曰:『我, 東海之波臣也. 君豈有斗升之水而活我哉.』

그래서 내가 말했죠. '그러지. 내 남쪽으로 가서 오나라와 월나라의 왕을 설복한 다음 서강의 물을 끌어다 너에게 주겠다. 괜찮겠지.' 그러자 붕어가 벌꺽 화를 내곤 낯빛을 바꾸며 말합디다. '나는 내가 늘 살고 있었던 물을 잃어버렸기 때문에 지금 머물 곳이 없습니다. 저는 지금 한 말이나 몇 됫박의 물만 있으면 살 수 있습니다. 그런데 선생께서 그렇게 말하다니, 차라리 건어물 가게에서 날 찾는 편이 나을 겁니다'라고요."

周曰:『諾, 我且南遊吳越之王, 激西江之水而迎子, 可乎?』鮒魚忿然作色曰:『吾失我常與, 我無所處. 我得斗升之水然活耳. 君乃言此, 曾不如早索我於枯魚之肆.』」

자잘한 이야기를 꾸며대며 겨우 현령 자리나 노리는 자들이 출세한다는 건 요원한 일

제26편 외물(外物) 3-1

임나라의 공자가 커다란 낚시 바늘과 굵고 검은 낚시 줄을 준비한 다음, 오십 마리의 거세한 황소를 미끼로 하여 회계산에 걸터앉아 낚싯대를 동해바다에 던졌습니다. 매일 아침 낚시질을 했으나 일 년이 지나도록 물고기를 잡지 못했습니다. 그러던 어느 날 거대한 물고기가 미끼를 물었습니다. 그놈은 커다란 낚시 바늘을 끌고는 물속 깊이 들어가더니 다시 솟구쳐 올라 등지느러미를 떨치니, 하얀 파도가 산처럼 일고 바닷물이 요동쳤습니다. 그 소리는 귀신의 곡소리와도 같아서 천리 밖의 사람들까지도 두려움에 떨게 하였습니다.

任公子爲大鉤巨緇, 五十犗以爲餌, 蹲乎會稽, 投竿東海, 旦旦而釣, 期年不得魚. 已而大魚食之, 牽巨鉤, 錎沒而下, 騖揚而奮鬐, 白波若山, 海水震蕩, 聲侔鬼神, 憚赫千里.

임나라 공자는 이 물고기를 잡아서 포를 떠 말렸습니다. 그래서 절강(浙江) 동쪽으로부터 창오(蒼梧) 북쪽에 이르기까지 이 물고기를 실컷 먹지 않은 사람이 없을 정도였습니다. 그 일이 있었던 이후로 어쭙잖은 재주로 풍문 전하기를 좋아하는 사람들이 모두 놀라워하며 이 이야기를 서로 전하고 전하였습니다.

任公子得若魚, 離而腊之, 自制河以東, 蒼梧已北, 莫不厭若魚者. 已而後世輇才諷說之徒, 皆驚而相告也.

작은 낚싯대에 줄을 매어들고 봇도랑으로 달려가 송사리나 붕어를 낚으려는 자들이 그렇게 거대한 물고기를 잡는 것은 어려운 법입니다. 마찬가지로 자잘한 이야기를 꾸며대며 겨우 현령자리나 노리는 자들이 크게 출세하려는 것 역시 요원한 일입니다. 이로써 보더라도 아직 임나라 공자의 이야기를 들어보지 못한 자와 더불어 천하 세상을 경륜한다는 것 역시 요원한 일일 겁니다.

夫揭竿累, 趣灌瀆, 守鯢鮒, 其於得大魚難矣. 飾小說以干縣令, 其於大達亦遠矣. 是以未嘗聞任氏之風俗, 其不可與經於世亦遠矣.

살아서 남에게 베풀지 못한 자가 어찌하여 죽어선 붉은 구슬을 입에 머금고 있는가

제26편 외물(外物) 4-1

유학자들이 『시경(詩經)』과 『예기(禮記)』의 구절을 들먹이면서 남의 무덤을 도굴하고 있었습니다. 무덤 밖에서 망을 보던 대유학자가 아래를 내려다보며 말합니다.

"곧 동이 틀 것 같은데, 일은 어찌되어 가는가?"

이에 한 소유학자가 위쪽에 대고 말합니다.

"아직 속옷저고리를 다 벗기지 못했는데, 가만 보니 입속에 붉은 구슬을 머금고 있습니다."

儒以『詩』『禮』發冢, 大儒臚傳曰:「東方作矣, 事之何若?」小儒曰:「未解裙襦, 口中有珠.」

그러자 대유학자가 다급하게 말합니다.

"『시경(詩經)』에 이런 말이 있지. '푸릇푸릇한 보리가 무덤가 비탈에서 자라고 있네. 살아서 남에게 베풀지 못한 자가 어찌하여 죽어선 붉은 구슬을 입에 머금고 있는가?'라고 말이지. 그의 머리털을 붙잡고 턱수염을 아래로 당기면서 다른 이가 쇠망치로 그의 턱뼈를 내리치게나. 그러고 나서 천천히 양 볼을 벌려 입속의 붉은 구슬이 손상되지 않게 조심해서 꺼내야 하네."

「『詩』固有之曰:『青青之麥, 生於陵陂. 生不布施, 死何含珠爲?』接其鬢, 壓其顪, 儒以金椎控其頤, 徐別其頰, 無傷口中珠.」

자넨 인의(仁義)를 가슴에 품고 끝까지 자랑만 일삼을 겐가

제26편 외물(外物) 5-1

초나라의 현인 노래자(老萊子)의 제자가 땔나무를 하러 나갔다가 도중에 공자를 만나고 돌아와 스승에게 말합니다.

"저 숲속에 어떤 사람이 있는데, 상반신은 길고 하반신은 짧으며 곱사등이에다 머리 뒤편에 귀가 붙어 있습니다. 눈초리는 마치 온 세상을 다스리려는 듯 보였습니다. 그가 누구 집 자식인지는 모르겠습니다."

그러자 스승 노래자가 말합니다.

"그가 바로 공자니라. 불러오너라!"

공자가 다가오자 노래자가 말합니다.

"공구여! 그대 자신의 잘난 듯한 태도와 지식인인 체하는 모습을 버리게나. 이것이 군자다운 모습이야!"

老萊子之弟子出薪, 遇仲尼, 反以告曰:「有人於彼, 修上而趨下, 末僂而後耳, 視若營四海, 不知其誰氏之子.」老萊子曰:「是丘也, 召而來.」仲尼至曰:「丘, 去汝躬矜與汝容知, 斯爲君子矣.」

공자는 머릴 숙여 예를 갖추며 뒤로 물러났다가 깜짝 놀란 듯 얼굴빛을 바꾸며 물었습니다.

"그리하면 제 학문이 진전할 수 있겠습니까?"

仲尼揖而退, 蹙然改容而問曰:「業可得進乎?」

이에 노래자가 대답합니다.

"자네는 한 시대의 아픔을 참지 못하면서 그대가 내세운 인의(仁義)가 만세의 환난이 될 것이란 것을 가볍고 보고 있지. 자네의 재능이 본래부터 부족해서인가? 아니면 자네의 지략이 거기까진 못 미쳐서인가? 은혜를 베푼답시고 남에게 환심을 사는 행위는 평생의 치욕이 된다는 점을 간과한 거야. 일반 백성들의 행동은 인의에 물들기 쉬운 법이지. 자신의 명성을 위하여 서로를 끌어당기고, 사사로운 은혜 때문에 서로가 결속하기도 하지. 요 임금을 칭송하고 걸왕을 비난하는 것보다는 이 두 가지를 모두 잊고 칭찬이나 비난하는 것에 대해 아예 귀를 닫고 사는 게 좋을 거야. 이러한 일을 반복하면 마음에 손상을 입게 되고, 행동에도 사악함이 깃들기 마련인 게야. 그래서 성인은 주저하는 마음으로 일을 일으키기 때문에 매번 성공할 수 있는 것이라네. 이제 어찌할 것인가! 자넨 인의를 가슴에 품고 끝까지 자랑만 일삼을 겐가!"

老萊子曰:「夫不忍一世之傷, 而驁萬世之患. 抑固窶邪? 亡其略弗及邪? 惠以歡爲, 驁終身之醜, 中民之行易進焉耳. 相引以名, 相結以隱. 與其譽堯而非桀, 不如兩忘而閉其所非譽. 反無非傷也, 動無非邪也, 聖人躊躇以興事, 以每成功. 奈何哉! 其載焉終矜爾!」

거북이를 죽여 그것으로써 점을 치면 길(吉)하다고 합니다

제26편 외물(外物) 6-1

송나라 원군(元君)이 한밤중에 꿈을 꾸었는데, 머리를 풀어헤친 사람이 곁문으로 엿보면서 말했습니다.

"저는 재로(宰路)라는 연못에서 왔습니다. 저는 청강(淸江)의 사자로서 황하의 신 하백(河伯)이 있는 곳으로 가다가 여차(余且)라는 어부에게 잡혔습니다."

원군은 꿈에서 깨어난 뒤 사람을 시켜 점쳐보게 했더니, 점쳤던 사람이 말했습니다.

"그건 신령스러운 거북이입니다."

그러자 원군이 물었습니다.

"어부들 중에 여차라는 사람이 있는가?"

이에 좌우에 있던 신하들이 이구동성으로 대답합니다.

"있습니다. 전하!"

원군은 신하들을 바라보며 명령합니다.

"그렇다면 여차라는 어부를 조회 때 나오게 하라."

宋元君夜半而夢人被髮窺阿門, 曰:「予自宰路之淵, 予爲清江使河伯之所, 漁者余且得予.」元君覺, 使人占之, 曰:「此神龜也.」君曰:「漁者有余且乎?」左右曰:「有.」君曰:「令余且會朝.」

어부 여차가 다음 날 조회에 참석하였습니다. 그러자 원군이 그에게 물었습니다.

"어떤 물고기를 잡았는고?"

어부 여차가 대답합니다.

"저의 그물에 흰 거북이가 걸렸는데, 그 둘레가 무려 다섯 자나 되었습니다."

원군이 명령합니다.

"자네가 잡은 거북이를 헌상하라."

이윽고 거북이가 궁궐에 도착하자, 원군은 이 거북이를 죽일 것인지 살려줄 것인지 마음이 혼란스러워 점을 치게 하였습니다. 점을 쳤던 사람이 아뢥니다.

"거북이를 죽여 그것으로써 점을 치면 길(吉)하다고 합니다."

그래서 거북이를 죽인 뒤 일흔두 번이나 구멍을 뚫으며 점을 쳤더니 들어맞지 않은 적이 없었습니다.

明日, 余且朝. 君曰:「漁何得?」對曰:「且之網得白龜焉, 其圓五尺.」君曰:「獻若之龜.」龜至, 君再欲殺之, 再欲活之. 心疑, 卜之. 曰:「殺龜以卜吉.」乃刳龜, 七十二鑽而無遺筴.

이 이야기를 듣고서 공자가 말합니다.

"신령스런 거북이는 원군의 꿈에는 나타날 수 있었지만 여차의 그물은 피할 수가 없었구나. 그의 예지력은 일흔두 번이나 구멍을 뚫으며 점을 쳐서 들어맞지 않은 적이 없을 정도였지만, 창자가 도려내어지는 환난은 피할 수는 없었지. 이와 같이 뛰어난 예지력도 곤경에 놓이는 경우가 있고, 신통력도 미치지 못한 곳이 있는 법. 비록 뛰어난 지식을 가지고 있는 사람일지라도 만 명이 중지를 모은다면 그를 이겨낼 수 있지. 물고기는 그물을 두려워하지 않으면서도 사다새는 두려워한다. 작은 지식을 버려야 큰 지혜가 밝아지고, 선(善)이라는 의식을 버려야 저절로 선해지는 법이지. 갓난아이는 태어나서 훌륭한 스승이 없어도 말을 할 수 있는데, 그것은 말을 할 수 있는 사람들과 함께 살기 때문이란다."

仲尼曰:「神龜能見夢於元君, 而不能避余且之網. 知能七十二鑽而無遺筴, 不能避刳腸之患. 如是則知有所困, 神有所不及也. 雖有至知, 萬人謀之. 魚不畏網而畏鵜鶘. 去小知而大知明, 去善而自善矣. 嬰兒生, 無碩師而能言, 與能言者處也.」

쓸모없는 것도 쓸모가 있다는 것 역시 분명해졌겠지

제26편 외물(外物) 7-1

혜자(惠子)가 벗인 장자에게 말합니다.

"자네가 하는 말은 아무 쓸모가 없다네."

그러자 장자가 대꾸합니다.

"쓸모가 없음을 알아야 비로소 쓸모 있는 것에 대해 말할 수 있다네. 저 땅은 넓고 또 거대하지만, 사람이 걸어갈 때는 발을 디딜 만한 넓이의 땅만 필요할 뿐이지. 그렇다면 내디딘 발밑의 땅만을 남겨두고 그 밖의 땅은 저 황천에 이르기까지 깎아내려 버린다면, 그래도 발을 딛고 있는 땅이 사람들에게 쓸모가 있겠는가?"

惠子謂莊子曰:「子言無用.」莊子曰:「知無用而始可與言用矣. 夫地非不廣且大也, 人之所用容足耳, 然則廁足而墊之致黃泉, 人尚有用乎?」

이에 혜자가 대답합니다.

"그야 물론 쓸모가 없지."

그러자 장자가 말해 줍니다.

"그렇기에 쓸모없는 것도 쓸모가 있다는 것 역시 분명해졌겠지."

惠子曰:「無用.」莊子曰:「然則無用之爲用也亦明矣.」

지인(至人)은 세상 사람들과 어울리면서도 자신을 잃지는 않습니다

제26편 외물(外物) 8-1

장자가 말합니다.

"사람이 한가롭게 유유자적 노닐 수 있는데도 노닐지 않는 사람이 있겠습니까? 사람이 한가롭게 유유자적 노닐 수 있는 능력이 없는데도 노닐 수 있겠습니까? 현실로부터 도피하고자 하는 생각과 속세와 왕래를 끊으려는 행동은, 아! 지극한 지혜와 두터운 덕을 쌓은 사람이 할 짓은 아닙니다. 이는 사리사욕에 빠져 자기반성을 하지 않고, 불꽃같은 욕망에 휩싸여 자신을 되돌아보지 않는 자일 겁니다. 비록 서로에게 임금이 되거나 신하가 되더라도 그건 잠시 뿐이랍니다. 세상이 바뀌면 서로 귀천(貴賤)을 따지는 일은 없어지기 마련입니다. 그러므로 '지극한 사람인 지인(至人)은 행적을 남기지 않는다'고 합니다.

莊子曰:「人有能遊, 且得不遊乎? 人而不能遊, 且得遊乎? 夫流遁之志, 决絕之行, 噫, 其非至知厚德之任與. 覆墜而不反, 火馳而不顧. 雖相與爲君臣, 時也. 易世而無以相賤. 故曰: 至人不留行焉.

옛날의 풍속을 존중하고 오늘날의 풍속을 비하하는 것은 학자들의 나쁜 버릇입니다. 또 태고의 제왕인 희위씨(狶韋氏) 시대의 풍속으로 오늘날의 세태를 본다면 그 누가 세파에 휩싸이지 않겠습니까? 오직 지인(至人)만이 세상에서 한가롭게 노닐면서도 세상으로부터 도망치지 않고, 세상 사람들과 어울리면서도 자신을 잃지는 않습니다. 지인은 세상의 가르침을 배우지도 않으며, 세상 사람들의 생각은 받아들이더라도 그들에게 휩쓸리지는 않습니다.

夫尊古而卑今, 學者之流也. 且以狶韋氏之流觀今之世, 夫孰能不波? 唯至人乃能遊於世而不僻, 順人而不失己. 彼教不學, 承意不彼.

집 안에 빈 공간이 없다면 며느리와 시어머니가 다투어 반목하게 될 겁니다

제26편 외물(外物) 9-1

눈이 확 트여 잘 보는 것을 '밝을 명(明)'이라 하고, 귀가 열려 잘 듣는 것을 '귀 밝을 총(聰)'이라 하고, 코가 트여 냄새를 잘 맡는 것을 '냄새 잘 맡을 전(顫)'이라 하고, 입이 트여 잘 먹는 것을 '맛있을 감(甘)'이라 하고, 마음이 트여 잘 아는 것을 '알 지(知)'라 하고, 지혜로움이 트인 것을 '큰 덕(德)'이라 합니다. 도(道)라는 것은 막히지 않아야 합니다. 막히면 소통되지 않고, 소통되지 않음이 그치지 않으면 어그러지고, 어그러지게 되면 여러 가지 폐해가 생겨납니다.

目徹爲明, 耳徹爲聰, 鼻徹爲顫, 口徹爲甘, 心徹爲知, 知徹爲德. 凡道不欲壅, 壅則哽, 哽而不止則跈, 跈則衆害生.

만물 가운데 지각이 있는 것들은 호흡에 의지해 생명을 유지합니다. 그 호흡이 원활하게 이루어지지 않는다면 그건 자연의 잘못이 아닙니다. 자연은 그 호흡이 잘 통하도록 밤낮으로 쉼 없이 열어놓고 있습니다. 사람들 스스로가 욕심 탓에 자신의 그 구멍을 막아버리고 있는 겁니다. 몸을 이루는 세포 안에도 넓은 공간이 있어 몸의 주인인 마음이 자연스럽게 돌아다닐 수 있습니다. 집 안에 빈 공간이 없다면 며느리와 시어머니가 다투어 반목하게 될 겁니다. 마음이 자연스럽게 노닐 공간이 없으면 육근六根(眼 · 耳 · 鼻 · 舌 · 身 · 意)이 서로 부조화를 일으키게 됩니다. 이리되면 큰 숲을 지닌 언덕이나 산이 사람에게 좋을지라도 우리의 정신이 그걸 누리지 못할 겁니다.

物之有知者恃息. 其不殷, 非天之罪. 天之穿之, 日夜無降, 人則顧塞其竇. 胞有重閬, 心有天遊. 室無空虛, 則婦姑勃谿. 心無天遊, 則六鑿相攘. 大林丘山之善於人也, 亦神者不勝.

계략은 긴박한 상황에서 생각해내고 지식은 다툴 때에 나오게 됩니다.

제26편 외물(外物) 10-1

덕은 명성을 추구하려다가 잃게 되고, 명성은 자기를 드러내려다가 망치게 됩니다. 계략은 긴박한 상황에서 생각해내고, 지식은 다툴 때에 나오게 됩니다. 울타리는 관청을 지키려는 데서 생겨났고, 관청의 일처리는 백성의 의견을 반영한 결과물이어야 합니다. 봄비가 내리는 시절이 오면 초목은 앞 다투어 자라나고, 사람들이 농기구를 손질하고 밭 갈고 김매는 일도 이때부터 시작됩니다. 그러나 김을 매도 초목의 과반수가 다시 자라나는데, 왜 그러한지는 알지 못합니다.

德溢乎名, 名溢乎暴, 謀稽乎誸, 知出乎爭, 柴生乎守, 官事果乎衆宜. 春雨日時, 草木怒生, 銚鎒於是乎始修, 草木之到植者過半而不知其然.

몸을 편안하게 하면 조급한 마음을 가라앉힐 수 있습니다

제26편 외물(外物) 11-1

고요하게 마음을 안정하면 질병을 치유할 수도 있고, 안마를 통해 노화를 방지할 수도 있으며, 몸을 편안하게 하면 조급한 마음을 가라앉힐 수 있습니다. 비록 그렇기는 하지만 이러한 것은 몸을 수고롭게 하는 자들이 힘쓸 일이지, 한가롭게 은둔해 지내는 사람은 그러한 것에 대해 전혀 알아보려고도 하지 않습니다. 성인(聖人)이 온 세상 사람을 놀라게 해도 신인(神人)은 그런 것에 대해 전혀 신경 쓰지 않습니다. 현인(賢人)이 온 세상을 놀라게 해도, 성인(聖人)은 그런 것에 대해 전혀 알아보려고도 하지 않습니다. 군자(君子)가 온 나라 안을 놀라게 해도, 현인(賢人)은 그런 것에 대해 전혀 신경 쓰지 않습니다. 소인(小人)이 시류에 영합한다 해도, 군자(君子)는 그런 것에 대해 전혀 알아보려고도 하지 않습니다.

靜然可以補病, 眥搣可以休老, 寧可以止遽. 雖然, 若是勞者之務也, 佚者之所未嘗過而問焉. 聖人之所以駴天下, 神人未嘗過而問焉. 賢人所以駴世, 聖人未嘗過而問焉. 君子所以駴國, 賢人未嘗過而問焉. 小人所以合時, 君子未嘗過而問焉.

무광은 벌컥 화를 내곤 돌을 짊어지고 여수(廬水)에 빠져 죽어버렸습니다

제26편 외물(外物) 12-1

송나라 동문인 연문(演門)에 부모를 여읜 사람이 있었는데, 부모의 죽음을 정성껏 애도하느라 몸이 많이 상했습니다. 그는 그 일로 인해 관사(官師)라는 벼슬을 받았습니다. 그러자 그 마을 사람들도 그를 본받아 몸이 상해 죽는 자가 절반을 넘었습니다. 요 임금이 허유에게 천하를 물려주려 하자, 허유는 그를 피해 도망쳐버렸습니다. 상나라 탕 임금이 하나라 말기의 은자인 무광(務光)에게 천하를 물려주려고 하자, 무광은 벌컥 화를 내곤 돌을 짊어지고 여수(廬水)에 빠져 죽어버렸습니다. 또 다른 은자인 기타(紀他)가 그 소식을 듣고는 제자들을 이끌고 관수(窾水)로 가 은거하다 목숨을 끊자, 제후들이 조문하였습니다. 그로부터 삼년 후 또 다른 은자인 신도추(申徒狄) 또한 황하에 몸을 던져 목숨을 끊어버렸습니다.

演門有親死者, 以善毁, 爵爲官師, 其黨人毁而死者半. 堯與許由天下, 許由逃之. 湯與務光, 務光怒之. 紀他聞之, 帥弟子而踆於窾水, 諸侯弔之. 三年, 申徒狄因以踣河.

물고기를 잡고 나면 통발은 잊어버려야 합니다

제26편 외물(外物) 13-1

통발은 물고기를 잡기 위한 도구이기 때문에 물고기를 잡고 나면 통발은 잊어버려야 합니다. 또 올가미는 토끼를 잡기 위한 도구이기 때문에 토끼를 잡고 나면 올가미는 잊어버려야 하는 법이죠. 마찬가지로 언어는 생각을 전달하기 위한 수단이기 때문에 뜻을 얻고 나면 언어도 잊어야 합니다. 내가 어찌해야 언어를 잊어버린 사람과 만나서 이야기를 나눌 수 있겠습니까?

荃者所以在魚, 得魚而忘荃. 蹄者所以在兎, 得兎而忘蹄. 言者所以在意, 得意而忘言. 吾安得夫忘言之人而與之言哉?」

한자어원풀이

得魚忘筌(득어망전) 이란 "물고기를 잡고 나서는 통발을 잊어버린다"는 뜻으로, 성취하고자 한 바를 얻었으면 그에 따른 방편은 잊어버려야 함을 이른 말입니다. 강을 건너면 더 이상 배가 필요 없듯이, 진리를 깨달았으면 진리에 도달하기 위해 사용한 모든 수단을 버린다는 뜻이랍니다.

얻을 得(득) 은 조금 걸을 척(彳)과 얻을 득(㝵)으로 구성되었습니다. 彳(척)은 허벅지와 종아리 그리고 발을 그려낸 부수로 잰걸음으로 걷는다는 뜻을 지니고 있습니다.

㝵(득)은 돈을 의미하는 조개 패(貝)의 생략형과 손을 의미하는 마디 촌(寸)으로 구성되었습니다. 貝(패)는 조개의 모양을 본뜬 상형글자랍니다. 고대에는 조개를 화폐로 활용했는데, 여느 바다나 강에서 쉽게 구할 수 있는 일반적인 조개가 아니라 남중국해나 인도양 등지에서 나는 희귀하고 아름다운 아주 단단한 것이었습니다. 갑골문의 자형은 두 쪽으로 벌려진 조개의 모습이었으나 금문으로 오면서 두 개의 촉수를 내민 현재의 글자 모양을 갖추게 되었습니다. 즉 돈(貝)이 될 만한 무언가를 손으로 줍는다(寸)는 뜻이 담겨 있습니다. 따라서 전체적인 의미는 잰걸음으로 다니면서(彳) 무언가 재화가 될 만한 물품을 손으로 거두어들인다(㝵)하여 '얻다', '손에 넣다'는 뜻을 지니게 되었습니다.

물고기 魚(어)는 물고기의 모양을 본뜬 상형글자로, 자형상부의 '⺈' 모양은 물고기의 머리를, 중간의 '田' 모양은 몸통을, 그리고 하변의 '灬'는 지느러미를 나타낸 것입니다. 일반적으로 물속에 사는 물고기의 총칭(總稱)으로 쓰이고 있으며, 글자의 초기형태인 갑골문의 자형이 비교적 잘 유지되고 있습니다.

잊을 忘(망)은 망할 망(亡)과 마음 심(心)으로 구성되어 있습니다. 亡(망)에 대해 허신은 『說文』에서 "亡은 도망간다는 뜻이다. 入(입)과 乚(은)으로 구성되었다"라고 하였습니다. 즉 사람이 으슥한 데로 숨어(乚) 든다(入)해서 '도망하다', '없어지다'의 뜻을 지니게 되었으며, 또한 사람(亠)이 땅에 영구히 묻히기(乚) 때문에 '죽다'라는 뜻으로 보기도 합니다. 더불어 속자로 亾(망)으로 쓰기도 하는데, 사람이 언덕에서 굴러 떨어져 죽음을 뜻하기도 합니다.

心(심)은 우리의 몸 가운데 마음이 머무는 곳으로 생각했던 심장을 본떠 만든 상형글자인데, 여기서는 생각을 하는 주체로서의 마음입니다. 따라서 忘(망)의 전체적인 의미는 우리 몸의 주체인 마음(心)에서 없어져버렸다(亡)는 데서 '잊다'의 뜻을 갖게 되었습니다.

통발 筌(전)은 대 죽(竹)과 온전할 전(全)으로 이루어졌습니다. 竹(죽)에 대해 허신은 『說文』에서 "竹은 겨울에도 살아 있는 풀이며 상형글자이다. 아래로 드리워진 것은 죽순의 껍질이다"라고 하였습니다. 고문에서는 죽순이 올라오며 자연스레 벗겨지는 껍질을 나타낸 것입니다.

仝(전)에 대해 『說文』에서는 "仝의 본래자형은 仝(전)이다. 玉(옥)으로 구성되었으며 흠집이 없는 구슬을 곧 仝(전)이라 한다"라고 하였습니다. 즉 흠집 하나 없이 완전한 구슬(玉)을 집 안에 들여(入) 놓았다는 데서 '완전하다', '온전하다', '흠 없는 옥'을 뜻하게 되었습니다. 따라서 筌(전)의 전체적인 의미는 대나무(竹)를 잘게 쪼개 물고기가 한 번 들어오면 나갈 수 없도록 원통형 모양으로 완전(全)하게 만든 도구라는 데서 '통발'을 뜻하게 되었습니다.

제
27
편

다른 사물에 비유한 말

우언

寓 言

"쪼잔하게 그런 하찮은 건 왜 묻는 거야! 나는 존재하고 있지만 왜 그런지는 알지 못한단다. 나는 매미 허물이나 뱀 허물과 같지. 그러나 비슷하긴 하지만 실재하는 건 아니란다. 나는 불빛이나 햇빛 앞에서는 나타나지만 그늘에서나 밤에는 사라져버리지. 그것은 내가 무언가에 의지하고 있다는 거야. 하물며 어찌 그것들도 의지하는 것이 없겠느냐? 그것들이 오면 나도 그것들과 함께 오고, 그것들이 가면 나도 그것들과 함께 가는 거야. 그것들이 움직이면 나도 따라서 움직일 뿐이지. 이렇게 남을 따라 움직일 뿐인데, 또 무슨 물을 게 있겠는가?"

내 글은 우언(寓言)과 중언(重言)과 치언(卮言)으로 꾸며져 있습니다

제27편 우언(寓言) 1-1

내 글에는 우화의 형식을 빌려 말한 우언(寓言)이 십 분의 구 정도이고, 옛사람들이 중시하는 말이나 일을 빌려 말한 중언(重言)이 십 분의 칠이며, 무심히 말한 치언(卮言)은 일상에서 수시로 나오되 자연의 질서와 화합된 것들입니다.

寓言十九, 重言十七, 卮言日出, 和以天倪.

우언은 열 개 가운데 아홉 개 꼴인데, 외부 사물을 인용하여 논증하는 것들입니다. 가령 친아버지는 제 자식의 중매를 서지 않는데, 친아버지가 아들을 칭찬하는 것보다 친아버지가 아닌 사람이 칭찬하는 것이 보다 효과적이기 때문입니다. 그것은 나의 잘못이 아니라 사람들의 잘못입니다. 사람들은 자기와 같은 입장이면 호응하지만 자기와 같지 않으면 반대를 합니다. 자기와 같은 입장에 대해서는 옳다 하고, 자기와 다른 입장에 대해서는 틀렸다고 합니다.

寓言十九, 藉外論之. 親父不爲其子媒. 親父譽之, 不若非其父者也. 非吾罪也, 人之罪也. 與己同則應, 不與己同則反. 同於己爲是之, 異於己爲非之.

또 열에 일곱 개 꼴의 중언을 쓰는 것은 사람들의 논쟁을 그치게 하기 위한 겁니다. 이는 옛 성현의 이름을 빌리면 나이를 앞서 무조건 옳다고 하기 때문입니다. 그러나 말에 논리나 두서가 없으면서 나이 많은 것만을 앞세우는 자는 선각자라 할 수 없습니다. 사람으로서 다른 사람보다 앞선 점이 없다면 사람으로서의 도를 갖추었다고 할 수 없습니다. 사람으로서 사람의 도를 갖추지 않은 사람을 일러 진부한 사람인 진인(陳人)이라고 합니다.

重言十七, 所以已言也. 是爲耆艾, 年先矣, 而無經緯本末以期年耆者, 是非先也. 人而無以先人, 無人道也. 人而無人道, 是之謂陳人.

다음으로 내가 일상에서 수시로 무심히 한 말인 치언은 자연의 질서와 화합된 것들이기 때문에 마음은 자유스럽고 만족스러우며 천수를 누릴 수 있는 방법이기도 합니다. 말하지 않으면 만물은 모두 같습니다. 만물이 같다는 것과 그걸 말로 표현하는 것은 같지 않고, 만물이 모두 같다고 말하는 것과 만물이 본래 같다는 것은 같지가 않습니다. 그러므로 '주관적이지 않은 말을 말하라'고 한 겁니다. 주관적이지 않은 말을 말하면 죽을 때까지 말하더라도 결코 말하지 않은 게 됩니다. 죽을 때까지 말하지 않더라도 결코 말하지 않은 적이 없게 되는 겁니다.

巵言日出, 和以天倪, 因以曼衍, 所以窮年. 不言則齊, 齊與言不齊, 言與齊不齊也. 故曰:「言無言.」言無言: 終身言, 未嘗言. 終身不言, 未嘗不言.

어떠한 원인이 있어 옳고 어떠한 원인이 있어 옳지 않으며, 어떠한 원인이 있어 그렇고 어떠한 원인이 있어 그렇지 않다고 생각하기도 합니다. 과연 무엇이 그럴까요? 그렇다고 생각하기 때문에 그렇습니다. 또 무엇이 그렇지 않을까요? 그렇지 않다고 생각하기 때문에 그렇지 않은 겁니다. 무엇이 옳을까요? 옳다고 생각하기 때문에 옳은 겁니다. 무엇이 옳지 않을까요? 옳지 않다고 생각하기 때문에 옳지 않은 겁니다.

有自也而可, 有自也而不可. 有自也而然, 有自也而不然. 惡乎然? 然於然. 惡乎不然? 不然於不然. 惡乎可? 可於可. 惡乎不可? 不可於不可.

사물에는 본디부터 그러한 것이 있고, 사물에는 본디부터 옳은 게 있는 법입니다. 그러니 어떠한 사물도 그렇지 않은 게 없고, 어떠한 사물도 옳지 않은 게 없습니다. 치언이 일상에서 수시로 나와 자연의 질서와 화합되지 않는다면 어떻게 오래갈 수 있겠습니까? 만물은 모두가 종을 달리해 각기 다른 형체로써 대를 이어갑니다. 처음과 끝이 둥근 고리와 같아서 어떤 것이 먼저인지 알 수 없습니다. 이를 일러 자연의 조화인 천균(天均)이라고 합니다. 천균은 곧 자연의 질서와 화합을 의미합니다.

物固有所然, 物固有所可. 無物不然, 無物不可. 非卮言日出, 和以天倪, 孰得其久? 萬物皆種也, 以不同形相禪, 始卒若環, 莫得其倫, 是謂天均. 天均者, 天倪也.

사람은 대자연으로부터 그 재능을 부여받았으므로

제27편 우언(寓言) 2-1

장자가 벗 혜자에게 말했습니다.

"공자는 나이 육십에 이르도록 육십 번이나 변화를 꾀했다네. 처음엔 옳다고 했던 것도 끝에 가서는 아니라고 부정했지. 지금 옳다고 말한 것이 오십구 년 동안 아니라고 부정했던 건 아닌지 모르겠네."

이에 혜자가 말합니다.

"공자는 끊임없이 학문에 뜻을 두고 지식을 추구하였기 때문일 거야."

莊子謂惠子曰:「孔子行年六十而六十化. 始時所是, 卒而非之. 未知今之所謂是之非五十九非也.」惠子曰:「孔子勤志服知也.」

그러자 장자가 혜자를 바라보며 말합니다.

"공자는 이미 그러한 것들을 버렸다네. 그리고 학문이니 지식이니 하며 말한 적이 없었지. 공자는 이렇게 말했지. '사람은 대자연으로부터 그 재능을 부여받았으므로 영성을 회복하여 살아갈 때, 울음소리를 내도 음률에 맞고 말을 해도 법도에 딱 들어맞는다. 사사로운 이익이나 공적인 정의를 눈앞에 늘어놓고서 좋거니 싫거니 옳거니 그름을 따지는 것은 다만 사람들의 입을 굴복시키는 것일 뿐이다. 만약 사람들로 하여금 마음으로 굴복케 하여 감히 아무도 거역치 못하게 한다면, 천하 세상의 바른 준칙이 확립된다'고 하였다네. 이제 관두세, 관둬! 난 그를 따라갈 수가 없다네."

莊子曰:「孔子謝之矣, 而其未之嘗言也. 孔子云:『夫受才乎大本, 復靈以生. 鳴而當律, 言而當法. 利義陳乎前, 而好惡是非直服人之口而已矣. 使人乃以心服, 而不敢蘁立, 定天下之定.』已乎, 已乎! 吾且不得及彼乎.」

얽매일 것이 없는 자가 슬퍼할 수 있겠느냐

제27편 우언(寓言) 3-1

공자의 제자 증자(曾子)는 두 번 벼슬길에 나갔는데, 두 번 다 마음이 변화를 일으킨 것에 대해 다음과 같이 말합니다.

"나는 부모님이 살아 계실 때에는 삼 부(釜: 여섯 말 넉 되)의 녹봉으로도 마음이 즐거웠습니다. 그러나 나중에 벼슬할 때에는 무려 삼천 종(鐘: 4부)을 녹봉으로 받았으나 부모님을 모실 수 없어서 내 마음이 참 서글펐죠."

한 제자가 그 말을 듣고 스승 공자에게 물었습니다.

"만약 증자와 같다면, 녹봉의 많고 적음과 같은 허물에 얽매이진 않았다고 말할 수 있겠습니까?"

이에 스승 공자가 말합니다.

"이미 얽매어 있구나. 얽매일 것이 없는 자가 슬퍼할 수 있겠느냐? 얽매일 게 없는 자라면 녹봉이 삼 부이건 삼천 종이건 마치 참새나 모기나 등에 따위가 그의 눈앞을 날아다니는 것쯤으로 여길 것이다."

曾子再仕而心再化, 曰:「吾及親仕, 三釜而心樂. 後仕, 三千鍾而不洎, 吾心悲.」弟子問於仲尼曰:「若參者, 可謂無所縣其罪乎?」曰:「既已縣矣. 夫無所縣者, 可以有哀乎? 彼視三釜三千鍾, 如觀鳥雀蚊虻相過乎前也.」

구 년이 지나자 대도(大道)의 현묘한 경지를 체득하였습니다

제27편 우언(寓言) 4-1

안성자유(顔成子遊)가 스승 동곽자기(東郭子綦)에게 말했습니다.

"저는 스승님의 말씀을 들은 뒤부터 불과 일 년 만에 질박함을 회복해 소박해졌고, 2년 만에 순리를 따르며 집착하지 않고, 삼 년 만에는 모든 사물에 통달하게 되었습니다. 그리고 사 년 만에는 사물과 동화되었고, 오 년 만에는 모든 사물들이 저에게 모여들었고, 육 년이 지나자 귀신들도 와 깃들게 되었습니다. 칠 년이 지나자 자연과 합일하게 되었고, 팔 년 만에는 죽고 사는 것에 대해 의식하지 않게 되었고, 구 년이 지나자 대도(大道)의 현묘한 경지를 체득하였습니다."

顔成子游謂東郭子綦曰:「自吾聞子之言, 一年而野, 二年而從, 三年而通, 四年而物, 五年而來, 六年而鬼入, 七年而天成, 八年而不知死不知生, 九年而大妙.」

우리는 어디에서 생사(生死)의 문제를 찾아야 할까요

제27편 우언(寓言) 5-1

사람이 살면서 인위적으로 행동하는 건 죽은 거나 다름없습니다. 세상 사람들에게 충고하자면 사람의 죽음에는 무언가 원인이 있지만, 생명이 약동하는 데에는 아무런 원인이 없습니다. 과연 그럴까요? 죽은 뒤에는 어디로 가는 것일까요? 아니면 어디에도 가지 않는 걸까요?

生有爲, 死也. 勸公, 以其死也, 有自也, 而生陽也, 無自也. 而果然乎? 惡乎其所適? 惡乎其所不適?

하늘에는 천체운행의 법도인 역수(歷數)가 있고, 땅에는 사람들이 터를 잡고 살고 있지만, 우리는 어디에서 생사(生死)의 문제를 찾아야 할까요? 생명이 끝나는 곳을 알 수 없는 것이라면, 어찌하여 운명이 없다고 단정할 수 있겠습니까? 생명이 시작되는 곳을 알 수 없는 것이라면, 어찌하여 운명이 있다고 단정할 수 있겠습니까? 만물 간에 서로 호응하는 것이 있다면, 어찌하여 귀신이 없다고 단정할 수 있겠습니까? 만물 간에 서로 호응하는 것이 없다면, 어찌하여 귀신이 있다고 단정할 수 있겠습니까?

天有歷數, 地有人據, 吾惡乎求之? 莫知其所終, 若之何其無命也? 莫知其所始, 若之何其有命也? 有以相應也, 若之何其無鬼邪? 無以相應也, 若之何其有鬼邪?

쪼잔하게 그런 하찮은 건 왜 묻는 거야

제27편 우언(寓言) 6-1

여러 반그림자인 망양(罔兩)들이 그림자에게 물었습니다.

"넌 좀 전에는 굽어보더니 지금은 우러러보고, 조금 전에는 머리를 묶고 있더니 지금은 풀어헤치고 있네. 조금 전에는 앉아 있더니 지금은 일어나 있고, 조금 전에는 걸어가더니 지금은 멈추어 있는데, 왜 그렇지?"

衆罔兩問於景曰:「若向也俯而今也仰, 向也括撮而今也被髮. 向也坐而今也起. 向也行而今也止. 何也?」

그러자 그림자가 말합니다.

"쪼잔하게 그런 하찮은 건 왜 묻는 거야! 나는 존재하고 있지만 왜 그런지는 알지 못한단다. 나는 매미 허물이나 뱀 허물과 같지. 그러나 비슷하긴 하지만 실재하는 건 아니란다. 나는 불빛이나 햇빛 앞에서는 나타나지만 그늘에서나 밤에는 사라져버리지. 그것은 내가 무언가에 의지하고 있다는 거야. 하물며 어찌 그것들도 의지하는 것이 없겠느냐? 그것들이 오면 나도 그것들과 함께 오고, 그것들이 가면 나도 그것들과 함께 가는 거야. 그것들이 움직이면 나도 따라서 움직일 뿐이지. 이렇게 남을 따라 움직일 뿐인데, 또 무슨 물을 게 있겠는가?"

景曰:「搜搜也, 奚稍問也. 予有而不知其所以. 予蜩甲也, 蛇蛻也, 似之而非也. 火與日, 吾屯也. 陰與夜, 吾代也. 彼吾所以有待邪, 而況乎以無有待者乎? 彼來則我與之來, 彼往則我與之往. 彼強陽則我與之強陽. 強陽者, 又何以有問乎?」

덕을 잘 갖춘 사람은 부족한 듯 행동하는 법이다

제27편 우언(寓言) 7-1

초나라의 현인 양자거(陽子居)가 노자를 만나기 위해 남쪽 패(沛) 땅으로 갔을 때, 노자는 서쪽으로 진나라를 유람하고 있었습니다. 양자거는 패 땅의 교외로 마중 나갔다가 양(梁) 땅에 이르러 노자를 만났습니다. 함께 오는 도중에 노자는 하늘을 우러르며 탄식하며 말합니다.

"처음 자넬 보았을 땐 가르칠 만하다고 생각했으나, 지금 보니 아니구나."

陽子居南之沛, 老聃西遊於秦. 邀於郊, 至於梁而遇老子. 老子中道仰天而歎曰:「始以汝爲可敎, 今不可也.」

양자거는 아무런 대답도 하지 않았습니다. 숙소로 돌아와선 노자에게 세숫대야와 양치물과 수건과 빗을 가져다 올린 다음, 문밖에 신발을 벗어놓고는 무릎걸음으로 그의 앞으로 다가가 말했습니다.

"조금 전에 저는 선생님께 여쭙고 싶었으나 선생님께서 바삐 걸으시며 틈을 주지 않아 감히 여쭙지 못했습니다. 지금은 한가하니, 왜 그리 말씀하셨는지 그 까닭을 여쭙고자 합니다."

陽子居不答. 至舍, 進盥漱巾櫛, 脫屨戶外, 膝行而前, 曰:「向者弟子欲請夫子, 夫子行不間, 是以不敢. 今閒矣, 請問其故.」

그러자 노자가 말합니다.

"자넨 두 눈을 부릅뜨고 쳐다보고 있는데, 누가 자네와 함께 지내려 하겠는가? 아주 흰 것은 더러운 듯하고, 덕을 잘 갖춘 사람은 부족한 듯 행동하는 법이다."

양자거는 흠칫 놀란 듯 낯빛을 바꾸며 말합니다.

"삼가 가르침을 받들겠습니다."

전에 양자거가 왔을 땐, 여관에 묵고 있던 사람들이 그를 맞이하고 전송하였습니다. 여관주인은 그가 앉을 방석을 내왔고 안주인은 수건과 빗을 가져다주었습니다. 여관에 묵는 사람들은 그에게 자리를 양보해 주었고, 불을 쬐던 사람들도 그에게 따뜻한 부뚜막을 양보했습니다. 그러나 그가 노자를 만나고 돌아간 뒤엔 여관에 묵고 있던 사람들은 그와 함께 자리를 다투는 처지가 되었습니다.

老子曰:「而睢睢盱盱, 而誰與居? 大白若辱, 盛德若不足.」陽子居蹴然變容曰:「敬聞命矣.」其往也, 舍者迎將, 其家公執席, 妻執巾櫛, 舍者避席, 煬者避竈. 其反也, 舍者與之爭席矣.

한자어원풀이

始卒若環(시졸약환) 이란 "처음과 끝이 둥근 고리와 같다"는 뜻으로, "만물은 모두가 종을 달리해 각기 다른 형체로써 대를 이어갑니다. 처음과 끝이 둥근 고리와 같아서 어떤 것이 먼저인지 알 수 없습니다. 이를 일러 자연의 조화인 천균(天均)이라고 합니다. 천균은 곧 자연의 질서와 화합을 의미한다고 합니다"라는 구절에서 유래했습니다.

처음 始(시) 는 여자 녀(女)와 나 이(台: 별 태, 대 대)로 구성되어 있습니다. 女(녀)는 모계사회 때 형성된 상형글자로 여자가 무릎을 꿇고 손을 합장하고서 신에게 기도하는 모습이었으나 후에 부계사회로 전환되면서 여자의 총칭으로 쓰였습니다.

台(이)는 사사로울 사(厶)와 입 구(口)로 구성되었는데, 그 의미를 입가(口)에 주름(厶)지으며 빙긋이 웃는다 하여 '기뻐하다' 혹은 웃는 주체인 '나' 자신을 뜻한다고 봅니다. 그러나 인문학적인 의미를 더해서 보자면, 台(이)는 '목숨'을 뜻한다고 보아야 해석이 용이할 것 같습니다. 즉 목구멍을 뜻하는 '목'은 입(口)이요, 숨구멍을 뜻하는 '숨'은 코(厶)를 말합니다. 스스로 자(自)가 본디 코를 의미하였듯 厶(사) 역시 코를 뜻하면서 입을 상형한 口(구)와 더불어 우리 생명을 유지하는 목숨(목:口, 숨:厶)을 의미하고 있습니다. 즉 우리가 살아가는 데 가장 중요한 호흡작용과 섭생을 의미하면서 복지(福祉)를 나타냅니다. 달리 말해 생명력을 유지하는 코(厶)와 입(口)이 윤택(氵)하기만 하면 잘 다스려진다는 의미가 '다스릴 治(치)'에 함축되어 있습니다. 따라서 전체적인 의미는 여자(女)가 새로운 목숨(台)을 잉태한 순간 그 아이의 생명력이 시작된다는 데서 '처음'이라는 뜻을 부여했습니다.

군사 卒(졸) 은 옷 의(衣)의 변형과 열 십(十)으로 구성되었습니다. 여러 사람(十)이 동일한 복장(衣)을 한 군사, 곧 병졸을 뜻합니다. 똑같은 옷, 즉 유니폼과 같이 통일된 옷(衣)을 입은 사람은 장수가 아니라 많은 수(十)의 계급 낮은 '병사'들입니다. 계급이 낮은 병졸은 최전방에서 적과 직접 대치하다 쉽게 죽기 때문에 '죽다', '끝마치다'는 뜻도 지니게 되었습니다.

같을 若(약) 은 풀 초(艹)와 오른쪽 우(右)로 이루어졌습니다. 갑골문에 나타난 글자는 사람이 두 손에 무언가를 쥐고 머리 위로 들어 올려 흔들어대는 모양인데, 아마도 신대를 잡은 무녀가 점을 치는 행위인 것 같습니다. 그래서 신(神)이 말하려는 것과 무녀의 입에서 나온 말이 '같다'는 의미를 나타내려 한 것이 아니었던가 추측해 봅니다.

右(우)는 오른손을 뜻하는 又(우)와 입 구(口)로 구성되었습니다. 자신이 아닌 남을 도울 때는 주로 오른손(又)을 사용하면서 입(口)

도 거들게 되는 것처럼 '돕다'가 본뜻이었는데, '오른손'이라는 의미로 쓰이자 사람 인(亻)을 더해 '도울 佑(우)'를 별도로 제작하였습니다. 따라서 若(약)의 전체적인 의미는 손(右)으로 골라 뽑아내는 풀(艹)이 비슷비슷하다는 데서 '같다'는 뜻을 지니게 되었으며, '만약'이나 '너'의 의미는 가차된 겁니다.

고리 環(환) 은 구슬 옥(玉)과 놀라서 볼 경(睘)으로 구성되어 있습니다. 玉(옥)은 세 개의 둥근 구슬을 실에 꿴 모양을 본뜬 상형글자입니다.

睘(경)은 옆으로 뉘인 눈 목(目)과 옷 의(衣) 그리고 구슬을 꿰어 만든 목걸이를 뜻하는 입 구(口)로 이루어져 있습니다. 즉 아름답게 옷(衣)을 차려 입고 목에 치장한 영롱한 구슬로 만든 목걸이(口)를 내려다보는(目) 모습을 그리고 있습니다. 따라서 전체적인 의미는 둥근 목걸이가 주된 뜻이지만 그 뜻을 보다 확실하게 하기 위해 둥근 고리형(ㅇ)의 옥(玉)을 첨가해 '고리'란 뜻과 함께 '둘레' 등과 같은 뜻을 지니게 되었습니다.

제 28 편

왕위를 물려줌

양왕

讓王

"성인은 무언가 행동으로 옮길 때는 반드시 그 나아갈 곳인 목적과 어떻게 할 것인지의 수단을 잘 살펴봅니다. 가령 지금 이곳에서 어떤 사람이 수나라 제후의 귀중한 구슬로써 천길 벼랑 위의 참새를 잡으려 한다면, 세상 사람들은 분명 그를 비웃을 겁니다. 왜 그럴까요? 이는 바로 수단으로 쓰이는 물건은 소중한데 바라는 목적물이 하찮기 때문입니다. 그러니 사람의 생명을 어찌 수나라 제후의 구슬 따위와 비교할 수 있겠습니까?"

천하를 다스려야겠다는 생각이 없는 사람에게만 천하를 맡겨야 할 겁니다

제28편 양왕(讓王) 1-1

요 임금이 천하를 허유(許由)에게 물려주려 하였으나 허유는 받지 않았습니다. 그래서 은자인 자주지보(子州支父)에게 물려주려 하자 자주지부가 말했습니다.

"저를 천자로 삼는 것도 좋겠지만, 저는 지금 심한 우울증을 앓고 있습니다. 지금 치료 중이니 천하를 다스릴 겨를이 없습니다."

堯以天下讓許由, 許由不受. 又讓於子州支父, 子州之父曰: 「以我爲天子, 猶之可也. 雖然, 我適有幽憂之病, 方且治之, 未暇治天下也.」

천하는 지극히 중요한 것이지만 그것 때문에 자기의 소중한 삶을 해칠 수는 없다는 겁니다. 하물며 다른 사물 때문에 그럴 수야 있겠습니까! 오직 천하를 다스려야겠다는 생각이 없는 사람에게만 천하를 맡겨야 할 겁니다.

夫天下至重也, 而不以害其生, 又況他物乎! 唯無以天下爲者可以托天下也.

순 임금이 자주지백(子州之伯)에게 천하를 물려주려 하자 자주지백이 말합니다.

"저는 지금 심한 우울증을 걸려 치료 중이랍니다. 그러니 천하를 다스릴 겨를이 없습니다."

천하는 매우 큰 그릇이긴 하지만 그것 때문에 자기의 소중한 삶과 바꾸지 않겠다는 말입니다. 이것은 도를 체득한 사람과 세속적인 사람의 다른 점입니다.

舜讓天下於子州之伯, 子州之伯曰: 「予適有幽憂之病, 方且治之, 未暇治天下也.」 故天下大器也, 而不以易生. 此有道者之所以異乎俗者也.

순 임금이 은자인 선권(善卷)에게 천하를 물려주려 하자 선권이 말합니다.

"저는 우주의 가운데에 살며, 겨울철이면 털가죽 옷을 입고 여름철이면 칡베 옷을 입습니다. 봄이 오면 밭을 갈아 씨앗을 뿌리는데 몸은 충분히 노동할 수 있습니다. 가을에 농사지은 것을 수확하면 내 한 몸 휴식하며 먹고 살기엔 충분합니다. 해가 뜨면 들로 나가 일하고, 해가 지면 집으로 들어와 쉽니다. 이렇게 하늘과 땅 사이를 소요하다 보면 마음이 한결 흡족해진답니다. 그런데 내 어찌 천하를 다스리겠습니까! 슬프게도 임금님께선 저를 제대로 알고 있지 못한 것 같군요."

선권은 끝내 천하를 물려받지 않았습니다. 그러고 나서 그는 그곳을 떠나 깊은 산중으로 들어가버렸는데, 아무도 그 거처를 알지 못했습니다.

舜以天下讓善卷, 善卷曰:「余立於宇宙之中, 冬日衣皮毛, 夏日衣葛絺. 春耕種, 形足以勞動. 秋收斂, 身足以休食. 日出而作, 日入而息. 逍遙於天地之間, 而心意自得. 吾何以天下爲哉! 悲夫, 子之不知余也.」遂不受. 於是去而入深山, 莫知其處.

순 임금이 그의 벗인 석호에 사는 농부에게 천하를 물려주려 하자, 석호의 농부가 말합니다.

"참으로 애쓰는구먼. 한 나라의 임금이라는 자리는 엄청 힘써야 하는 자릴 게야."

그는 순 임금의 덕이 대단치 않다고 생각했던 모양입니다. 그래서 그 농부는 등에 이삿짐을 지고, 아내는 머리에 이고서 자식들을 데리고는 바다 섬 속으로 들어가 죽을 때까지 되돌아오지 않았습니다.

舜以天下讓其友石戶之農. 石戶之農曰:「捲捲乎, 后之爲人, 葆力之士也.」以舜之德爲未至也. 於是夫負妻戴, 攜子以入於海, 終身不反也.

생명을 존중하는 이는 가난할지라도 이익을 위해 몸을 괴롭히진 않습니다

제28편 양왕(讓王) 2-1

주나라의 시조 대왕단보(大王亶父)가 빈(邠) 땅에 살고 있을 때, 북방의 오랑캐들이 쳐들어왔습니다. 대왕단보는 전쟁을 피하고자 그들에게 가죽과 비단을 보냈으나 받지 않았고, 개와 말을 보냈지만 받지 않았으며, 진주와 옥을 보냈는데도 역시 받지 않았습니다. 북방 오랑캐들이 원하는 것은 토지였습니다. 이에 대왕단보가 말합니다.

"어떤 사람의 형과 함께 살면서 그의 아우를 죽이거나, 누군가의 아버지와 함께 살면서 그의 자식을 죽이는 일 따위를 나는 차마 할 수가 없다. 그대들은 모두 여기에서 힘써 잘살아라. 나의 신하가 되는 것이나 너희 오랑캐의 신하가 되는 것이나 뭐가 다르겠는가? 나는 '백성을 먹여 살리기 위한 땅 때문에 부양해야 할 백성을 해쳐서는 안 된다'고 들었다."

大王亶父居邠, 狄人攻之. 事之以皮帛而不受, 事之以犬馬而不受, 事之以珠玉而不受. 狄人之所求者土地也. 大王亶父曰: 「與人之兄居而殺其弟, 與人之父居而殺其子, 吾不忍也. 子皆勉居矣. 爲吾臣與爲狄人臣奚以異? 且吾聞之, 不以所用養害所養.」

그렇게 말하고는 지팡이를 짚고서 그곳을 떠났습니다. 백성들은 줄을 지어 그를 따랐고, 마침내 기산(岐山) 아래에다 나라를 건국했습니다. 그러니 대왕단보는 생명을 존중할 줄 아는 사람이라고 말할 수 있겠습니다. 생명을 존중할 줄 아는 사람은 비록 존귀하고 부자일지라도 의식주 때문에 자기 몸을 상하게 하지 않고, 비록 가난하고 빈천할지라도 이로움만을 추구하느라 자기 몸을 괴롭히진 않습니다. 오늘날 사람들 중에 고관대작의 지위를 누리는 자들은 모두가 자신의 지위를 잃는 문제만을 중시하고 있습니다. 그들은 이익을 위해서는 자신의 몸을 가볍게 여기며 망쳐버리니, 이 어찌 어리석은 일이 아니겠습니까!

因杖筴而去之. 民相連而從之. 遂成國於岐山之下. 夫大王亶父, 可謂能尊生矣. 能尊生者, 雖貴富不以養傷身, 雖貧賤不以利累形. 今世之人居高官尊爵者, 皆重失之. 見利輕亡其身, 豈不惑哉!

임금의 자리여! 어찌하여 나를 내버려두지 않는 것인가!

제28편 양왕(讓王) 3-1

월(越)나라 사람들은 삼대에 걸쳐 자기네 임금을 살해했습니다. 왕자 수(搜)는 그것이 두렵고 걱정되어 단혈이라는 동굴 속으로 도망쳐버렸습니다. 그렇게 되니 월나라에는 임금이 없는 꼴이 되었죠. 신하들은 왕자 수를 찾았지만 찾지 못하다가 마침내 단혈에 숨어 있다는 것을 알아냈습니다. 왕자 수가 동굴에서 나오려 하지 않자 월나라 사람들은 쑥으로 연기를 피워 그를 나오게 했습니다. 그가 나오자 왕의 수레에 태웠죠. 왕자 수는 손잡이 끈을 잡고 수레에 오르면서 하늘을 우러르며 탄식하듯 말합니다.

"임금의 자리여! 임금의 자리여! 어찌하여 나를 내버려두지 않는 것인가!"

왕자 수는 임금이 되는 게 싫었던 것이 아니라 임금이 되어 환난을 당하기 싫었던 겁니다. 왕자 수와 같은 사람이라면 국정을 위해 생명을 해치지 않을 것이라고 말할 수 있을 겁니다. 이렇듯 생명을 소중히 여겼기 때문에 월나라 사람들은 그를 임금으로 모시고 싶어 했던 것이죠.

越人三世弑其君, 王子搜患之, 逃乎丹穴, 而越國無君. 求王子搜不得, 從之丹穴. 王子搜不肯出, 越人薰之以艾. 乘以王輿. 王子搜援綏登車, 仰天而呼曰:「君乎! 君乎! 獨不可以舍我乎?」王子搜非惡爲君也, 惡爲君之患也. 若王子搜者, 可謂不以國傷生矣. 此固越人之所欲得爲君也.

지금 전쟁을 치르고 있는 땅은 한나라보다 가볍고 또한 멉니다

제28편 양왕(讓王) 4-1

한(韓)나라와 위(魏)나라가 영토를 빼앗기 위해 전쟁을 벌이고 있었습니다. 위나라의 현인 자화자(子華子)가 한나라의 임금 소희후(昭僖侯)를 찾아뵈었을 때, 소희후는 근심스러운 표정이 역력했습니다. 이에 자화자가 말합니다.

"지금 천하 사람들로 하여금 임금님 앞에서 서약서를 쓰게 한다고 가정해 보죠. 그 서약서에는 '왼손으로 이 서약서를 잡고 있으면 오른손을 없애버리고, 오른손으로 이 서약서를 잡고 있으면 왼손을 없애버린다. 그렇지만 이 서약서를 붙들고 있는 사람은 반드시 천하를 갖게 될 것이다'라고 씌어 있습니다. 임금님께서는 그 서약서를 붙들고 계실 수 있겠습니까?"

소희후가 대답합니다.

"나는 붙들지 않겠소."

韓魏相與爭侵地, 子華子見昭僖侯, 昭僖侯有憂色. 子華子曰: 「今使天下書銘於君前, 書之言曰: 『左手攫之則右手廢, 右手攫之則左手廢. 然而攫之者必有天下.』 君能攫之乎?」 昭僖侯曰: 「寡人不攫也.」

그러자 자화자가 호기롭게 말합니다.

"매우 좋은 말씀입니다. 이러한 관점에서 볼 때, 두 팔은 천하보다도 소중합니다. 몸 또한 두 팔보다도 소중합니다. 한나라는 천하보다도 가볍고 또한 멉니다. 지금 전쟁을 치르고 있는 땅은 한나라보다 가볍고 또한 멉니다. 그런데 임금님께서는 자기의 몸을 괴롭히고 삶을 손상시키면서까지 그 땅을 빼앗지 못하여 걱정하며 슬퍼하고 계십니다."

이에 소희후가 말합니다.

"좋은 말씀이오! 지금껏 나에게 가르침을 준 자는 많았지만, 이러한 말씀은 들어본 적이 없었다오."

그러니 자화자는 일의 경중(輕重)을 아는 사람이라고 할 수 있을 겁니다.

子華子曰: 「甚善. 自是觀之, 兩臂重於天下也. 身亦重於兩臂. 韓之輕於天下亦遠矣. 今之所爭者, 其輕於韓又遠. 君固愁身傷生以憂戚不得也.」 僖侯曰: 「善哉! 教寡人者衆矣, 未嘗得聞此言也.」 子華子可謂知輕重矣.

사람의 생명을 어찌 수나라 제후의 구슬 따위와 비교할 수 있겠습니까

제28편 양왕(讓王) 5-1

노나라의 임금은 은자인 안합(顔闔)이 도를 체득한 사람이라는 말을 듣고 사람을 시켜 예물을 먼저 보내도록 하였습니다. 안합은 누추한 곳에 살면서 남루한 삼베옷을 입고, 몸소 소에게 여물을 먹이고 있었습니다. 노나라 임금이 보낸 사신이 당도하자 안합은 몸소 그를 맞이하였습니다. 사신이 물었습니다.

"여기가 안합의 집인가요?"

이에 안합이 대답합니다.

"여기는 저의 집이랍니다."

사신이 예물을 바치려 하자 안합이 말합니다.

"아마도 무언가 잘못 듣고서 사신을 보낸 것 같은데, 허물이 될 수도 있으니 잘 확인해 보는 게 좋을 것 같습니다."

사신이 돌아가 잘 확인해 보고서 다시 와서 안합을 찾았으나 만날 수가 없었습니다. 그러므로 안합과 같은 사람이야말로 정말 부귀를 싫어하는 사람이라 할 수 있을 겁니다.

魯君聞 闔得道之人也, 使人以幣先焉. 闔守陋閭, 布之衣, 而自飯牛. 魯君之使者至, 闔自對之. 使者曰:「此 闔之家與?」 闔對曰:「此闔之家也.」使者致幣. 顔闔對曰:「恐聽謬而遺使者罪, 不若審之.」使者還反審之, 復來求之, 則不得已. 故若顔闔者, 眞惡富貴也.

그래서 이런 말이 있습니다.

"참된 도로써 몸을 다스리고, 그 나머지로써 나라를 위하며, 그 찌꺼기로써 천하를 다스려야 한다"고 말이죠.

이러한 관점에서 볼 때, 제왕이 천하를 다스리는 공로는 성인에게는 여분의 일이지 몸을 온전히 하고 생명력을 기르는 방법은 아니라는 겁니다. 오늘날 세속에서 말하는 군자는 대부분 몸을 위태롭게 하고 삶을 포기하면서까지 재물을 탐하고 있으니, 이 어찌 슬픈 일이 아니겠습니까?

故曰: 道之眞以治身, 其緖餘以爲國家, 其土苴以治天下. 由此觀之, 帝王之功, 聖人之餘事也, 非所以完身養生也. 今世俗之君子, 多危身棄生以殉物, 豈不悲哉?

대체로 보아 성인은 무언가 행동으로 옮길 때는 반드시 그 나아갈 곳인 목적과 어떻게 할 것인지의 수단을 잘 살펴봅니다. 가령 지금 이곳에서 어떤 사람이 수나라 제후의 귀중한 구슬로써 천길 벼랑 위의 참새를 잡으려 한다면, 세상 사람들은 분명 그를 비웃을 겁니다. 왜 그럴까요? 이는 바로 수단으로 쓰이는 물건은 소중한데 바라는 목적물이 하찮기 때문입니다. 그러니 사람의 생명을 어찌 수나라 제후의 구슬 따위와 비교할 수 있겠습니까?

凡聖人之動作也, 必察其所以之, 與其所以爲. 今且有人於此, 以隨侯之珠, 彈千仞之雀, 世必笑之. 是何也? 則其所用者重而所要者輕也.

夫生者, 豈特隨侯珠之重哉?

나를 벌하고자 할 때도 다른 사람의 말을 듣고서 그리할 것이오

제28편 양왕(讓王) 6-1

자열자(子列子: 열자)는 몹시 가난하여 얼굴에 굶주린 기색이 역력했습니다. 그를 본 어떤 나그네가 이 일을 정나라의 재상인 자양(子陽)에게 알려주며 말합니다.

"열어구(열자)는 아마도 도를 체득한 선비인 것 같습니다. 재상께서 다스리고 있는 나라에 살고 있는데 몹시도 궁핍합니다. 그에게 아무런 도움도 안 준다면 재상께선 선비를 좋아하지 않는다고 여겨지지 않을까요?"

子列子窮, 容貌有飢色. 客有言之於鄭子陽者, 曰: 「列御寇, 蓋有道之士也. 居君之國而窮, 君無乃爲不好士乎?」

이 말을 들은 정나라의 자양은 즉각 관리에게 명을 내려 양식을 보내도록 하였습니다. 그러나 자열자는 그 관리를 보고 두 번 절하고선 양식은 사양하였습니다. 관리가 떠나고 자열자가 집 안으로 들어서자 그의 아내가 그를 바라보고서는 가슴을 치면서 말합니다.

"제가 듣기론 도를 체득한 사람의 아내가 되면 모두가 편안하고 즐겁다고 했는데, 지금 우리는 굶주린 기색이 역력합니다. 재상께선 자신의 허물을 인정하고 당신에게 식량을 보내주었는데도, 당신은 받지 않았습니다. 우리의 가난이 어찌 천명이 아니라고 할 수 있겠습니까?"

鄭子陽卽令官遺之粟. 子列子見使者, 再拜而辭. 使者去, 子列子入, 其妻望之而拊心曰:「妾聞爲有道者之妻子, 皆得佚樂. 今有飢色, 君過而遺先生食, 先生不受, 豈不命邪?」

그러자 자열자가 웃으면서 아내에게 말합니다.

"재상 스스로가 나를 알아본 건 아니라오. 다른 사람의 말을 듣고서 나에게 양식을 보내준 것이니, 나를 벌하고자 할 때도 다른 사람의 말을 듣고서 그리할 것이오. 이러한 이유 때문에 나는 받지 않은 거라오."

한참이 지나, 과연 백성들이 반란을 일으켜 자양을 살해하고 말았습니다.

子列子笑, 謂之曰:「君非自知我也. 以人之言而遺我粟, 至其罪我也. 又且以人之言. 此吾所以不受也.」其卒, 民果作難而殺子陽.

저는 그저 다시 양 도살꾼이라는 직업으로 되돌아가기를 바랄 뿐입니다

제28편 양왕(讓王) 7–1

초나라 소왕(昭王)이 오나라와의 전쟁에서 패하여 나라를 잃고 도주하였을 때, 양 도살꾼인 열(說)이라는 자도 도주하여 소왕을 따라갔습니다. 후에 소왕이 나라를 되찾게 되자 자신을 따랐던 사람들에게 상을 내렸습니다. 양 도살꾼 열에게까지 상을 주려 하자 열이 말합니다.

"대왕께서 나라를 잃으셨을 때 저도 양 잡는 일을 잃었습니다. 대왕께서 다시 나라를 되찾았을 때, 저 또한 양 잡는 일을 되찾게 되었습니다. 저는 이미 작위와 녹봉을 되찾았는데, 또 무슨 상을 주시겠다는 겁니까?"

楚昭王失國, 屠羊說走而從於昭王. 昭王反國, 將賞從者. 及屠羊說. 屠羊說曰:「大王失國, 說失屠羊. 大王反國, 說亦反屠羊. 臣之爵祿已復矣, 又何賞之有?」

이 말을 전해 들은 왕은 말합니다.

"억지로라도 주도록 하여라."

양 도살꾼 열은 계속 사양하면서 말합니다.

"대왕께서 나라를 잃으신 것은 저의 죄가 아니었기 때문에 감히 처벌도 받지 않을 수 있었습니다. 대왕께서 나라를 되찾은 것은 저의 공로가 아니었기 때문에 감히 그 상을 받을 수 없다는 겁니다."

보고를 받은 왕이 말합니다.

"그렇다면 그를 만나보자."

王曰:「強之.」屠羊說曰:「大王失國, 非臣之罪, 故不敢伏其誅. 大王反國, 非臣之功, 故不敢當其賞.」王曰:「見之.」

왕의 하명을 전해 들은 양 도살꾼 열이 또다시 말합니다.

"우리 초나라 법에 따르면 큰 공을 세워 귀중한 상을 받은 후에야 임금님을 뵙도록 되어 있습니다. 지금 저의 지식은 나라를 보존하기에는 부족하고, 용기는 적과 목숨을 걸고 싸우기엔 부족합니다. 오나라 군대가 수도 영(郢)으로 쳐들어왔을 때 저는 재난이 두려워 적을 피해 달아난 것이지, 일부러 대왕을 따라나선 건 아니랍니다. 지금 대왕께서는 국법을 무시하고 규약을 어겨가면서 저를 만나시려고 하는데, 이는 제가 지금껏 천하 세상에서 들어본 적이 없는 일입니다."

屠羊說曰:「楚國之法, 必有重賞大功而後得見. 今臣之知不足以存國, 而勇不足以死寇. 吳軍入郢, 說畏難而避寇, 非故隨大王也. 今大王欲廢法毁約而見說, 此非臣之所以聞於天下也.」

이 말을 전해 들은 대왕은 병조판서에 해당하는 사마(司馬) 벼슬의 자기(子綦)에게 명을 내립니다.

"양 도살꾼 열은 비천한 지위에 있지만 대의를 진술함에 있어서는 매우 고매한 것 같으니, 그대 자기는 나를 위해 그를 끌어들여 삼공(三公)의 직위로 올려주게나."

그러나 양 도살꾼 열은 반대의 뜻을 피력합니다.

"삼공의 직위가 양을 도살하는 직업보다 존귀하다는 것을 저도 알고 있습니다. 또한 매우 많은 녹봉이 양을 도살해서 얻을 수 있는 이익보다 훨씬 많다는 것도 전 잘 알고 있습니다. 그런데 어찌 제가 작위와 녹봉을 탐내어 우리 임금님으로 하여금 함부로 아무에게나 명예를 베푼다는 오명을 남겨드려야겠습니까? 저는 그걸 감당할 수가 없습니다. 저는 그저 다시 양 도살꾼이라는 직업으로 되돌아가기를 바랄 뿐입니다."

그는 끝내 아무것도 받지 않았습니다.

王謂司馬子綦曰:「屠羊說居處卑賤而陳義甚高, 子其爲我延之以三旌之位.」屠羊說曰:「夫三旌之位, 吾知其貴於屠羊之肆也. 萬鍾之祿, 吾知其富於屠羊之利也. 然豈可以貪爵祿而使吾君有妄施之名乎? 說不敢當, 願復反吾屠羊之肆.」遂不受也.

수레나 말을 화려하게 장식하는 것, 나는 차마 그러한 짓은 못 하겠소

제28편 양왕(讓王) 8-1

공자의 제자 원헌(原憲)은 노나라에 살았는데, 사방 열 자 정도의 작은 집으로 지붕에는 풀마저 자라고 있었습니다. 쑥대를 엮어 만든 문짝은 온전치 않았고 게다가 뽕나무가지로 지도리를 만들었습니다. 밑이 깨진 항아리로 두 개의 방에 창을 내고선 베옷으로 휘장을 삼았으니, 위에서는 비가 샜고 바닥은 눅눅했지만 그는 똑바로 앉아 거문고를 타며 노래를 하곤 했습니다. 어느 날 공자의 또 다른 제자인 자공(子貢)이 큰 말이 이끄는 수레를 타고 그를 만나러 왔습니다. 수레의 안은 감색의 천으로 꾸미고 겉은 하얀 천으로 장식했죠. 그런데 수레가 너무 커 비좁은 골목길을 들어갈 수가 없어, 걸어서 원헌을 만나러 갔습니다. 원헌은 남루한 모자에 다 헤진 신발을 신고 명아주대로 만든 지팡이를 짚고 나와 사립문에서 그를 맞이했습니다.

原憲居魯, 環堵之室, 茨以生草, 蓬戶不完, 桑以爲樞, 而甕牖二室, 褐以爲塞, 上漏下濕, 匡坐而弦歌. 子貢乘大馬, 中紺而表素, 軒車不容巷, 往見原憲. 原憲華冠縰履, 杖藜而應門.

그 모습을 본 자공이 말합니다.

"허어! 선생께선 무슨 병이라도 난 겝니까?"

이에 원헌이 그에게 대답합니다.

"내가 듣기론, 재산이 없는 것을 일러 가난하다 하고, 배우고서도 실천하지 않는 것을 일러 병들었다고 합니다. 지금 나는 가난한 것이지 병든 건 아니라오."

그 말에 자공은 뒷걸음질을 치는데 부끄러워하는 기색이 역력했습니다. 그 모습을 본 원헌이 웃으면서 다시 말을 잇습니다.

"대체로 보아 세상 사람들에게 좋은 평판을 바라면서 행동하는 것, 두루두루 견주면서 친구를 삼는 것, 남에게 뽐내기 위해서 배우는 것, 자기의 이익을 위해 가르치는 것, 인의를 가장하면서 못된 짓을 일삼는 것, 수레나 말을 화려하게 장식하는 것, 나는 차마 그러한 짓들은 못하겠소."

子貢曰:「嘻! 先生何病?」原憲應之曰:「憲聞之, 無財謂之貧, 學而不能行謂之病. 今憲貧也, 非病也.」子貢逡巡而有愧色. 原憲笑曰:「夫希世而行, 比周而友, 學以爲人, 教以爲己, 仁義之慝, 輿馬之飾, 憲不忍爲也.」

도를 체득하려는 사람은 분별하려는 마음을 잊어야 합니다

제28편 양왕(讓王) 9-1

공자의 제자 증자(曾子)가 위나라에 살았을 때, 솜으로 만든 두루마기는 겉감이 다 헤졌고, 얼굴은 부르트고 야위었으며, 손발에는 굳은살이 박여 있었습니다. 사흘 동안이나 불로 익힌 음식을 들지 못했고, 십여 년이 지나도록 옷 한 벌 지어 입지 못했습니다. 갓을 바로잡으려 하면 낡은 갓끈이 끊어져버렸고, 옷깃을 여미면 팔꿈치가 드러났고, 신발을 신으려 하면 발뒤축이 터질 정도로 낡아빠졌습니다. 그래도 그는 신발을 질질 끌고서 『시경(詩經)』 중의 「상송(商頌)」을 노래하자, 그 소리가 하늘과 땅에 가득차서 마치 금석(金石)의 악기에서 나오는 듯하였습니다. 어떤 천자도 그를 신하로 삼지 못했고, 어떤 제후도 그를 벗으로 삼지 못했습니다. 그러므로 마음을 수양하려는 사람은 몸을 잊어야 하고, 몸을 수양하려는 사람은 재물의 이로움을 잊어야 하며, 도를 체득하려는 사람은 분별하려는 마음을 잊어야 합니다.

曾子居衛, 縕袍無表, 顏色腫噲, 手足胼胝. 三日不舉火, 十年不製衣. 正冠而纓絕, 捉衿而肘見, 納屨而踵決. 曳縱而歌『商頌』, 聲滿天地, 若出金石. 天子不得臣, 諸侯不得友. 故養志者忘形, 養形者忘利, 致道者忘心矣.

내면을 잘 닦은 사람은 사회적 지위가 없어도 전혀 부끄러워하지 않는다

제28편 양왕(讓王) 10-1

공자가 제자 안회(顏回)에게 말합니다.

"안회야! 이리 와봐라. 너는 집도 가난하고 비천하게 살면서 어찌 벼슬길에 나가지 않는 것이냐?"

이에 안회가 대답합니다.

"벼슬은 원치도 않습니다. 저는 성 밖에 오십 무(畝: 약 백여 평)나 되는 밭이 있어서 그 정도면 충분히 죽을 쑤어 먹을 수 있습니다. 또 성안에도 열 무의 밭이 있어서 그것만으로도 충분히 실을 뽑아 옷감을 지을 수 있습니다. 또 거문고를 타며 너끈하게 스스로 즐길 수 있고, 스승님에게 도를 배우는 것만으로도 충분히 스스로 즐겁게 지낼 수 있습니다. 그래서 저는 벼슬을 바라지도 않습니다."

孔子謂顏回曰:「回, 來! 家貧居卑, 胡不仕乎?」顏回對曰:「不願仕. 回有郭外之田五十畝, 足以給飦粥. 郭內之田十畝, 足以爲絲麻. 鼓琴足以自寤. 所學夫子之道者足以自樂也. 回不願仕.」

공자는 감격스러운 표정을 지으며 말합니다.

"참으로 훌륭하구나! 너의 그 생각이 말이다. 내가 듣기론 '만족할 줄 아는 자는 이익 때문에 자신을 번거롭게 하지 않으며, 스스로 터득함을 이룬 자는 그러한 것을 잃어도 두려워하지 않고, 내면을 잘 닦은 사람은 사회적 지위가 없어도 전혀 부끄러워하지 않는다'고 한다. 나는 이 말을 오래전부터 외워왔지만 지금 너를 보고 서야 비로소 알아차렸단다. 이것이 내가 오늘 터득한 것이로구나."

孔子愀然變容, 曰:「善哉! 回之意. 丘聞之:『知足者, 不以利自累也. 審自得者, 失之而不懼. 行修於內者, 無位而不怍.』丘誦之久矣, 今於回而後見之, 是丘之得也.」

생명을 소중하게 여기면 명예나 이익 따위는 하찮게 보이는 법

제28편 양왕(讓王) 11-1

중산 지역에 책봉된 위나라의 공자 모(牟)가 위나라의 현인 첨자(瞻子)에게 말했습니다.

"내 몸은 세속을 떠나 강과 바닷가에 은거하고 있는데, 마음은 위나라 궁궐문 아래에 머물고 있으니 이를 어찌해야 하겠습니까?"

이에 현인 첨자가 대답합니다.

"생명을 소중하게 여기십시오. 생명을 소중하게 여기면 명예나 이익 따위는 하찮게 보이는 법입니다."

중산의 공자 모가 괴로운 듯 다시 묻습니다.

"저 역시 그걸 알고 있지만, 제 자신을 다스릴 수가 없습니다."

中山公子牟謂瞻子曰:「身在江海之上, 心居乎魏闕之下, 奈何?」瞻子曰:「重生. 重生則利輕.」中山公子牟曰:「雖知之, 未能自勝也.」

이에 첨자가 말을 잇습니다.

"자기 자신을 다스릴 수 없으면 그대로 마음을 따르십시오. 그러면 정신적 괴로움은 사라질 겁니다. 자기 자신을 다스릴 수 없는데도 억지를 부리며 마음을 따르지 않는 것을 일러 거듭해서 자신을 손상시키는 중상(重傷)이라고 합니다. 중상을 입은 사람은 천수를 누리는 사람 축에는 들 수 없습니다."

瞻子曰:「不能自勝則從, 神無惡乎. 不能自勝而強不從者, 此之謂重傷. 重傷之人, 無壽類矣.」

위나라의 모는 만승 대국의 공자입니다. 그런 그가 바위동굴에 숨어 사는 것은 벼슬도 없는 평범한 선비가 그렇게 하는 것보다 어려웠을 겁니다. 비록 아직 도에는 이르지 못했을지라도, 도를 체득하려는 데 뜻을 둔 자라고는 말할 수 있을 겁니다.

魏牟, 萬乘之公子也. 其隱巖穴也, 難爲於布衣之士. 雖未至乎道, 可謂有其意矣.

눈 내리는 겨울철이 되어서야 소나무와 잣나무의 잎이 무성함을 알지

제28편 양왕(讓王) 12-1

공자가 진(陳)나라와 채(蔡)나라의 국경 사이에서 곤경에 빠진 채 이레 동안이나 익힌 음식을 먹지 못했고, 명아주나물로 쑨 국에 쌀 부스러기마저도 넣을 형편이 못되었습니다. 그래서인지 얼굴빛은 아주 지친 기색이 역력했으나 방 안에서 거문고를 타며 노래를 불렀습니다. 방 밖에선 그의 제자 안회가 나물을 다듬었고, 또 다른 제자 자로와 자공은 서로 이야기를 나누고 있었습니다.

"스승님께선 노나라에서 두 번이나 쫓겨나셨고, 위나라에서는 추방당하셨으며, 송나라에서는 베인 나무에 깔리실 뻔했고, 옛 상나라와 주나라의 터에서도 곤경에 빠지셨으며, 지금은 진나라와 채나라의 국경 사이에서 군사들에게 포위를 당하고 있다네. 스승님을 살해하려는 자들은 아무런 처벌도 받지 않았고, 스승님을 짓밟으려는 자들도 아무런 제지를 받지 않고 있지. 그런데도 스승님께선 방 안에서 매일 거문고를 타시며 노래를 부르시는데, 아직도 음악소리가 그친 적이 없었네. 군자가 이와 같이 부끄러움을 모를 수 있단 말인가?"

孔子窮於陳蔡之間, 七日不火食, 藜羹不糝, 顔色甚憊, 而弦歌於室. 顔回擇菜於外, 子路子貢相與言曰:「夫子再逐於魯, 削迹於衛, 伐樹於宋, 窮於商周, 圍於陳蔡. 殺夫子者無罪, 藉夫子者無禁. 弦歌鼓琴, 未嘗絕音, 君子之無恥也若此乎?」

이를 들은 안회는 아무런 응대도 하지 않고 공자의 방으로 들어가 이 사실을 알렸습니다. 공자는 거문고를 밀치고 한숨을 쉬면서 탄식하듯 말합니다.

"자로와 자공은 자잘한 인물이니라. 불러오너라. 내 그놈들에게 말할 게 있으니."

자로와 자공이 스승 공자의 방으로 들어갔습니다. 자로가 공자에게 말합니다.

"이 정도면 곤궁에 빠졌다고 말할 수 있을 겁니다."

顔回無以應, 入告孔子. 孔子推琴, 喟然而歎曰:「由與賜, 細人也. 召而來, 吾語之.」子路子貢入. 子路曰:「如此者, 可謂窮矣.」

이에 공자가 말합니다.

"그게 무슨 말이더냐! 군자가 도에 통하는 것을 일러 도통이라 하고, 도에 막혀 있는 것을 일러 곤궁에 빠졌다고 하는 것이니라. 지금 나는 인의(仁義)의 도를 가슴에 품고 실천하려다 어지러운 세상의 환난을 만난 것뿐이지. 이게 어찌 곤궁함에 빠진 것이더냐? 그러므로 자기반성을 통해 도에 막히지 않는다면 어려움을 당해도 자기의 덕을 잃지는 않는단다. 날씨가 차가워지고 서리와 눈이 내리면 우리는 그때서야 소나무와 잣나무가 겨울철에도 잎이 무성함을 알지. 진나라와 채나라의 국경에서 당한 재난을 나는 오히려 다행으로 여기고 있단다."

孔子曰:「是何言也! 君子通於道之謂通, 窮於道之謂窮. 今丘抱仁義之道以遭亂世之患, 其何窮之爲? 故內省而不窮於道, 臨難而不失其德. 天寒既至, 霜雪既降, 吾是以知松柏之茂也. 陳蔡之隘, 於丘其幸乎.」

말을 마친 공자는 태연하게 거문고를 끌어당겨 타면서 노래를 불렀습니다. 자로는 기쁨에 겨워 방패를 들고 춤을 추었습니다. 이를 지켜본 자공이 읊조립니다.

"나는 하늘이 얼마나 높은지 땅이 얼마나 깊은지도 모르는 위인이로구나."

孔子削然反琴而弦歌, 子路扢然執干而舞. 子貢曰:「吾不知天之高也,地之下也.」

옛날에 도를 체득한 사람은 곤궁에 처했을 때도 즐겼고, 도가 통해도 또한 즐겼습니다. 그들이 즐긴 것은 곤궁과 도통이 아니었죠. 이와 같이 도를 체득하면 곤궁과 도통은 그저 춥고 덥고 바람 불고 비가 내리는 정도의 변화일 뿐이랍니다. 그러므로 허유(許由)는 영양의 물가에서 즐겁게 살았고, 주나라의 왕손이었던 공백(共伯)은 공수산에 은거하면서 나름의 도를 체득하였습니다.

古之得道者, 窮亦樂, 通亦樂, 所樂非窮通也. 道得於此, 則窮通爲寒暑風雨之序矣. 故許由寤於穎陽, 而共伯得乎共首.

난 자넬 보는 것이 부끄럽구먼

제28편 양왕(讓王) 13-1

순 임금이 천하를 그의 친구인 북방 사람 무택(無擇)에게 물려주려고 하자, 무택이 말합니다.

"자네의 사람됨은 참으로 이상도 하군. 밭이랑을 오가며 농사지으며 살다가 요 임금의 문하로 들어가 벼슬을 구하더니, 그것으로 그치는 게 아니라 또 그 수치스러운 행동으로 나를 기만하려 하고 있네. 난 자넬 보는 것이 부끄럽구먼."

그러고 나선 청령이라는 연못에 자기 몸을 던져버렸습니다.

舜以天下讓其友北人無擇, 北人無擇曰:「異哉, 后之爲人也, 居於畎畝之中, 而遊堯之門. 不若是而已, 又欲以其辱行漫我. 吾羞見之.」因自投清泠之淵.

무도(無道)한 세상이 되면 그곳의 땅도 밟지 않는다

제28편 양왕(讓王) 14-1

은나라의 탕(湯) 임금이 하나라 걸(桀)왕을 정벌하려고 하면서 은자인 변수(卞隨)와 의논코자 찾아갔습니다. 이에 변수가 말합니다.

"그건 제 일이 아닌 것 같습니다."

그러자 탕 임금이 묻습니다.

"그럼 누가 좋겠소?"

이에 변수가 대답합니다.

"저는 모르겠습니다."

탕 임금이 또다시 은자인 무광(瞀光)과 의논코자 찾아가자 무광이 말합니다.

"그건 제 일이 아닌 것 같습니다."

탕 임금이 다시 묻습니다.

"누가 좋겠습니까?"

이에 무광이 대답합니다.

"저는 모르겠습니다."

그러자 탕 임금이 이름을 들며 묻습니다.

"이윤(伊尹)이라면 어떻겠소?"

이에 무광이 대답합니다.

"그는 강인한 힘과 함께 치욕을 견뎌낼 수 있는 사람입니다. 저는 그 이상은 아는 게 없습니다."

湯將伐桀, 因卞隨而謀, 卞隨曰: 「非吾事也.」 湯曰: 「孰可?」 曰: 「吾不知也.」 湯又因瞀光而謀, 瞀光曰: 「非吾事也.」 湯曰: 「孰可?」 曰: 「吾不知也.」 湯曰: 「伊尹何如?」 曰: 「強力忍垢, 吾不知其他也.」

탕 임금은 결국 이윤과 걸왕을 정벌할 전략을 꾸며 승리하였습니다. 그러고는 천하를 변수에게 물려주려 하자 변수가 사양하며 말합니다.

"임금님께서 걸왕을 정복하려고 할 때 저와 의논하셨던 것은 분명코 저를 적이라 생각하셨기 때문일 겁니다. 또 걸왕을 정복하고 나서 저에게 천하를 물려주려고 하는 것은 분명코 저를 탐욕스런 사람이라 여겼기 때문일 겁니다. 제가 어지러운 세상에 태어나긴 했지만, 무도(無道)한 사람이 두 번이나 찾아와서 치욕스런 행동으로 저를 기만하니, 저는 몇 번이고 그런 말을 듣긴 싫습니다."

그러고는 스스로 주수(椆水)에 몸을 던져 목숨을 끊어버렸습니다.

湯遂與伊尹謀伐桀, 剋之. 以讓卞隨, 卞隨辭曰: 「后之伐桀也謀乎我, 必以我爲賊也. 勝桀而讓我, 必以我爲貪也. 吾生乎亂世, 而無道之人再來漫我以其辱行, 吾不忍數聞也.」 乃自投椆水而死.

탕 임금이 다시 무광에게 천하를 물려주겠다며 말합니다.

"지혜로운 사람은 계획을 세우고, 용감한 사람은 그것을 실행하며, 어진 사람은 그 자리에 머무는 것이 옛날의 도랍니다. 선생께서는 어찌하여 천자의 자리에 오르지 않는 겁니까?"

湯又讓瞀光, 曰:「知者謀之, 武者遂之, 仁者居之, 古之道也. 吾子胡不立乎?」

무광은 사양하면서 말합니다.

"한 나라의 임금을 몰아내는 것은 의로운 행동이 아니고, 백성들을 죽이는 것은 어진 행동이 아닙니다. 다른 사람이 위험을 무릅쓰고 어려운 일을 해놓았는데 내가 그 이익을 누리는 건 청렴한 짓이 못됩니다. 제가 듣기론 '정의롭지 못한 자에게선 그가 주는 녹봉도 받지 않고, 무도(無道)한 세상이 되면 그곳의 땅도 밟지 않는다'고 했습니다. 하물며 저 같은 사람을 존중하다니요! 저는 차마 이러한 일을 오래 지켜보고 있을 순 없습니다."

그러고 나선 무광은 돌을 짊어지고 여수(廬水)에 몸을 던져 목숨을 끊어버렸습니다.

瞀光辭曰:「廢上, 非義也. 殺民, 非仁也. 人犯其難, 我享其利, 非廉也. 吾聞之曰:『非其義者, 不受其祿. 無道之世, 不踐其土.』況尊我乎! 吾不忍久見也.」乃負石而自沈於廬水.

위로는 찬탈을 도모하고 아래로는 재물을 취하고 있네

제28편 양왕(讓王) 15-1

옛날에 주나라가 건국되었을 때 고죽(孤竹)이라는 곳에 두 사람의 선비가 살고 있었는데, 바로 백이(伯夷)와 숙제(叔齊)였습니다. 두 사람은 서로 의논합니다.

"내가 듣기론 서쪽에 어떤 사람이 있는데, 아마도 도를 터득한 사람인 듯싶네. 우리 한 번 가서 만나보세."

그러고는 기산의 남쪽에 이르렀을 때, 주나라를 건국한 무왕(武王)이 그 소식을 듣고서 아우인 숙단(叔旦)을 시켜 그들을 만나보게 했습니다. 숙단은 그들에게 맹세하듯 말합니다.

"녹봉은 2등급을, 벼슬자리는 1등급을 주겠다고 합니다."

그러고는 희생한 동물의 피로 맹세한 글을 쓴 다음 그것을 땅에 묻었습니다.

昔周之興, 有士二人處於孤竹, 曰伯夷叔齊. 二人相謂曰:「吾聞西方有人, 似有道者, 試往觀焉.」至於岐陽, 武王聞之, 使叔旦往見之. 與盟曰:「加富二等, 就官一列.」血牲而埋之.

두 사람은 서로를 바라보고 웃으면서 말합니다.

"허허! 이상도 하지! 이건 우리가 말한 도가 아닌데. 옛날 신농씨가 천하를 다스릴 때, 철마다 제사를 지낼 때에는 공경을 다하면서도 복을 빌지는 않았지. 사람들에게 충심과 믿음으로써 다스리기를 애쓰면서도 백성들에게 아무것도 요구하지도 않았어. 백성들에게 즐거움을 주는 정책을 정치라 여겼고, 백성들에게 즐거움을 주는 다스림을 정치라 여겼지. 남의 실패를 통해 자신의 성공을 바라지 않았고, 남을 비하하면서까지 자신을 높이지 않았으며, 좋은 기회를 만났다 하여 자신의 이익만을 추구하진 않았었지.

二人相視而笑, 曰:「嘻! 異哉! 此非吾所謂道也. 昔者神農之有天下也, 時祀盡敬而不祈喜. 其於人也, 忠信盡治而無求焉. 樂與政爲政, 樂與治爲治. 不以人之壞自成也, 不以人之卑自高也, 不以遭時自利也.

그런데 지금 주나라는 은나라의 혼란한 틈을 타 재빠르게 정권을 찬탈하고서는, 위로는 찬탈을 도모하고 아래로는 재물을 취하고 있네. 무력을 통해 권위를 보존하고, 희생의 제물을 올려 맹세함으로써 믿게 하고, 자신의 행위를 널리 알림으로써 군중의 환심을 사고, 사람을 죽이고 다른 나라를 정벌함으로써 이익을 취하고 있지. 이는 은나라의 혼란을 밀쳐내고 걸왕의 폭정을 대체한 것일 뿐이지.

今周見殷之亂而遽爲政, 上謀而下行貨, 阻兵而保威, 割牲而盟以爲信, 揚行以說衆, 殺伐以要利. 是推亂以易暴也.

내가 듣기론 '옛날의 선비들은 잘 다스려지는 세상을 만나면 자기에게 주어지는 정치적인 책임을 피하지 않았고, 혼란한 세상을 만나면 구차하게 살아남으려 하지 않았다'고 했지. 지금 온 세상은 암울하며 주나라의 덕은 쇠락하고 있다네. 이런 주나라와 함께하면서 내 몸을 더럽히느니, 차라리 주나라를 피하여 우리의 행실을 고결하게 하는 게 낫겠네."

이렇게 말하고 나서 두 사람은 수양산으로 들어가서 끝내는 굶어 죽었습니다. 백이와 숙제 같은 사람은 부귀를 구차한 방법으로 얻을 순 있었지만 결코 얻지 않았을 겁니다. 높은 절개와 세속을 벗어난 행동으로 자신들만의 의지를 즐기고 세상일에 종사하지 않는 것이, 이 두 선비가 지키고자 한 절개랍니다.

吾聞古之士, 遭治世不避其任, 遇亂世不爲苟存. 今天下闇, 周德衰, 其竝乎周以塗吾身也, 不如避之, 以潔吾行.」二子北至於首陽之山, 遂餓而死焉. 若伯夷叔齊者, 其於富貴也, 苟可得已, 則必不賴. 高節戾行, 獨樂其志, 不事於世. 此二士之節也.

한자어원풀이

上漏下濕(상루하습) 이란 "위 지붕은 비가 새고 아래 방바닥은 늘 습기로 눅눅하다"는 뜻으로, "공자의 제자 원헌(原憲)은 노나라에 살았는데, 사방 열 자 정도의 작은 집으로 지붕에는 풀마저 자라고 있었습니다. 쑥대를 엮어 만든 문짝은 온전치 않았고 게다가 뽕나무가지로 지도리를 만들었습니다. 밑이 깨진 항아리로 두 개의 방에 창을 내고선 베옷으로 휘장을 삼았으니, 위에서는 비가 샜고 바닥은 눅눅했지만 그는 똑바로 앉아 거문고를 타며 노래를 하곤 했습니다"라는 데서 유래했습니다.

윗 上(상) 은 사람의 생각을 추상적으로 표현한 대표적인 지사(指事) 글자입니다. 갑골문에 새겨진 자형을 보면 드넓은 지평선을 의미하는 긴 횡선 위에 보다 짧은 가로선을 그은 '二' 모양이었다가, 금문으로 오면서 위의 짧은 횡선이 세로로 바뀐 '丄' 모양으로 바뀌었습니다. 그러다가 상단 오른쪽에 점(丶) 하나를 더 찍어 오늘날의 자형이 되었습니다. 그 뜻은 지평선(一)보다 높은 위치(⺊)를 나타내 '위', '높다' 등입니다.

샐 漏(루) 는 물 수(氵)와 샐 루(屚)로 이루어졌습니다. 屚(루)는 주검시(尸)와 비 우(雨)로 구성되었는데, 尸(시)에 대해 허신은 『說文』에서 "尸는 늘어져 있다는 뜻이다. 엎드려 있는 모양을 본떴다"라고 하였습니다. 갑골문에 표현된 자형은 사람의 옆모습을 그려 놓았지만 다리 부분이 구부러져 있어, 무릎을 굽히고 웅크리고 있는 모양이었습니다. 죽은 사람을 뜻해 '주검'이라는 의미를 부여했습니다. 그러나 여기에서는 집의 상부를 이루는 지붕을 나타낸 것이랍니다.

또한 雨(우)에 대해서도 허신은 "雨는 물이 구름으로부터 떨어진다는 뜻이다. 一(일)은 하늘을 본떴고 冂(경)은 구름을 상형하였는데, 물방울이 그 사이에서 떨어진다"고 하였습니다. 달리 해석한다면, 하늘(一) 아래 한정된(冂) 지역에 국한하여 빗방울이 떨어지는 현상을 글자 속에 담고 있습니다. 이에 따라 屚(루)는 지붕(尸)에서 빗물(雨)이 샌다는 데서 '새다'는 뜻을 지녔는데, 氵(수)를 더해 그 뜻을 보다 명확히 하였습니다.

아래 下(하) 는 上(상) 자와 함께 사람의 생각을 추상적으로 표현한 대표적인 지사(指事)글자입니다. 갑골문에 새겨진 자형을 보면 드넓은 지평선을 의미하는 긴 횡선 아래에 보다 짧은 가로선을 그은 모양이었다가, 금문으로 오면서 아래의 짧은 횡선이 세로로 바뀐 '丅' 모양이 되었으며, 그러다 하단 오른쪽에 점(丶) 하나를 더 찍어 오늘날의 자형이 되었습니다. 그 뜻은 지평선(一)보다 낮은 위치(卜)를 나타내 '아래', '낮다' 등입니다.

축축할 濕(습) 은 수(水)의 간략형인 물 수(氵)와 드러날 현(㬎)으로 이루어졌습니다. 㬎(현)은 해 일(日)과 실 사(絲)로 구성되었습니다. 日(일)에 대해 허신은 『說文』에서 "日은 가득 차 있음을 말한 것이다. 태양의 정기 및 모양이 이지러지지 않음을 나타낸 것이다. '○'과 一(일)로 구성되었으며 상형글자이다"라고 하였습니다. 이 글자는 갑골문에도 보이는데, 태양의 둥근 모양과는 달리 네모지게 그린 것은 거북껍질이나 소의 견갑골 등에 새기려면 아무래도 둥글게 칼을 쓰는 것보다는 결을 따라 네모지게 하는 것이 편리하였기 때문일 겁니다.

絲(사)는 누에고치에서 뽑아낸 명주실을 갖아 놓은 두 개의 실타래를 본뜬 상형글자랍니다. 이에 따라 㬎(현)은 햇빛(日)을 받아 밝게 빛나는 명주실(絲)이라는 데서 '드러나다', '빛나다'의 뜻을 지니게 되었습니다. 따라서 濕(습)의 전체적인 의미는 실을 뽑기 위해서 누에고치를 따뜻한 물(氵)에 넣고 뽑아낸 실을 타래(絲)지어 햇볕(日)에 말리는 모양을 그려내 '축축하다', '젖다', '습기'라는 뜻을 부여하였습니다.

제
29
편

도둑의 우두머리

도척

盜 跖

"좀도둑은 구속되지만 큰 도둑은 제후가 됩니다. 더구나 제후가 되면 그의 문하에는 의로운 선비들이 모여듭니다. 옛날에 제나라 환공인 소백(小白)은 자기 형을 죽이고 형수를 아내로 삼았으나 현인으로 칭송받던 관중(管仲)이 그의 신하가 되었습니다. 제나라의 전성자상은 자기가 모시던 임금 간공(簡公)을 죽이고 나라를 훔쳤지만, 공자는 그가 내린 예물을 받아들였습니다. 관공과 공자는 얘기할 때에는 그들을 천박하게 여기면서도 행동할 때는 그들에게 머리를 숙였습니다. 이는 곧 그들도 말과 행동을 할 때 정서상으론 가슴속에서 어긋나 다투었을 터이니, 이 또한 잘못된 게 아닙니까? 그래서 옛 책에도 '어느 것이 나쁘고 어느 것이 좋은가? 성공한 자는 우두머리가 되고 실패한 자는 꼬리가 된다'고 한 겁니다."

그놈은 노나라의 교활한 위선자 공구가 아니더냐

제29편 도척(盜跖) 1-1

공자와 유하계(柳下季)는 친구였습니다. 유하계의 동생 이름은 도척(盜跖)이었습니다. 도척은 부하 구천 명을 거느리고 온 세상을 제멋대로 오가며 제후들의 영토를 침입하여 재물을 약탈했습니다. 남의 집에 구멍을 뚫거나, 문을 부수고 들어가 남의 소와 말을 몰고 가고는 남의 부녀자를 납치해 갔습니다. 재물을 탐하느라 부모도 잊고 부모형제도 돌보지 않았으며 조상의 제사도 지내지 않았습니다. 그들이 지나가는 고을들에서는 큰 나라는 성을 지켰고, 작은 나라는 성안으로 들어가 몸을 숨기느라 온 백성들의 고통이 이만저만이 아니었습니다.

孔子與柳下季爲友, 柳下季之弟名曰盜跖. 盜跖從卒九千人, 橫行天下,侵暴諸侯. 穴室樞戶, 驅人牛馬, 取人婦女. 貪得忘親, 不顧父母兄弟, 不祭先祖. 所過之邑, 大國守城, 小國入保, 萬民苦之.

공자가 도척의 형인 유하계에게 말했습니다.

"아버지라는 사람은 반드시 자기 자식을 훈계할 수 있어야 하고, 형이라는 사람은 반드시 자기 동생을 가르칠 수 있어야 한다네. 만약 아버지로서 자기 자식을 훈계할 수 없고 형으로서 자기 동생을 가르칠 수 없다면 부자와 형제 사이의 친밀한 관계도 소중하게 여길 필요가 없지. 지금 자넨 세상의 유명한 재사(才士)이지만, 동생은 도척으로 천하 세상에 해로움을 끼치고 있지. 그런데도 자넨 동생을 가르치지 않고 있으니, 나는 속으로 자넬 수치스럽게 생각하고 있다네. 내가 자넬 대신해, 그를 설득해 보겠네."

孔子謂柳下季曰:「夫爲人父者, 必能詔其子. 爲人兄者, 必能教其弟. 若父不能詔其子, 兄不能教其弟, 則無貴父子兄弟之親矣. 今先生, 世之才士也, 弟爲盜跖, 爲天下害, 而弗能教也, 丘竊爲先生羞之. 丘請爲先生往說之.」

그러자 도척의 형 유하계가 말합니다.

"자네가 말하길 아버지라는 사람은 반드시 자기 자식을 훈계할 수 있어야 하고, 형이라는 사람은 반드시 자기 동생을 가르칠 수 있어야 한다고 했었지. 그러나 만약 자식이 아버지의 훈계를 듣지 않고, 동생이 형의 가르침을 받아들이지 않는다면 비록 지금 자네와 같은 달변가일지라도 그걸 어찌해 볼 수 있겠는가? 또한 도척이란 놈의 사람됨은 마음은 솟아오르는 샘물과 같고, 의지는 성난 회오리바람과 같으며, 그의 강인함은 적을 물리치기에 충분하고, 그의 언변은 자기의 잘못을 꾸며대기에 충분하다네. 자기 마음을 따르면 기뻐하고, 자기 마음을 거스르면 벌컥 화를 내며, 걸핏하면 다른 사람에게 욕설을 퍼붓는다네. 그러니 자넨 결코 가서는 안 될 거야."

공자는 유하계의 말을 듣지 않고, 제자 안회를 마부로 삼고, 자공을 오른편에 앉게 하고, 도척을 만나러 갔습니다.

柳下季曰: 「先生言爲人父者必能詔其子, 爲人兄者必能教其弟, 若子不聽父之詔, 弟不受兄之教, 雖今先生之辯, 將奈之何哉? 且跖之爲人也, 心如涌泉, 意如飄風, 強足以距敵, 辯足以飾非. 順其心則喜, 逆其心則怒, 易辱人以言. 先生必無往.」 孔子不聽, 顏回爲馭, 子貢爲右, 往見盜跖.

도척은 마침 태산의 남쪽에 부하들을 쉬게 하고, 사람의 간을 회로 썰어 먹고 있었습니다. 공자는 마차에서 내려 앞으로 가서는 안내자를 보고서 말했습니다.

"노나라 사람 공구가 장군의 높은 뜻을 듣고서 삼가 뵙고자 재배를 올립니다."

盜跖乃方休卒徒太山之陽, 膾人肝而餔之. 孔子下車而前, 見謁者曰: 「魯人孔丘, 聞將軍高義, 敬再拜謁者.」

안내자가 안으로 들어가 그 사실을 알렸습니다. 도척이 보고를 듣고는 크게 화를 냈는데, 그의 눈은 별처럼 빛났고, 머리칼을 관을 찌를 듯 치켜 올리며 말했습니다.

"그놈은 노나라의 교활한 위선자 공구가 아니더냐? 내 말을 그놈에게 전해라. '너는 말을 지어내고 함부로 문왕과 무왕을 칭송하고 있다. 나뭇가지와 같은 장식의 관을 쓰고, 죽은 소의 갈빗대 같은 허리띠를 두르고서 수다스럽게 부질없는 소리를 지껄여대고, 농사를 짓지도 않으면서 밥을 먹고, 옷감을 짜지도 않으면서 옷을 입고, 입술을 나불거리며 혀를 놀려대며 제멋대로 옳고 그르다는 판정을 내려 천하의 군주들을 미혹시키고, 천하의 학자나 선비들로 하여금 타고난 본성을 회복하지 못하게 하고, 함부로 효도니 우애니 따위를 만들어내어 요행히 제후에 봉해지거나 부귀해지를 바라는 놈일 뿐이다. 너의 죄는 크고 지극히 무거우니, 어서 빨리 되돌아가라. 그렇지 않으면 너의 간을 새참거리 반찬에 보탤 것'이라고 말이다."

謁者入通. 盜跖聞之大怒, 目如明星, 髮上指冠, 曰:「此夫魯國之巧僞人孔丘非邪? 爲我告之. 爾作言造語, 妄稱文武, 冠枝木之冠, 帶死牛之脅, 多辭繆說, 不耕而食, 不織而衣, 搖脣鼓舌, 擅生是非, 以迷天下之主, 使天下學士不反其本, 妄作孝弟, 而儌幸於封侯富貴者也. 子之罪大極重, 疾走歸! 不然, 我將以子肝益晝餔之膳.」

네가 하는 말이 내 뜻에 맞으면 살려주겠지만 내 마음에 거슬리면 죽여버릴 것이다

제29편 도척(盜跖) 1-2

공자는 다시 안내자에게 다음과 같은 말을 전하게 했습니다.

"저는 형인 유하계와 친하게 지내고 있습니다. 부디 막사 아래로 내려오시어 뵐 수 있기를 바랍니다."

孔子復通曰:「丘得幸於季, 願望履幕下.」

안내자가 다시 그 말을 전하자 도척이 말합니다.

"내 앞으로 오게 하라!"

공자는 달려갔다가 자리를 피해 뒤로 물러나서는 도척에게 두 번 절을 하였습니다. 도척은 벌컥 화를 내며 두 다리를 쩍 벌리고 선 칼자루를 어루만지며 눈을 부릅뜬 채 새끼를 가진 성난 호랑이 같은 목소리로 말합니다.

"공구야, 앞으로 나오라. 만약 네가 하는 말이 내 뜻에 맞으면 살려주겠지만, 내 마음에 거슬리면 죽여버릴 것이다."

謁者復通. 盜跖曰: 使來前!」孔子趨而進, 避席反走, 再拜盜跖. 盜跖大怒, 兩展其足, 案劍瞋目, 聲如乳虎, 曰:「丘來前! 若所言, 順吾意則生, 逆吾心則死.」

이에 공자가 말합니다.

"제가 듣기론 천하 세상에는 세 가지 덕이 있다고 하였습니다. 태어나면서부터 키가 크고 늠름하며 누구와도 비교할 수 없을 만큼 아름다운 호감형이라서 젊은이나 늙은이나 신분이 높든 낮든 모두 그를 보면 기뻐하는데, 이것이 상덕(上德)입니다. 지식은 하늘과 땅에 두루 망라하고 있어 모든 사물을 구분할 수 있는 것, 이것이 중덕(中德)입니다. 용맹스러우면서도 과단성이 있어 많은 사람을 모아 부하로 거느리는 것, 이것이 하덕(下德)입니다. 대개 이 중 한 가지 덕을 가지고 있는 사람이라면 충분히 제왕의 자리에 오를 수 있습니다.

孔子曰:「丘聞之, 凡天下有三德. 生而長大, 美好無雙, 少長貴賤見而皆說之, 此上德也. 知維天地, 能辯諸物, 此中德也. 勇悍果敢, 聚衆率兵, 此下德也. 凡人有此一德者, 足以南面稱孤矣.

그런데 지금 장군께서는 이 세 가지를 겸비하고 계십니다. 키는 8척 2촌이고, 얼굴과 눈에는 광채가 서려 있고, 입술은 진한 붉은색이고, 치아는 가지런한 조개와 같고, 목소리는 육률의 가락인 황종(黃鐘)의 음에 잘 들어맞습니다. 그런데도 도척이라는 이름으로 불리고 있으니 저는 마음속으로 장군님을 위해 부끄러운 생각이 들어 그걸 받아들이지 않고 있습니다. 장군님께서 제 말을 들어주실 의향이 있으시다면, 저는 남쪽으로는 오(吳)나라와 월(越)나라, 북쪽으로는 제(齊)나라와 노(魯)나라, 동쪽으로는 송(宋)나라와 위(衛)나라, 서쪽으로는 진(晉)나라와 초(楚)나라에 사신으로 가겠습니다.

今將軍兼此三者, 身長八尺二寸, 面目有光, 脣如激丹, 齒如齊貝, 音中黃鐘, 而名曰盜跖, 丘竊爲將軍恥不取焉. 將軍有意聽臣, 臣請南使吳

越, 北使齊魯, 東使宋衛, 西使晉楚 ,

그리고 장군님을 위해 사방 수백 리의 큰 성을 쌓게 하고, 수십만 호의 고을을 건설케 하여 장군님을 제후로 받들게 하겠습니다. 그리고 천하 세상을 혁신시키고, 전쟁을 종식시키고 군사들을 쉬게 하며, 형제들을 부양케 하고 조상에게 제사를 올리게 하겠습니다. 이것은 성인과 재사의 행위이며 모든 세상 사람이 원하는 일일 겁니다."

使爲將軍造大城數百里, 立數十萬戶之邑, 尊將軍爲諸侯, 與天下更始, 罷兵休卒, 收養昆弟, 共祭先祖. 此聖人才士之行, 而天下之願也.」

남의 면전에서 칭찬하기를 좋아하는 자는 등 뒤에서 남을 헐뜯는 것도 잘한다더구나

제29편 도척(盜跖) 1-3

도척은 벌컥 화를 내며 말합니다.

"공구야! 앞으로 다가오라! 대개 이익을 주면서 규제할 수 있고 말로써 좋은 쪽으로 유도할 수 있는 자들은 모두가 어리석고 견문이 적은 평범한 백성일 뿐이란다. 지금 키가 크고 늠름하며 호감형이어서 사람들이 보고 좋아하는 것, 이것은 내 부모님께서 물려주신 덕분인 것이다. 공구 네가 비록 나를 칭찬해 주지 않는다 하더라도 나라고 내 자신을 모를 리가 있겠느냐? 또 내가 듣기론 남의 면전에서 칭찬하기를 좋아하는 자는 등 뒤에서 남을 헐뜯는 것도 잘한다더구나.

盜跖大怒曰:「丘來前! 夫可規以利而可諫以言者, 皆愚陋恒民之謂耳. 今長大美好, 人見而悅之者, 此吾父母之遺德也, 丘雖不吾譽, 吾獨不自知邪? 且吾聞之, 好面譽人者, 亦好背而毁之.

공구 너는 지금 나에게 큰 성과 많은 백성들을 모아준다고 말했다. 이는 이익을 주면서 나를 규제하려는 것이고 평범한 백성들에게 나를 먹여 살리려고 하는 것인데, 그것이 어찌 오래 갈 수 있겠느냐? 성이 제아무리 크다 하더라도 이 세상보다 클 수는 없다. 요 임금과 순 임금은 천하를 소유했지만 그들 자손은 송곳 하나 꽂을 땅도 가지지 못했다. 탕왕과 무왕은 천자가 되었지만 후손은 끊어지고 없다. 이것은 그들이 취한 이익이 지나치게 컸기 때문이 아니겠느냐?

今丘告我以大城衆民, 是欲規我以利而恒民畜我也, 安可久長也? 城之大者, 莫大乎天下矣. 堯舜有天下, 子孫無置錐之地. 湯武立爲天子, 而後世絶滅. 非以其利大故邪?

또 내가 듣기론 옛날에는 새와 짐승이 많고 사람은 적었기에, 이때 사람들은 모두 나무 위에 집을 짓고 살면서 그들의 공격을 피했다. 낮에는 도토리나 밤을 줍고 저녁에는 나무 위에서 살았으므로, 그들을 상고시대 성왕(聖王)인 유소씨(有巢氏)의 백성이라고 불렀다. 옛사람들은 옷을 지어 입을 줄 몰랐고, 여름이 오면 땔감을 많이 쌓아두었다가 추운 겨울이 되면 그것을 불태워 몸을 녹였다. 그래서 그들을 살아갈 줄 아는 백성이라고 불렀다.

且吾聞之, 古者禽獸多而人少, 於是民皆巢居以避之. 晝拾橡栗, 暮棲木上, 故命之曰『有巢氏之民』. 古者民不知衣服, 夏多積薪, 冬則煬之, 故命之曰『知生之民』.

신농씨의 시대에는 밤이 되어 누우면 편안했고, 아침이 되어 일어나면 느긋했다. 백성들은 자기의 어머니는 알았지만 아버지가 누구인지는 알지 못했다. 고라니와 사슴과도 함께 지냈다. 밭을 갈아 식량을 얻었고 베를 짜서 옷감을 얻었으며, 다른 사람을 해치려는 마음이 없었다. 이때가 바로 지극한 덕이 융성했던 시대였다.

神農之世, 臥則居居, 起則于于. 民知其母, 不知其父, 與麋鹿共處, 耕而食, 織而衣, 無有相害之心. 此至德之隆也.

그러나 황제 때는 덕을 펼치지도 못하고 탁록(涿鹿)이라는 벌판에서 치우와 전쟁을 일으켜 백 리 밖까지 피로 물들였다. 요와 순이 임금이 되었을 때는 많은 신하들을 등용했다. 탕은 그의 주군이었던 걸왕을 추방했으며, 무왕은 주왕을 살해했다. 이때 이후부터 강자가 약자를 짓밟고 다수자가 소수자를 포악한 짓으로 억눌렀다. 탕왕과 무왕 이후로는 모두가 세상을 어지럽히는 무리가 되어버렸다.

然而黃帝不能致德, 與蚩尤戰於涿鹿之野, 流血百里. 堯舜作, 立群臣, 湯放其主, 武王殺紂. 自是之後, 以強陵弱, 以衆暴寡. 湯武以來, 皆亂人之徒也.

지금 공구 너는 문왕과 무왕의 못된 방식을 익혀 천하 세상의 이론을 장악하고서 후세 사람들에게까지 그것을 가르치겠다고 나섰다. 소매 넓은 옷과 얇은 띠를 두르고 헛된 말과 거짓된 행동을 일삼으면서 세상의 군주들을 미혹시켜 부귀를 추구하고자 하니, 도둑으로 치자면 너보다 큰 도둑은 없다. 그런데 세상 사람들은 어찌하여 너를 도둑놈 공구인 도구(盜丘)라 부르지 않고, 오히려 나를 도둑놈 척인 도척(盜跖)이라 부른단 말이냐?"

今子修文武之道, 掌天下之辯, 以教後世. 縫衣淺帶, 矯言僞行, 以迷惑天下之主, 而欲求富貴焉. 盜莫大於子, 天下何故不謂子爲盜丘, 而乃謂我爲盜跖?

모두가 명분에만 집착한 채 죽음을 가볍게 여겼다

제29편 도척(盜跖) 1-4

계속해서 도척이 말을 이어갑니다.

"공구 너는 온갖 감언이설로 자로를 설득하여 너를 따르게 했고, 또 자로가 쓰고 있던 높은 관을 벗게 하고 긴 칼을 풀어놓게 한 다음 너의 가르침을 받도록 하였다. 그걸 본 세상 사람들 모두가 말하고 있지. '공구야말로 폭력을 그치게 할 수 있고 그릇된 행동을 금지시킬 수 있다'고 말이지. 그러나 결국에 가서는, 자로는 위나라 군주를 살해하려다 일을 이루지 못하고, 그의 몸은 위나라 동문 밖에서 소금에 절여지고 말았다. 이는 곧 너의 가르침이 지극하지 못했기 때문이다. 너는 네 자신을 재사(才士)나 성인(聖人)이라고 자처하고 있지만, 너는 노나라에서 두 번이나 쫓겨났고, 위나라에서는 추방당하였으며, 제나라에서는 궁지에 몰렸고, 진나라와 채나라 국경에선 군사들에게 포위를 당했으니, 천하 세상에 네 몸 하나 둘 곳이 없다. 너의 가르침으로 인해 자로는 소금에 절여지는 죽임을 당했다. 이러한 환난으로 인해 크게는 몸을 보전할 수 없게 했고, 작게는 사람 구실을 못하게 만들어버렸다. 그러니 네가 가르치려는 도 따위가 뭐 그리 소중할 게 있겠느냐?

子以甘辭說子路而使從之. 使子路去其危冠, 解其長劍, 而受教於子. 天下皆曰:『孔丘能止暴禁非.』, 其卒之也, 子路欲殺衛君而事不成, 身菹於衛東門之上, 是子教之不至也. 子自謂才士聖人邪, 則再逐於魯, 削迹於衛, 窮於齊, 圍於陳蔡, 不容身於天下. 子教子路菹. 此患, 上無以爲身, 下無以爲人. 子之道豈足貴邪?

이 세상에서 높이 받드는 사람 중에 황제만 한 이도 없다. 그러나 황제마저도 덕을 온전히 쌓지 못해 탁록의 들판에서 전쟁을 벌여 백 리 밖까지 피로 물들였다. 요 임금은 자애롭지 못했고, 순 임금은 효성스럽지 못했으며, 우 임금은 치수 탓에 반신불수가 되었고, 탕왕은 자신의 군주를 내쫓았으며, 무왕은 주왕을 정벌했고, 문왕은 유리(羑里)에 감금되었었다. 이 여섯 사람은 세상에서 높이 받드는 인물이다. 그러나 보다 자세히 따져보면, 이들은 모두 이익을 취하려다 자기의 참된 본성을 잃고 억지를 써가면서까지 자기의 본성과는 반대로 했으니, 그들의 행위야말로 몹시도 수치스러운 일이라 할 만하다.

世之所高，莫若黃帝．黃帝尙不能全德，而戰於涿鹿之野，流血百里．堯不慈，舜不孝，禹偏枯，湯放其主，武王伐紂，文王拘羑里．此六子者，世之所高也．孰論之，皆以利惑其眞而強反其情性，其行乃甚可羞也．

세상 사람들이 말하는 어진 선비로 백이와 숙제 같은 사람도 없었다. 백이와 숙제는 고죽국의 군주 자리를 사양하고 수양산에서 굶어 죽었고, 그들의 유해는 어느 누구도 장사지내지 않았지. 주나라의 은자였던 포초(鮑焦)는 고결한 행위로 세상을 비난하다가 나무를 껴안은 채 죽었다. 주나라의 현자였던 신도적(申徒狄)은 임금에게 간언을 했으나 들어주지 않자 무거운 돌을 짊어지고 스스로 황하에 몸을 던져 물고기의 밥이 되었다. 개자추(介子推)는 지극한 충신으로서 피난길에 몹시 굶주린 진(晉)나라 문공을 위해 자신의 넓적다리 살을 베어내 먹여 살렸으나, 문공이 왕궁으로 복귀한 후에 배신을 하자 개자추는 분노하며 그곳을 떠나 나무를 껴안은 채 불에 타죽었다. 노나라 사람 미생(尾生)은 어떤 여자와 다리 밑에서 만나기로 약속했으나 여자는 오지 않았다. 홍수로 물이 계속해서 불어났지만 그는 그곳을 떠나지 않았고, 결국 다리의 기둥을 껴안은 채 죽음을 맞이했다. 이들 여섯 사람은 제물로 받치기 위해 걸어놓은 개나 물에 떠내려가는 돼지 그리고 표주박을 들고 구걸하는 거지와 다를 게 없다. 모두가 명분에만 집착한 채 죽음을 가볍게 여겼고, 본래부터 타고난 수명을 기를 생각도 하지 않은 사람들이다.

世之所謂賢士. 莫若伯夷叔齊. 伯夷叔齊辭孤竹之君, 而餓死於首陽之山, 骨肉不葬. 鮑焦飾行非世, 抱木而死. 申徒狄諫而不聽, 負石自投於河, 爲魚鱉所食. 介子推至忠也, 自割其股以食文公. 文公後背之, 子推怒而去, 抱木而燔死. 尾生與女子期於梁下, 女子不來, 水至不去, 抱梁柱而死. 此六子者, 無異於磔犬流豕操瓢而乞者, 皆離名輕死, 不念本養壽命者也.

세상에서 말하는 충신으로는 왕자 비간(比干)과 오자서(伍子胥)만한 사람이 없다. 그러나 오자서는 처형을 당한 뒤 양자강에 수장되었고, 비간은 심장이 도려내졌다. 이 두 사람을 세상에서는 충신이라고 말하고 있지만, 결국엔 온 세상 사람들의 웃음거리가 되었다. 앞에서 언급한 사례들로 볼 때, 황제에서 오자서와 비간에 이르기까지 모두가 귀중하다 할 인물은 없다. 공구 네가 나를 설득할 내용이 귀신에 관한 일이라면 나도 알 수 없겠지만, 그러나 인간 세상의 일들을 얘기한다면 지금 내가 말한 내용에서 벗어나지 못할 것이다. 그러한 것은 모두 내가 들어서 이미 알고 있기 때문이다."

世之所謂忠臣者, 莫若王子比干伍子胥. 子胥沈江, 比干剖心. 此二子者, 世謂忠臣也, 然卒爲天下笑. 自上觀之, 至於子胥比干, 皆不足貴也. 丘之所以說我者, 若告我以鬼事, 則我不能知也. 若告我以人事者, 不過此矣, 皆吾所聞知也.

공구 네가 한 말은 모두가 쓸모가 없어 내가 버린 것들이다

제29편 도척(盜跖) 1-5

도척의 말은 계속됩니다.

"이제 나는 공구 너에게 인간의 성정에 대해 말해 주겠다. 눈은 아름다운 색깔을 보고 싶어 하고, 귀는 좋은 소리를 듣고 싶어 하고, 입은 달콤한 맛을 보고 싶어 하고, 뜻과 기백은 충족되기를 바란다. 사람의 수명이란 오래 사는 게 백 살이고, 중간 정도의 수명은 팔십 살이고, 적게 사는 사람의 수명은 육십 살이다. 그것도 병들어 야위거나 남의 죽음을 문상하며 근심과 걱정하는 날을 제외하고 나면 그 가운데 입을 벌리고 웃는 날은 한 달에 기껏해야 4~5일에 지나지 않을 것이다.

今吾告子以人之情. 目欲視色, 耳欲聽聲, 口欲察味, 志氣欲盈. 人上壽百歲, 中壽八十, 下壽六十, 除病瘦死喪憂患, 其中開口而笑者, 一月之中不過四五日而已矣.

하늘과 땅은 무궁하지만 사람은 때가 되면 죽기 마련이다. 시간적으로 유한한 몸을 무궁한 천지 사이에 맡기고 있는 시간이란 순식간에 천리마가 갈라진 문틈을 휙 지나가는 것과 같이 순간일 뿐이다. 따라서 자신의 마음을 흐뭇하게 갖지 못하거나 주어진 목숨을 잘 유지하지 못하는 자는 모두 도에 통달한 사람이 아니다. 공구 네가 한 말은 모두가 쓸모가 없어 내가 버린 것들이다. 그러니 어서 빨리 돌아가고 다시는 그런 말들은 하지도 말거라! 네가 믿고 있는 도란 본성을 잃고 허둥대는 것으로서 교활하게 남을 속이고 거짓으로 일을 꾸미는 데 쓰이는 것이지, 진정성을 보전할 수 있는 게 아니다. 그러니 어찌 논의 대상이 되겠느냐?"

天與地無窮, 人死者有時. 操有時之具, 而托於無窮之間, 忽然無異騏驥之馳過隙也. 不能說其志意養其壽命者, 皆非通道者也. 丘之所言, 皆吾之所棄也. 亟去走歸, 無復言之. 子之道狂狂汲汲, 詐巧虛僞事也, 非可以全眞也, 奚足論哉?」

공자는 두 번 절하고 잰걸음으로 내달려 문을 나와 수레에 올랐습니다. 그러고는 허둥거리며 잡았던 말고삐를 세 번이나 놓쳤고, 눈이 멍해져 아무것도 볼 수 없었으며 얼굴빛은 불 꺼진 잿빛과도 같았습니다. 그는 수레 앞턱 가로나무에 기댄 채 머리를 떨구고서는 숨도 제대로 내쉬지 못했습니다. 돌아가는 길에 노나라 동문 밖에 다다랐을 때 우연히 벗인 유하계(柳下季)를 만났습니다. 그의 행색을 보고 유하계가 말합니다.

"요새 뜸하더니 며칠 보지 못했군. 수레와 말을 보니 어디 다녀오는 모양인데, 혹 도척을 만나러 갔던 게 아닌가?"

孔子再拜趨走, 出門上車. 執轡三失, 目芒然無見, 色若死灰. 據軾低頭, 不能出氣. 歸到魯東門外, 適遇柳下季. 柳下季曰: 「今者闕然, 數日不見. 車馬有行色, 得微往見跖邪?」

공자는 하늘을 우러러보며 탄식하듯 말합니다.

"그렇다네."

유하계가 걱정스레 다시 묻습니다.

"도척 그놈이 전에 말한 것처럼 자네 뜻을 거역하지는 않았나?"

이에 공자가 대답합니다.

"그렇다네. 말하자면 나는 아프지도 않은데, 괜히 뜸을 뜬 꼴이 되었어. 재빨리 달려가 호랑이 머릴 건드리고 수염을 잡아당겼으니, 하마터면 호랑이 밥을 면치 못할 뻔했다네."

孔子仰天而歎曰:「然!」柳下季曰:「跖得無逆汝意若前乎?」孔子曰:「然. 丘所謂無病而自灸也. 疾走料虎頭, 編虎須, 幾不免虎口哉.」

좀도둑은 구속되지만 큰 도둑은 제후가 됩니다

제29편 도척(盜跖) 2-1

공자의 제자 자장(子張)이 자신의 이익만을 탐하는 만구득(滿苟得)에게 물었습니다.

"어찌하여 덕행을 닦지 않는 겁니까? 덕행이 없으면 남에게 믿음을 받지 못하고, 믿음을 받지 못하면 관직을 얻지 못하고, 관직을 얻지 못하면 실리도 얻지 못하는 법이죠. 그러므로 명분으로 보나 이익을 따져보나 의로움이야말로 참으로 옳은 겁니다. 만약 명분에 대한 집착을 버리고 본래의 마음을 회복하려고 한다면, 선비로서 덕행을 닦는 것을 단 하루라도 실행하지 않으면 안 되는 겁니다."

子張問於滿苟得曰:「盍不爲行? 無行則不信, 不信則不任, 不任則不利. 故觀之名, 計之利, 而義眞是也. 若棄名利, 反之於心, 則夫士之爲行, 不可一日不爲乎!」

그러자 만구득이 대답합니다.

"염치를 모르는 자가 부자가 되고, 말이 많은 자가 출세하는 법이오. 명분이나 실리의 대부분은 염치없고 말 많은 자들에게 돌아갑니다. 그러므로 명분으로 보나 이익을 따져보나 말 많은 것이야말로 참으로 옳은 겁니다. 그러나 만약 명분과 실리에 대한 집착을 버리고 본래의 마음을 회복하려 한다면, 선비로서 덕행을 닦는 것은 자기의 타고난 천성을 그대로 간직하는 것일 겁니다."

滿苟得曰:「無恥者富, 多信(言자의 잘못)者顯. 夫名利之大者, 幾在無恥而信. 故觀之名, 計之利, 而信眞是也. 若棄名利, 反之於心, 則夫士之爲行, 抱其天乎.」

이에 자장이 다시 말을 잇습니다.

"옛날 걸(桀)왕이나 주(紂)왕은 천자라는 존귀한 자리에 올랐고, 온 천하의 부를 누렸습니다. 그러나 지금 종놈들에게라도 '너희 행실이 걸 · 주와도 같구나'라고 말하면 부끄러운 표정을 지으며 마음속으로 그 말을 받아들이지 않는데, 이는 곧 소인배들조차도 그들을 미천한 존재로 여기기 때문입니다. 그런데 공자(仲尼)와 묵적(墨翟)은 보통 남자로서 궁핍하게 살았지만, 지금 재상 자리에 있는 사람에게 '당신의 행실이 공자나 묵적과도 같습니다'라고 말하면 금세 태도와 얼굴빛을 바꾸며 그런 정도에는 미치지 못한다고 말하는데, 이는 사대부들도 그들을 진실로 존귀하게 여기기 때문입니다. 그러므로 천자로서의 권세를 누린다고 반드시 존귀한 것은 아니고, 보통 남자로서 궁핍한 처지에 놓였다고 반드시 미천한 건 아니랍니다. 존귀하거나 미천함의 구분은 그 행실의 좋고 나쁨에 달려 있는 겁니다."

子張曰: 「昔者桀紂貴爲天子, 富有天下. 今謂臧聚曰: 『汝行如桀紂.』 則有怍色, 有不服之心者, 小人所賤也. 仲尼墨翟, 窮爲匹夫, 今謂宰相曰: 『子行如仲尼墨翟.』 則變容易色, 稱不足者, 士誠貴也. 故勢爲天子, 未必貴也. 窮爲匹夫, 未必賤也. 貴賤之分, 在行之美惡.」

그러자 만구득이 말합니다.

"좀도둑은 구속되지만 큰 도둑은 제후가 됩니다. 더구나 제후가 되면 그의 문하에는 의로운 선비들이 모여듭니다. 옛날에 제나라 환공인 소백(小白)은 자기 형을 죽이고 형수를 아내로 삼았으나, 현인으로 칭송받던 관중(管仲)이 그의 신하가 되었습니다. 제나라의 전성자상(田成子常)은 자기가 모시던 임금 간공(簡公)을 죽이고 나라를 훔쳤지만, 공자는 그가 내린 예물을 받아들였습니다. 관공과 공자는 얘기할 때는 그들을 천박하게 여기면서도 행동할 때는 그들에게 머리를 숙였습니다. 이는 곧 그들도 말과 행동을 할 때 정서상으론 가슴속에서 어긋나 다투었을 터이니, 이 또한 잘못된 게 아닙니까? 그래서 옛 책에도 '어느 것이 나쁘고 어느 것이 좋은가? 성공한 자는 우두머리가 되고 실패한 자는 꼬리가 된다'고 한 겁니다."

滿苟得曰: 「小盜者拘, 大盜者爲諸侯. 諸侯之門, 義士存焉. 昔者桓公小白殺兄入嫂, 而管仲爲臣. 田成子常殺君竊國, 而孔子受幣. 論則賤之, 行則下之. 則是言行之情悖戰於胸中也, 不亦拂乎? 故書曰: 『孰惡孰美? 成者爲首, 不成者爲尾.』」

소인배들은 재물을 얻기 위해 목숨을 걸고, 군자는 명예를 위해 목숨을 바친다

제29편 도척(盜跖) 2-2

이에 자장이 또다시 묻습니다.

"당신이 덕행을 닦지 않으면 소원한 사람과 친척 사이의 윤리가 없어지고, 존귀한 사람과 미천한 사람 사이의 도의가 없어지며, 연장자와 연소자 사이의 질서가 없어질 겁니다. 그렇게 되면 부자유친(父子有親)·군신유의(君臣有義)·부부유별(夫婦有別)·장유유서(長幼有序)·붕우유신(朋友有信)이라는 오륜(五倫)과 임금(君)·신하(臣)·부모(父)·자식(子)·남편(夫)·아내(婦)라는 육위(六位)를 앞으로 어떻게 구별한단 말이오?"

子張曰:「子不爲行, 即將疏戚無倫, 貴賤無義, 長幼無序. 五紀六位, 將何以爲別乎?」

그러자 만구득이 대답합니다.

"요 임금은 맏아들을 죽였고 순 임금은 이복동생을 유배 보냈는데, 소원한 사람과 친척 사이에 윤리라는 게 있기나 한 겁니까? 탕왕은 걸왕을 내쳤고 무왕은 주왕을 살해했는데, 존귀한 사람과 미천한 사람 사이에 도의라는 게 있기나 한 겁니까? 주나라의 기초를 다진 왕계(王季)는 두 형들을 제치고 왕위의 계승자가 되었고, 주공(周公)은 형을 죽였는데, 연장자와 연소자 사이의 질서라는 게 있기나 한 겁니까? 유학자들은 거짓말을 일삼고 묵자(墨子)는 모든 사람을 다 같이 사랑해야 한다고 주장했는데, 오륜과 육위의 구별이라는 게 있기나 한 겁니까?

滿苟得曰:「堯殺長子, 舜流母弟, 疏戚有倫乎? 湯放桀, 武王殺紂, 貴賤有義乎? 王季爲適, 周公殺兄, 長幼有序乎? 儒者僞辭, 墨子兼愛, 五紀六位, 將有別乎?

그리고 또 당신은 명분을 올바른 것이라고 주장하고, 나는 실리를 올바른 것이라고 주장하는데, 명분이든 실리든 실제로는 모두 도리를 따르는 게 아니고, 참된 도를 본받은 것도 아니랍니다. 나와 당신은 무약(無約)이라는 사람 앞에서 논쟁을 한 적이 있는데, 그때 무약이 다음과 같이 말했죠. '소인배들은 재물을 얻기 위해 목숨을 걸고, 군자는 명예를 위해 목숨을 바친다. 그들이 마음을 변화시키고 본성을 바꾸는 이유는 다르지만, 마땅히 해야 할 일을 버리고 하지 말아야 할 것에 목숨을 거는 데 이르러서는 둘 다 같다'고 말입니다.

且子正爲名, 我正爲利. 名利之實, 不順於理, 不監於道. 吾日與子訟於無約, 曰:『小人殉財, 君子殉名, 其所以變其精, 易其性則異矣. 乃至於棄其所爲, 而殉其所不爲, 則一也.』

그러므로 이런 말도 있습니다. '소인이 되지 말고 너의 타고난 자연스러움을 회복할 것이며, 군자가 되지 말고 자연의 이치를 따르라. 굽었든 곧든지 간에 자연의 법도에 서로 호응해야 한다. 그리고 눈앞의 사방을 관찰하면서 때의 변화에 따라 살아야 한다. 옳든 그르든 상관 말고 너만의 중심축을 단단히 붙들어라. 그리고 자기만의 의지를 이루어 도와 더불어 소요해야 한다. 너의 행실을 바꾸려 하지 말고 의로움을 달성하려고 하지 말라. 그러면 자기가 진정 해야 할 일을 잃어버릴 것이다. 부자가 되려고 내달려가지 말고 성공을 위해 목숨 걸지 말아야 한다. 그러면 자기의 자연성을 잃어버리는 결과를 초래할 것이다'라는 말입니다.

故曰: 無爲小人, 反殉而天. 無爲君子, 從天之理. 若枉若直, 相而天極. 面觀四方, 與時消息. 若是若非, 執而圓機. 獨成而意, 與道徘徊. 無轉而行, 無成而義, 將失而所爲. 無赴而富, 無殉而成, 將棄而天.

비간은 심장이 도려내졌고, 오자서는 눈이 도려내졌는데, 이것은 충성이라는 명분에 집착한 결과의 재앙입니다. 직궁(直躬)이라는 자는 아버지가 염소를 훔쳤다고 법정에서 증언했고, 미생(尾生)은 여자와의 약속을 지키려다 불어난 홍수에 익사했는데, 이는 신의라는 명분을 지키려다 맞은 재앙입니다. 포자(鮑子)는 나무를 끌어안고 선 채로 말라 죽었고, 진(晉)나라의 태자 신자(申子)는 자기 입장을 밝히지도 않고 목매 죽었는데, 이는 청렴이라는 명분이 불러온 해악입니다. 공자는 어머니의 임종을 지켜보지 못했고 제나라의 광자(匡子)는 아버지에게 쫓겨나 끝내 만나보지 못했는데, 이는 의로움을 지키려는 명분에서 나온 잘못입니다. 이상은 옛날부터 전해져 온 이야기들이고 그 후세에서도 얘기되고 있는 사실들입니다. 선비라는 명분을 앞세워 자기 말이 옳다고 주장했고 반드시 실천에 옮기려 했기 때문에 이러한 재앙을 겪었고, 이러한 환난을 만나게 된 겁니다."

比干剖心，子胥抉眼，忠之禍也. 直躬証父，尾生溺死，信之患也. 鮑子立乾，申子不自理，廉之害也. 孔子不見母，匡子不見父，義之失也. 此上世之所傳下世之所語. 以爲士者，正其言，必其行，故服其殃離其患也.」

무엇이 두려운 공포이고 무엇이 기쁨의 희열인지, 제 마음에서 살피지 않은 탓

제29편 도척(盜跖) 3-1

만족을 모르는 무족(無足)이 자기 분수를 잘 아는 지화(知和)에게 물었습니다.

"사람이라면 거의 모두가 명성과 이익을 추구하지 않는 사람이 없습니다. 부유해지면 사람들이 모여들고, 모여들어서는 그에게 고개를 숙이며, 고개를 숙이면 존귀하게 여기게 됩니다. 다른 사람이 고개를 숙이고 존귀하게 여기는 것을 보는 것이 장수하고 몸을 편안히 하고 마음을 즐겁게 하는 길입니다. 그런데도 유독 선생께선 그런 것에 무관심한데, 지력이 모자란 겁니까? 아니면 마음과 지력은 있으나 실행할 힘이 모자란 겁니까? 아니면 정도(正道)만을 추구하면서 잠시도 그 길을 잊지 못하는 겁니까?"

無足問於知和曰:「人卒未有不興名就利者. 彼富則人歸之，歸則下之，下則貴之. 夫見下貴者，所以長生安體樂意之道也. 今子獨無意焉，知不足邪? 意知而力不能行邪? 故推正不忘邪?」

그러자 지화가 대답합니다.

"사람들은 지금 선생이 말한 명예와 이익을 추구하는 사람들에 대해, 자기와 동시대에 살고 있고 같은 고장에 살고 있지만 이미 세속을 초월한 인사라고 생각합니다. 그러나 그런 사람은 오로지 명리(名利)를 추구하느라 주체적인 정도(正道)도 없이 그저 옛날부터 지금까지의 시대 흐름과 옳고 그름의 분별만을 따지기 때문에, 세속에 이끌려가고 세속에 동화될 뿐입니다. 그러한 사람은 지극히 소중한 것을 잃고 지극히 존귀한 것을 버리면서까지, 그것을 자신들이 해야 할 것이라고 생각하고 있는 겁니다. 이러한 방식으로 장수하고 몸을 편안히 하고 마음을 즐겁게 하는 길을 논한다는 것은 아주 동떨어진 것이 아니겠습니까? 이는 참담한 슬픔의 질병이나 유쾌하면서도 편안함이 무엇인지를 제 몸에서 살피지 않고, 무엇이 두려운 공포이고 무엇이 기쁨의 희열인지 제 마음에서 살피지 않은 탓입니다. 그저 남들이 하는 것만을 따라하고 왜 그렇게 해야 하는지 그 이유를 알지 못한 겁니다. 이 때문에 천자와 같이 존귀한 사람이 되고, 온 세상을 다 차지할 만큼 부유한 사람이 된다 하더라도 그와 같은 환난에서 벗어나지 못한 겁니다."

知和曰:「今夫此人, 以爲與己同時而生, 同鄉而處者, 以爲夫絶俗過世之士焉, 是專無主正, 所以覽古今之時, 是非之分也. 與俗化世, 去至重, 棄至尊, 以爲其所爲也. 此其所以論長生安體樂意之道, 不亦遠乎? 慘怛之疾, 恬愉之安, 不監於體. 怵惕之恐, 欣懽之喜, 不監於心. 知爲爲而不知所以爲. 是以貴爲天子, 富有天下, 而不免於患也.」

이에 무족이 다시 말을 잇습니다.

"사람에게 있어 부(富)란 이롭지 않을 수가 없습니다. 부유하면 온갖 아름다운 것을 가질 수 있고 어떤 권세도 다 추구할 수 있습니다. 이는 지인도 미칠 수 없는 일이고, 성인도 따라갈 수 없는 일입니다. 부유하면 남의 용기와 힘을 빌려 자기의 권위를 강화시킬 수 있고, 남의 지식과 계략을 이용하여 어떤 일을 명확히 살필 수 있으며, 남의 덕행으로 인해 자기를 어질고 현명하게 할 수 있고, 나라를 차지할 신분이 아니면서도 군주나 아버지와 같은 위엄을 지닐 수가 있습니다. 또 부유하면 사람에게 있어 아름다운 음악이나 여색, 맛있는 음식이나 권세를 마음으로 배우지 않고도 즐길 수 있고, 몸으로 익히지 않아도 거기에 안주할 수 있습니다. 바라는 것과 싫어하는 것이나 피하는 것과 다가가는 것은 굳이 스승에게 배우지 않아도 됩니다. 이는 곧 사람의 본성이기 때문입니다. 온 세상 사람들이 비록 나를 비난한다 해도 어느 누가 그러한 혜택을 사양하겠습니까?"

無足曰:「夫富之於人, 無所不利. 窮美究勢, 至人之所不得逮, 賢人之所不能及. 俠人之勇力而以爲威强, 秉人之知謀以爲明察, 因人之德以爲賢良, 非享國而嚴若君父. 且夫聲色滋味權勢之於人, 心不待學而樂之, 體不待象而安之. 夫欲惡避就, 固不待師, 此人之性也. 天下雖非我, 孰能辭之?」

청렴과 탐욕은 자기반성과 자기성찰의 정도에 따라 결정된다

제29편 도척(盜跖) 3-2

그러자 지화가 말합니다.

"지혜로운 사람의 행동은 백성을 기준 삼아 활동하고 그 법도를 벗어나지 않습니다. 이 때문에 만족하여 다투지 아니하고 무언가를 해야겠다는 생각이 없기 때문에 아무것도 추구하지 않습니다. 그러나 만족을 모르는 사람은 그 때문에 끊임없이 무언가를 추구하고 도처에서 다투면서도 스스로는 탐욕스럽다고 생각하지도 않는 법이죠. 하지만 넉넉하다고 생각하는 사람은 그 때문에 모든 걸 사양하고 천하를 다스리겠다는 생각을 버리면서도 스스로는 청렴하다고 생각하지도 않습니다. 실제로 청렴함과 탐욕스러움은 외부의 겁박에 의한 것이 아니라 자기반성과 자기성찰의 정도에 따라 결정되기 때문입니다.

知和曰:「知者之爲, 故動以百姓, 不違其度, 是以足而不爭, 無以爲故不求. 不足故求之, 爭四處而不自以爲貪. 有餘故辭之, 棄天下而不自以爲廉. 廉貪之實, 非以迫外也, 反監之度.

지혜로운 사람은 천자의 권세를 누리고 있어도 존귀한 지위로써 남에게 교만하지 않고, 온 세상의 부를 차지할 정도로 부자라 하더라도 그 재산으로써 남을 희롱하지는 않습니다. 미리 그 권력으로 인한 환난을 헤아리고 그것이 본성에 어긋나는지를 고려할 때, 그것들은 자기의 본성을 해칠 것이라고 생각하기 때문에 사양하고 받지 않는 것이지, 명예를 얻기 위해 그러한 것은 아니랍니다.

勢爲天子，而不以貴驕人．富有天下，而不以財戲人．計其患，慮其反，以爲害於性，故辭而不受也，非以要名譽也．

요 임금과 순 임금이 제위에 올라 온 나라 백성이 화평함을 얻은 것은 세상 사람들이 어질게 대해서 그런 게 아니라 생명을 해치는 걸 아름답게 여기지 않았기 때문입니다. 선권(善卷)과 허유(許由)가 제위에 오를 수 있었음에도 받아들이지 않은 것은 공연히 사양한 것이 아니라 번거로운 일로 자기 자신을 해치고 싶지 않았기 때문에 그랬던 겁니다. 이러한 일은 모두가 자신에게 이로운 쪽으로 나아가고 자신에게 해로운 일을 사양한 겁니다. 온 세상 사람들이 이들을 현명하다고 칭송한 것은 충분히 일리가 있습니다. 그들이 명예를 얻기 위해 그랬던 건 아니랍니다."

堯舜爲帝而雍，非仁天下也，不以美害生也．善卷許由得帝而不受，非虛辭讓也，不以事害己．此皆就其利辭其害，而天下稱賢焉，則可以有之，彼非以興名譽也.」

평범하고 단순한 삶이 곧 행복, 지나치게 넘쳐나는 건 해롭습니다

제29편 도척(盜跖) 3-3

무족이 말합니다.

"사람이 기필코 자기의 명예를 지키기 위해 육체를 괴롭히고 좋은 음식마저 끊고서 영양분을 최소화면서까지 생명력을 지탱만 하고 있다면, 그것은 오랫동안 병을 앓으면서 계속 재앙에 시달리며 죽지 않고 사는 것일 뿐입니다."

無足曰:「必持其名, 苦體絕甘, 約養以持生, 則亦久病長阨而不死者也.」

그러자 지화가 대답합니다.

"평범하고 단순한 삶이 곧 행복입니다. 지나치게 넘쳐나는 건 해롭습니다. 모든 것이 그러하지만 그 가운데에서도 특히 재물이 더욱 심합니다. 오늘날 부자들은 귀로는 종과 북이나 피리와 퉁소와 같은 악기 소리에 빠져들고, 입으로는 산해진미와 술에 취해 욕망을 충족시키면서도 자기가 해야 할 일을 잊고 있으니 이는 곧 난잡함에 빠졌다고 말할 수 있을 겁니다. 그들은 강렬한 탐욕에 빠져들어, 마치 무거운 짐을 짊어지고 오르막길을 오르는 것과 같으니, 이는 곧 고행이라 말할 수 있습니다.

知和曰:「平爲福, 有餘爲害者, 物莫不然, 而財其甚者也. 今富人, 耳營於鐘鼓管籥之聲, 口嗛於芻豢醪醴之味, 以感其意, 遺忘其業, 可謂亂矣. 侅溺於馮氣, 若負重行而上阪, 可謂苦矣.

그들은 재물을 탐내다 병이 들고 권력욕에 빠져 기력을 소진하고 있는 겁니다. 한가롭게 지낼 때는 색욕에 빠져들고 몸이 성할 때는 탐욕에 빠지니, 이는 곧 병들었다 말할 수 있습니다. 그들은 부를 얻기 위해 이득 나는 곳으로만 나아가기 때문에 귀를 막고 욕망이 가득해 위험이 도사리고 있는데도 피할 줄 모르며, 탐욕을 버릴 줄도 모르니 참으로 수치스럽다고 할 수 있을 겁니다. 그들은 재물이 가득 쌓여 있는데도 쓸 줄을 모르며 가슴 가득 욕심을 버리지 못하니, 마음속으로는 불안초조하면서도 끝없이 이익만을 추구합니다. 그러니 걱정스러운 겁니다.

貪財而取慰, 貪權而取竭, 靜居則溺, 體澤則馮, 可謂疾矣. 爲欲富就利, 故滿若堵耳而不知避, 且馮而不舍, 可謂辱矣. 財積而無用, 服膺而不舍, 滿心戚醮, 求益而不止, 可謂憂矣.

그들은 집 안에 있을 때는 도둑이 들어 훔쳐가지나 않을까 걱정하고, 집 밖으로 나갈 때는 강도를 만나 피해를 입지 않을까 두려워합니다. 그러다보니 집 둘레에 망루와 창문을 설치하고 외출할 때는 혼자서는 다니지도 못하니, 두려움에 떨며 산다고 할 수 있을 겁니다. 이상의 여섯 가지는 온 세상의 끔찍한 해악입니다. 그러나 부자들은 모두 이 사실을 잊은 채 깊이 살필 줄도 모릅니다.

內則疑劫請之賊, 外則畏寇盜之害, 內周樓疏, 外不敢獨行, 可謂畏矣. 此六者, 天下之至害也, 皆遺忘而不知察.

결국 재앙이 닥치고서야 그의 온전한 삶을 위해 모아둔 재물을 다 바치면서 단 하루만이라도 아무 일 없기를 바라지만, 그땐 어찌해 볼 수도 없는 일입니다. 그러므로 부라는 건 명예라는 관점에서 보더라도 드러낼 게 없으며, 이익의 추구라는 관점에서 보더라도 얻을 게 없는 겁니다. 그런데도 사람들은 몸과 마음을 옥죄이면서까지 재물을 쌓으려고 앞 다투고 있으니, 이 또한 미혹된 일 아니겠습니까?"

及其患至, 求盡性竭財, 單以反一日之無故而不可得也. 故觀之名則不見, 求之利則不得. 繚意絕體而爭此, 不亦惑乎?」

한자어원풀이

無病自灸(무병자구) 란 "불편한 질병도 없는데 괜히 뜸을 뜬다"는 뜻으로, "유하계가 걱정스레 다시 묻습니다. '도척 그놈이 전에 말한 것처럼 자네 뜻을 거역했겠지?' 이에 공자가 대답합니다. '그렇다네. 말하자면 나는 아프지도 않은데, 괜히 뜸을 뜬 꼴이 되었어. 재빨리 내달려 호랑이 머릴 건드리고 수염을 잡아당겼으니, 하마터면 호랑이 밥을 면치 못할 뻔했다네'" 라는 대목에서 유래했습니다.

없을 無(무) 는 자형상부의 모양과 불 화(灬)로 짜여 있다 하여 회의글자로 분류하고 있지만, 갑골문이나 금문을 보면 사람(大)이 양손에 대나무 가지 등으로 만든 도구(丰)를 들고서 춤추는 무녀(巫女)의 모습을 그려낸 상형글자임을 알 수 있습니다. 자형하부의 '灬'는 불의 의미로 쓰인 것이 아니라 사람의 발과 양손에 든 장신구를 나타내려 한 것이라 할 수 있습니다. 요즘도 그렇지만 신이 내려 춤을 추는 무녀의 모습은 자신의 의지와는 상관없이 몰아(沒我)의 경지에서 춤을 춥니다. 그래서 일시적으로 자아가 없이 춤추는 무녀의 모습을 보고서 '없다'라는 뜻이 발생했습니다. 無(무)의 뜻은 본디 '춤추다'였으나 '없다' 혹은 '아니다'라는 뜻으로 쓰이자, 두 발 모양을 본뜬 어그러질 舛(천)을 더해 '춤출 舞(무)'를 별도로 제작하였습니다.

병 病(병) 은 병들어 기댈 녁(疒)과 셋째 천간 병(丙)으로 구성되었습니다. 疒(녁)은 사람이 질병에 걸려 침상에 드러누운 모양을 본떴습니다. 자형 중에 '亠'모양은 침대(一)에 누워 있는 환자(丶)를 뜻하고 나뭇조각 장(爿)의 간체자 모양인 '丬(장)'은 다리가 달린 침대인데, 붓으로 쓰기 쉽도록 세워 놓은 것일 뿐입니다. 그래서 疒(역) 자가 다른 자형에 더해지면 대부분 질병과 관련한 뜻을 지니게 됩니다.

갑을병정(甲乙丙丁)으로 시작되는 천간(天干)은 식물의 성장과정을 본떠 만든 상형글자들인데, 씨앗에 뿌리가 내리고(甲), 싹이 움터 자라나(乙), 땅속(內)으로부터 나무줄기(一)가 형성된 모습이 바로 丙 자에 해당합니다. 이에 따라 病(병) 자에는 부상이 아닌 몸속 장부의 부조화로 발생된 내과(內)적 질환(一)으로 병석에 누워(疒) 있다는 의미가 담겨 있습니다.

스스로 自(자) 는 사람의 얼굴 중앙에 위치한 코를 본뜬 상형글자입니다. 그러나 요즘에는 '코'의 의미로 쓰이는 경우는 드물고 별도로 제작된 코 비(鼻)를 씁니다. 鼻(비)는 '코밑 진상'이라는 의미를 적나라하게 드러낸 글자입니다. 鼻(비)는 코를 뜻하는 自(자)와 누구에게 무엇을 준다는 의미의 줄 畀(비)로 구성되어 있는데, 코(自) 아래 입(田=口)으로 먹을 것을 바치게(두 손으로 받들 공: 廾) 되면 안 넘어 갈 사람이 없다는 뜻이 담겨 있습니다. 따라서 오늘날에 '自'는 '--로부터' 와 '자기 자신', '저절로', '스스로'라는 뜻으로 활용

되고 있습니다.

뜸 灸(구) 는 오랠 구(久)와 불 화(火)로 이루어져 있습니다. 久(구)에 대해 허신은 『說文』에서 "久는 사람을 뒤에서 받치고 있는 모습이다. 사람의 두 정강이 뒤에 무언가 달려 있는 모양을 본떴다"고 하였습니다. 이 글자는 갑골문이나 금문에는 보이지 않습니다. 이 久(구) 자에 대해서는 몇 가지 설이 있는데, 첫째는 한쪽 다리를 잘랐으니 걸음걸이가 더뎌 목적지에 다다르기까지는 '오래' 걸린다는 것, 둘째는 다리에 족쇄를 채웠으니 걸음걸이가 '오래' 걸린다는 것, 셋째는 사람의 뒤꽁무니를 붙들고서 놓아주지 않으니 당사자로서는 아주 '길고 오래' 동안 붙들린 것처럼 느낀다는 것, 마지막으로 사람의 등이나 엉덩이에 불에 달군 쇠붙이로 낙인을 찍게 되면 그 흔적이 '오래 간다'는 것 등입니다. 필자가 보기에는 마지막 주장이 보다 설득력이 있습니다. 처음에는 죄수나 노예를 구별하기 위한 낙인이었지만, 후에는 뜸과 치료술로도 쓰였을 겁니다. 그런데 久(구) 자가 이러한 본뜻과는 달리 '오래'라는 의미로 쓰이자, 원래의 뜻을 살리기 위해 불 火(화)를 더해 '뜸 灸(구)'를 따로 만든 겁니다.

제 30 편

칼싸움하지 말 것을 설복함

설검

說　　劍

"서민의 검을 사용하는 자들은 더벅머리에 구레나룻은 삐져나왔고, 모자는 눌러 썼는데 무늬도 없는 끈으로 묶고 있으며, 뒤가 짧은 저고리를 입고 눈을 부릅뜬 채 어투도 매우 사납고, 임금님 앞에서 서로를 치면서 위로는 상대의 목을 자르고 아래로는 간이나 폐를 찌릅니다. 이 서민의 검은 닭싸움이나 다를 게 없습니다. 한 번 목숨이 끊어지면 나랏일을 하는 데 아무런 쓸모가 없게 됩니다. 지금 임금님께서는 천자의 자리에 계시면서 서민의 검을 좋아하시니, 저는 마음속으로 임금님을 천박하게 여기고 있습니다."

왕은 시퍼렇게 번쩍이는 칼을 뽑아들고 그들을 기다리고 있었다

제30편 설검(說劍) 1-1

옛날에 조(趙)나라의 문왕(文王)은 칼싸움을 좋아했습니다. 그래서 검객들이 대문이 비좁을 정도로 모여들었는데, 식객이 무려 삼천여 명에 이르렀습니다. 밤낮으로 그의 눈앞에서 서로 겨루기를 하다 사상자가 한 해에 백여 명이나 되었는데도 싫증내지 않고 즐겼습니다. 이와 같은 일이 삼 년 동안 지속되자 국력은 쇠약해졌고, 다른 나라의 제후들은 조나라를 치려고 노리게 되었습니다. 태자 회(悝)는 그것이 걱정되어 가까운 사람들을 모아놓고 말합니다.

"누구든지 왕의 마음을 설복시켜 검객들이 몰려오는 것을 멈추게 하는 사람에게는 천 냥의 상금을 내리겠다."

그러자 좌우 측근들이 말합니다.

"장자라면 할 수 있을 겁니다."

昔趙文王喜劍, 劍士夾門而客三千餘人, 日夜相擊於前, 死傷者歲百餘人, 好之不厭. 如是三年, 國衰, 諸侯謀之. 太子悝患之, 募左右曰:「孰能說王之意止劍士者, 賜之千金.」左右曰:「莊子當能.」

태자는 곧 사람을 시켜 천 냥의 상금을 보내 장자를 모셔오게 하였습니다. 장자는 상금을 받지 않고 사자와 함께 와서 태자를 뵙고서는 말합니다.

"태자께서는 저에게 무슨 일을 시키시려고 천 냥의 상금을 내리신 겁니까?"

이에 태자가 대답합니다.

"선생께서 명철한 성인이시라는 얘길 듣고 삼가 천 냥의 상금을 예물로 받들어 사람 편에 보낸 거랍니다. 그러나 선생께서 받지 않으시니 제가 감히 무슨 말씀을 드릴 수 있겠습니까?"

太子乃使人以千金奉莊子. 莊子弗受, 與使者俱, 往見太子, 曰:「太子何以教周, 賜周千金?」太子曰:「聞夫子明聖, 謹奉千金以幣從者. 夫子弗受, 悝尚何敢言?」

그러자 장자가 말합니다.

"태자께서 저를 쓰려 하시는 이유는 임금님께서 좋아하고 즐기시는 일을 그만두시게 하려는 거라고 들었습니다. 그런데 만약 제가 위로 임금님을 설득하다가 오히려 임금님의 뜻에 거슬리기라도 한다면 아래로는 태자의 뜻에도 맞지 않게 될 터이니, 저는 형벌을 받아 죽게 될 겁니다. 그렇게 되면 제가 그 상금을 어디에 쓰겠습니까? 만약 제가 위로 임금님을 설득한다면 아래로는 태자의 뜻에 들어맞게 될 터이니, 조나라에 무엇을 요구한들 안 들어주겠습니까?"

莊子曰:「聞太子所欲用周者, 欲絕王之喜好也. 使臣上說大王而逆王意, 下不當太子, 則身刑而死, 周尚安所事金乎? 使臣上說大王, 下當太子, 趙國何求而不得也?」

이에 태자가 말합니다.

"그렇습니다. 우리 임금님께서 만나는 사람들은 오로지 검객들뿐이랍니다."

그러자 장자가 말합니다.

"좋습니다. 저도 칼을 잘 쓸 줄 압니다."

이에 태자가 말합니다.

"그런데 우리 임금님께서 만나는 검객들은 모두 더벅머리에 구레나룻이 삐져나왔고, 모자는 눌러 썼는데 무늬도 없는 끈으로 묶고 있으며, 뒤가 짧은 저고리를 입고 눈을 부릅뜬 채 어투도 매우 사납습니다. 임금님께선 그런 사람을 좋아하십니다. 그런데 선생께선 지금 선비들이나 입는 의복을 하고 임금님을 찾아뵌다면, 일이 크게 잘못될 게 뻔합니다."

太子曰:「然. 吾王所見, 唯劍士也.」莊子曰:「諾. 周善爲劍.」太子曰:「然吾王所見劍士, 皆蓬頭突鬢, 垂冠, 曼胡之纓, 短後之衣, 瞋目而語難, 王乃說之. 今夫子必儒服而見王, 事必大逆.」

그러자 장자가 말합니다.

"그럼 검객이 입는 옷을 마련해 주십시오."

검객이 입는 옷이 삼 일 만에 마련되자 장자는 태자를 찾아뵙니다. 태자는 곧 장자와 함께 임금을 알현합니다. 왕은 시퍼렇게 번쩍이는 칼을 뽑아들고 그들을 기다리고 있었습니다.

莊子曰:「請治劍服.」治劍服三日, 乃見太子. 太子乃與見王, 王脫白刃待之.

천자의 검이 있고, 제후의 검이 있고, 서민의 검이 있습니다

제30편 설검(說劍) 1-2

장자는 궁전 문을 들어갈 때 잰걸음으로 걷는 예도 취하지 않고, 문왕을 보고서 절도 하지 않았습니다. 그를 본 문왕이 말합니다.

"선생은 나에게 무엇을 가르치려고 태자를 앞세우고 온 게요?"

그러자 장자가 대답합니다.

"저는 임금님께서 칼싸움을 즐겨 보신다고 들었기 때문에 검술로써 임금님을 뵈러 왔습니다."

이에 문왕이 다시 묻습니다.

"선생은 검술로 어떻게 사람들을 제압할 수 있겠소?"

그러자 장자가 호기롭게 대답합니다.

"저의 검술이라면 열 걸음에 한 사람씩 제압할 수 있으며, 천 리를 가더라도 아무도 막을 수 없습니다."

이 말을 들은 문왕이 크게 기뻐하며 말합니다.

"그럼 천하무적이겠소!"

莊子入殿門不趨, 見王不拜. 王曰:「子欲何以教寡人, 使太子先?」曰:「臣聞大王喜劍, 故以劍見王.」王曰:「子之劍何能禁制?」曰:「臣之劍, 十步一人, 千里不留行.」王大說之, 曰:「天下無敵矣.」

그러자 장자가 말합니다.

"검술을 할 때는 상대에게 허점을 보여주고 적에게 유리한 기회를 엿보여주면서, 적보다 늦게 공격하고 먼저 찌르는 겁니다. 시범을 보여 드리고 싶습니다."

이에 문왕이 말합니다.

"선생은 숙소에서 쉬면서 내 명을 기다리시오. 시범 준비를 갖추고 나서 그대를 부르리다."

그러고 나서 문왕은 검객들을 칠 일 동안이나 겨루게 했는데, 사망자와 부상자가 육십여 명이나 되었습니다. 그렇게 해서 대여섯 명을 선발한 후, 궁전 아래서 검을 받들고 대기하게 하였습니다. 그런 다음 장자를 불러 말합니다.

"오늘은 검객들과 검술을 겨뤄보도록 하시오."

이에 장자가 말합니다.

"오랫동안 이날을 기다려 왔습니다."

莊子曰:「夫爲劍者, 示之以虛, 開之以利, 後之以發, 先之以至. 願得試之.」王曰:「夫子休, 就舍待命, 令設戲請夫子.」王乃校劍士七日, 死傷者六十餘人, 得五六人, 使奉劍於殿下, 乃召莊子. 王曰:「今日試使士敦劍.」莊子曰:「望之久矣.」

문왕이 물었습니다.

"선생이 쓰는 검의 길이는 얼마나 되나요?"

이에 장자가 대답합니다.

"제가 쓸 검은 어느 거라도 좋습니다. 그러나 제게는 세 개의 검이 있는데, 임금님께서 원하시는 걸 쓰겠습니다. 먼저 설명 드린 후에 시범에 임하겠습니다."

그러자 문왕이 말합니다.

"그 세 가지 검에 대해 듣고 싶소."

이에 장자가 대답합니다.

"천자의 검이 있고, 제후의 검이 있고, 서민의 검이 있습니다."

王曰:「夫子所御杖, 長短何如?」曰:「臣之所奉皆可. 然臣有三劍, 唯王所用, 請先言而後試.」王曰:「願聞三劍.」曰:「有天子劍, 有諸侯劍, 有庶人劍.」

문왕은 장자의 손을 이끌고 어전으로 올라갔습니다

제30편 설검(說劍) 2-1

조나라 문왕이 말합니다.

"천자의 검이란 어떤 것이오?"

이에 장자가 대답합니다.

"천자의 검이란 연(燕)나라의 연계(燕谿)와 국경의 석성(石城)을 칼끝으로 삼고, 제(齊)나라의 태산을 칼날로 삼으며, 진(晉)나라와 위(衛)나라를 칼등으로 삼고, 주(周)나라와 송(宋)나라를 칼코등이로 삼으며, 한(韓)나라와 위(魏)나라를 칼자루로 삼습니다. 그리고 중원을 감싼 사방의 오랑캐들을 칼집으로 하고, 사시사철을 보자기 삼아 쌉니다. 또 동해의 발해로 끈을 삼아 상산(常山)이라는 띠로 몸에 찹니다. 그 검의 사용은 오행으로 제어하고 형벌과 공덕으로 잘잘못을 따지며, 음양에 따라 칼집을 열고, 봄과 여름으로써 검을 잡고, 가을과 겨울로써 검술을 행합니다. 이 검을 곧바로 찌르면 앞에서 가로막을 수 없고, 올려치면 위에서도 막을 수 없으며, 내려치면 아래에서도 막을 수 없고, 휘두르면 사방에서도 막을 수 없습니다. 위로는 뜬 구름도 가르고 아래로는 땅을 묶은 밧줄도 자를 수 있습니다. 이 검을 한 번 쓰면 제후들을 바로잡을 수 있고, 온 세상 사람들이 복종하게 됩니다. 이것이 바로 천자의 검이랍니다."

王曰:「天子之劍何如?」曰:「天子之劍, 以燕谿石城爲鋒, 齊岱爲鍔, 晉衛爲脊, 周宋爲鐔, 韓魏爲夾. 包以四夷, 裹以四時. 繞以渤海, 帶以常山. 制以五行, 論以刑德. 開以陰陽, 持以春夏, 行以秋冬. 此劍, 直之無前, 擧之無上, 案之無下, 運之無旁, 上決浮雲, 下絶地紀. 此劍一用, 匡諸侯, 天下服矣. 此天子之劍也.」

이 말을 들은 문왕은 멍하니 정신을 놓고 있다가 다시 묻습니다.

"그럼 제후의 검은 어떤 것이오?"

장자가 다시 말을 잇습니다.

"제후의 검이란 지혜와 용기를 갖춘 사람을 칼끝으로 삼고, 청렴한 사람으로 칼날을 삼으며, 현명하고 선량한 사람으로 칼등을 삼고, 충성스럽고 성스러운 사람으로 칼코등이를 삼으며, 호걸스러운 사람으로 칼집을 삼습니다. 이 검을 곧바로 찌르면 또한 앞에서 가로막을 수 없고, 올려치면 위에서도 또한 막을 수 없으며, 내려치면 아래에서도 또한 막을 수 없고, 휘두르면 사방에서도 또한 막을 수 없습니다. 위로는 둥근 하늘을 본받아 해와 달과 별의 세 가지 빛에 순응하고, 아래로는 네모난 땅을 본받아 사시사철의 운행에 순응하며, 가운데로는 백성의 뜻에 화합하여 사방의 지역을 안정시킵니다. 이 검을 한 번 쓰면 마치 천둥소리가 진동하는 것과 같아서 온 사방의 사람들이 모두 복종하며 군주의 명령에 따르지 않는 자가 없게 됩니다. 이것이 제후의 검이랍니다."

文王芒然自失, 曰:「諸侯之劍何如?」曰:「諸侯之劍, 以知勇士爲鋒, 以清廉士爲鍔, 以賢良士爲脊, 以忠聖士爲鐔, 以豪傑士爲夾. 此劍, 直之亦無前, 擧之亦無上, 案之亦無下, 運之亦無旁. 上法圓天, 以順三光, 下法方地, 以順四時, 中和民意, 以安四鄕. 此劍一用, 如雷霆之震也, 四封之內, 無不賓服而聽從君命者矣. 此諸侯之劍也.」

문왕이 또다시 묻습니다.

"그럼 서민의 검은 어떤 것이오?"

이에 장자가 또다시 말을 잇습니다.

"서민의 검을 사용하는 자들은 더벅머리에 구레나룻은 삐져나왔고, 모자는 눌러 썼는데 무늬도 없는 끈으로 묶고 있으며, 뒤가 짧은 저고리를 입고 눈을 부릅뜬 채 어투도 매우 사납고, 임금님 앞에서 서로를 치면서 위로는 상대의 목을 자르고 아래로는 간이나 폐를 찌릅니다. 이 서민의 검은 닭싸움이나 다를 게 없습니다. 한 번 목숨이 끊어지면 나랏일을 하는 데 아무런 쓸모가 없게 됩니다. 지금 임금님께서는 천자의 자리에 계시면서 서민의 검을 좋아하시니, 저는 마음속으로 임금님을 천박하게 여기고 있습니다."

王曰:「庶人之劍何如?」曰:「庶人之劍, 蓬頭突鬢, 垂冠, 曼胡之纓, 短後之衣, 瞋目而語難, 相擊於前, 上斬頸領, 下決肝肺. 此庶人之劍, 無異於鬬雞, 一旦命已絕矣, 無所用於國事. 今大王有天子之位而好庶人之劍, 臣竊爲大王薄之.」

이 말을 들은 문왕은 장자의 손을 이끌고 어전으로 올라갔습니다. 왕의 수라상을 담당하는 재인(宰人)이 음식을 올렸으나 문왕은 상 주변을 세 번 돌고 있을 뿐이었습니다.

이를 본 장자가 낮은 어조로 말합니다.

"전하! 이리 편안히 앉으셔서 마음을 좀 안정시키시지요. 검에 대한 이야기는 이미 모두 다 아뢰었습니다."

그 뒤로 문왕은 석 달 동안이나 궁 밖을 나가지 않았고, 검객들은 모두 그 자리에서 자결하고 말았습니다.

王乃牽而上殿. 宰人上食, 王三環之. 莊子曰:「大王安坐定氣, 劍事已畢奏矣.」於是文王不出宮三月, 劍士皆服斃其處也.

한자어원풀이

蓬頭突鬢(봉두돌빈) 이란 "쑥대처럼 더벅머리에 구레나룻이 삐져나왔다"는 뜻으로, "서민의 검을 사용하는 자들은 더벅머리에 구레나룻은 삐져나왔고, 모자는 눌러 썼는데 무늬도 없는 끈으로 묶고 있으며, 뒤가 짧은 저고리를 입고 눈을 부릅뜬 채 어투도 매우 사납고, 임금님 앞에서 서로를 치면서 위로는 상대의 목을 자르고 아래로는 간이나 폐를 찌릅니다"라는 대목에서 유래했으며, 비슷한 말로 봉두난발(蓬頭亂髮)이 있습니다.

쑥 蓬(봉) 은 두 포기의 풀을 본뜬 풀 초(艸)의 간략형인 초(艹)와 만날 봉(逢)으로 이루어졌습니다. 逢(봉)은 쉬엄쉬엄 갈 착(辶)과 끌 봉(夆)으로 구성되었습니다. 夆(봉)은 뒤져서 올 치(夂)와 풀 무성할 봉(丰)으로 구성되었는데, 갑골문에서는 천천히 걸을 쇠(夊)와 뒤져서 올 치(夂)가 구분되지는 않았으나 대체적으로 정상적인 발걸음이 아닌 어긋난 발 모양을 그려내고 있습니다. 여기서 丰(봉)의 갑골문 모양을 참조하면 뿌리 부분이 흙덩이로 싸여 있는 나무 모양인 점으로 미루어 볼 때, 묘목(丰)을 땅에 심은 뒤 두 발로 엇디디며(夂) 다지는 모습을 그려내고 있습니다.

이에 따라 逢(봉)의 의미를 살펴보면 옛사람들은 종교의식의 하나로 산봉우리에 올라 하늘과 소통하는 의미로 나무를 심고 발로 다졌는데(夆), 이때 많은 사람이 쉬엄쉬엄 산봉우리로 올라와(辶) 함께했다는데서 '만나다', '점치다'는 뜻을 지니게 되었습니다. 따라서 蓬(봉)의 전체적인 의미는 동북아 지역에 자생하는 것으로 어디를 가나 쉽게 만날 수(逢) 있는 풀(艹)이라는 데서 '쑥'을 지칭하게 되었습니다.

머리 頭(두)는 제사 그릇 두(豆)와 머리 혈(頁)로 이루어졌습니다. 豆(두)는 뚜껑(-)을 덮어 따뜻한 국물을 담을 수 있는 발(⊥⊥)이 달린 비교적 작은 그릇(口)을 본뜬 것으로 일반적으로 제기(祭器)를 의미합니다. '콩'이란 의미는 콩이나 팥을 뜻하는 '좀콩 荅(답)'과 발음이 비슷한 데서 가차하여 쓴 것이며, 보다 그 뜻을 명확히 하기 위해 식물을 뜻하는 풀 초(艹)를 더해 '콩 荳(두)'를 별도로 제작하였습니다.

사람의 얼굴(머리)을 뜻하는 頁(혈)은 갑골문과 금문에도 사람의 몸과 머리털을 비교적 상세하게 그려내고 있는데, 특히 얼굴이 강조되어 있습니다. 따라서 頭(두)의 전체적인 의미는 그릇(豆)처럼 생긴 머리통(頁)이라는 데서 '머리'라는 뜻을 지니게 되었습니다.

갑자기 突(돌)은 구멍 혈(穴)과 개 견(犬)으로 구성되었습니다. 상고시대에는 주로 땅에 굴을 파고 사는 혈거(穴居) 생활을 했는데, 사람이 들고나는 굴과 같은 문(穴)에서 개(犬)는 제 문이 아니니 갑자기 튀어나온다는 뜻이 담겨 있습니다. 주로 동물을 본뜬 개 견(犬),

소 우(牛), 양 양(羊), 돼지 시(豕) 등이 본래 모습처럼 옆으로 되어 있지 않고 세로로 된 것은 종이가 없던 옛날에 옆이 좁은 죽간(竹簡)에 쓰기 쉽도록 하기 위해 그랬습니다.

살쩍 鬢(빈) 은 머리털 드리워질 표(髟)와 손 빈(賓)으로 이루어졌습니다. 髟(표)는 길게 머리를 늘어뜨린 노인을 뜻하는 장(長)과 역시 길게 자란 머리털을 뜻하는 삼(彡)으로 짜여 '머리털이 길게 드리워진 모양'을 그려내고 있습니다.

賓(빈)은 집 면(宀), 발 지(止)를 뒤집은 부수와 조개 패(貝)로 구성되어 있습니다. 그 구성의 의미를 유추하자면 이렇습니다. 남의 집(宀)을 방문하기 위해 발걸음(止)을 놓을 때는 반드시 값나가는 선물(貝)을 가지고 간 사람은 융숭한 대접을 받기 마련이죠. 이 글자가 만들어진 시기는 조개가 화폐로 유통되었던 상고 시대임을 짐작할 수 있습니다. 이에 따라 입만 가지고 가는 客 자와 더불어 손님을 뜻하는 글자이긴 하지만 좀 더 고급스러운 국빈(國賓)이나 귀빈(貴賓)에 붙여 썼습니다. 따라서 鬢(빈)의 전체적인 의미는 머리털이 드리워진(髟) 귀밑 사이로 귀빈(賓)과도 같이 살짝 빛나는 털이라는 데서 '살쩍,' '귀밑털'이라는 뜻을 부여했습니다.

제 31 편

물고기 잡는 노인

어부

漁 父

"선생은 정말 말귀를 못 알아듣는군요! 어떤 사람이 자기의 그림자가 두렵고 발자국이 싫어서 그것들을 피해 달아난다고 해봅시다. 발을 움직이는 횟수가 빨라질수록 발자국은 더욱 많아지고, 달리는 속도가 빨라질수록 그림자도 그의 몸을 떨어지지 않았지요. 그래서 그 사람은 아직도 느리게 달리고 있다고 생각하며 쉬지 않고 더 빨리 달리다가 기력이 다해 결국엔 죽어버렸습니다. 만약 그가 그늘 속으로 들어갔더라면 그림자는 없어지고, 또 가만히 있었더라면 발자국도 생기지 않는다는 걸 몰랐던 겁니다. 지나치게 어리석었던 거죠."

자네 스승은 도(道)에서 너무 멀리 떨어져 나왔구나

제31편 어부(漁父) 1-1

공자가 울창한 숲속을 노닐다가 은행나무가 있는 행단 위에 앉아서 쉬고 있었습니다. 제자들은 책을 읽고 있었고, 공자는 거문고를 타면서 노래를 부르고 있었죠. 연주하던 곡이 채 반도 끝나기 전에 어부 한 사람이 배에서 내려왔습니다. 그는 수염과 눈썹이 하얗고, 머리를 풀어헤친 채 소맷자락을 휘저으며 강둑 위를 걸어서 언덕배기에서 멈추었습니다. 그러고는 왼손을 무릎 위에 올려놓고 오른손은 턱을 괴고서 공자가 부르는 노래를 듣고 있었습니다. 노래가 끝나자 그는 공자의 제자인 자공과 자로를 불렀고, 두 사람이 함께 그를 맞았습니다.

孔子遊乎緇帷之林, 休坐乎杏壇之上. 弟子讀書, 孔子弦歌鼓琴. 奏曲未半, 有漁父者, 下船而來, 須眉交白, 被髮揄袂, 行原以上, 距陸而止, 左手據膝, 右手持頤以聽. 曲終而招子貢子路, 二人俱對.

어부는 공자를 가리키며 물었습니다.

"저이는 무얼 하는 사람이오?"

이에 자로가 대답합니다.

"노(魯)나라의 군자이십니다."

또다시 어부가 그의 성씨를 묻자 자로가 대답합니다.

"성은 공씨랍니다."

어부가 또 물었습니다.

"공씨는 무슨 일을 하는 사람이오?"

자로가 미처 대답하지 못하자 자공이 말합니다.

"공씨라는 분은 본성은 충성(忠)과 신의(信)를 따르고, 몸으로는 인의(仁義)를 실천하며, 예악(禮樂)을 익혀 갖추고, 인륜(人倫)을 정비하고 있습니다. 위로는 군주에게 충성하고 아래로는 모든 백성을 교화함으로써 온 세상을 이롭게 하려 하고 있습니다. 이것이 공씨가 하는 일이랍니다."

客指孔子曰: 「彼何爲者也?」 子路對曰: 「魯之君子也.」 客問其族. 子路對曰: 「族孔氏.」 客曰: 「孔氏者何治也?」 子路未應, 子貢對曰: 「孔氏者, 性服忠信, 身行仁義, 飾禮樂, 選人倫, 上以忠於世主, 下以化於齊民, 將以利天下. 此孔氏之所治也.」

어부가 또다시 물었습니다.

"그는 영토를 소유한 군주인가요?"

그러자 자공이 대답합니다.

"그건 아니랍니다."

"그렇다면 제후나 임금을 보좌하는 분인가요?"

다시 자공이 대답합니다.

"그것도 아니랍니다."

어부는 웃으면서 돌아가는 길에 말합니다.

"어질기야 어질겠지. 그래도 어쩌면 그 자신은 재앙을 면치는 못할 거야. 그는 마음을 괴롭히고 몸을 수고롭게 하면서 타고난 진정(眞情)을 위태롭게 하고 있어. 아아! 그는 도(道)에서 너무 멀리 떨어져 나왔구나."

又問曰:「有土之君與?」子貢曰:「非也.」「侯王之佐與?」子貢曰:「非也.」客乃笑而還, 行言曰:「仁則仁矣, 恐不免其身. 苦心勞形以危其眞. 嗚呼! 遠哉, 其分於道也.」

사람마다 자신의 일에 대해 고민한다면 남의 영역을 넘보는 일은 없을 것이오

제31편 어부(漁父) 1–2

자공이 돌아와서 그 사실을 스승 공자에게 보고했습니다. 그러자 공자는 거문고를 밀쳐놓고 일어나면서 말합니다.

"그분은 성인일 게야!"

그렇게 말하고서는 언덕 아래로 그를 찾아나섰습니다. 공자가 물가에 이르렀을 때, 어부가 막 노를 잡고 배를 끌어당기다가 공자가 오는 것을 뒤돌아보고는 몸을 돌려 서 있었습니다. 공자는 뒤로 물러섰다가 두 번 절하고 앞으로 나아갔습니다. 그러자 어부가 말했습니다.

"선생은 무얼 찾고자 합니까?"

子貢還, 報孔子. 孔子推琴而起, 曰:「其聖人與!」乃下求之, 至於澤畔, 方將杖拏而引其船, 顧見孔子, 還鄉而立. 孔子反走, 再拜而進. 客曰:「子將何求?」

이에 공자가 말합니다.

"조금 전 선생님께서는 말씀을 하시다가 떠나셨습니다. 저는 어리석기 때문에 말씀하신 내용을 이해하지 못하겠습니다. 저는 아랫자리에 앉아 가르침을 기다리겠습니다. 다행히도 귀한 말씀을 들을 수 있다면 저에게 큰 도움이 될 것이라 생각합니다."

孔子曰:「曩者先生有緒言而去. 丘不肖, 未知所謂. 竊待於下風, 幸聞咳唾之音, 以卒相丘也.」

"허허! 선생은 지나치게 배우는 걸 좋아하는군요."

공자는 두 번 절하고 일어나 말합니다.

"저는 어려서부터 학문을 닦아 지금 나이 69세가 되도록 배우고 있습니다만, 아직도 지극한 가르침을 들어보지 못했습니다. 그러니 어찌 감히 마음을 비우지 않겠습니까?"

客曰:「嘻! 甚矣, 子之好學也.」孔子再拜而起, 曰:「丘少而修學, 以至於今, 六十九歲矣, 無所得聞至教. 敢不虛心?」

그러자 어부가 말합니다.

"같은 종류끼리는 서로 어울리고 같은 소리가 서로 호응하는 것은 본래 자연의 이치랍니다. 나는 내가 체득한 것은 접어두고, 선생이 일삼고 있는 일에 대해 살펴봅시다. 선생이 하고 있는 일은 인간 세상의 일입니다. 천자 · 제후 · 대부 · 서민 등 이 네 가지 계층의 사람들이 스스로 알아서 올바른 길을 가게 하는 것이 다스림의 미학입니다. 이 네 계층의 사람들이 자신들의 자리를 벗어나게 되면 그보다 큰 사회적 혼란은 없을 겁니다. 관리들은 자신의 직무를 잘 수행하고, 사람마다 자신의 일에 대해 고민한다면 남의 영역을 넘보는 일은 없을 것이오.

客曰:「同類相從, 同聲相應, 固天之理也. 吾請釋吾之所有而經子之所以. 子之所以者, 人事也. 天子諸侯大夫庶人, 此四者自正, 治之美也. 四者離位而亂莫大焉. 官治其職, 人憂其事, 乃無所陵.

그러므로 농토가 황폐해지고 집이 허물어지며, 입고 먹을 것이 부족하고, 세금을 계속해서 내지 못하며, 처와 첩들이 화목하지 못하고, 어른과 젊은이의 위계질서가 없는 것 등이 서민들의 고민거리입니다. 자신의 능력으로 맡은 임무를 감당하지 못하여 관청의 일처리가 제대로 이루어지지 않고, 행실이 청렴하지 못하여 아랫사람들이 일을 태만히 처리하며, 내세울 만한 공적이 없어서 벼슬과 녹봉을 유지하지 못하는 것 등이 대부들의 고민거리입니다.

故田荒室露, 衣食不足, 徵賦不屬, 妻妾不和, 長少無序, 庶人之憂也. 能不勝任, 官事不治, 行不清白, 群下荒怠, 功美不有, 爵祿不持, 大夫之憂也.

조정에 충성스런 신하가 없어서 나라가 혼란에 빠지고, 공인들의 기술이 정교하지 못하여 조공품이 형편없으며, 봄과 가을에 조정에 나아가 천자를 배알하는 일이 다른 제후들에 비해 뒤처져 천자와 순조로운 관계를 유지하지 못하는 것이 제후들의 고민거리입니다. 음양이 조화롭지 못하고, 추위와 더위가 때에 맞지 않아 만물이 손상을 입으며, 제후들이 폭동과 전란을 일으켜 자기들끼리 제멋대로 싸우다 백성들을 죽이고, 예악이 절도에 맞지 않으며, 재정이 궁핍해지고, 인륜이 잘 정비되지 않아 백성들의 풍속이 음란해지는 것이 천자와 그 밑의 재상들의 고민거리랍니다."

廷無忠臣, 國家昏亂, 工技不巧, 貢職不美, 春秋後倫, 不順天子, 諸侯之憂也. 陰陽不和, 寒暑不時, 以傷庶物, 諸侯暴亂, 擅相攘伐, 以殘民人, 禮樂不節, 財用窮匱, 人倫不飭, 百姓淫亂, 天子有司之憂也.」

8가지 악습과 4가지 병폐를 없애야만 비로소 내가 가르칠 수가 있을 겁니다

제31편 어부(漁父) 1-3

어부가 계속해서 말을 이어갑니다.

"지금 선생의 위로는 군주나 재상의 권세도 없고 아래로는 대신이나 관리의 벼슬도 없는데, 제멋대로 예악(禮樂)을 정비하고 인륜(人倫)을 선별하여 모든 백성을 교화하고 있으니, 쓸데없이 너무 많은 일을 하고 있는 것 아닙니까? 또한 사람에게는 여덟 가지의 악습(惡習)이 있고, 일에는 네 가지 병폐가 있으니 잘 살피지 않으면 안 됩니다. 자기가 해야 할 일도 아닌데 자기 일처럼 나서서 하는 것을 일러 제 분수도 모르고 설치는 '총(摠)'이라 하고, 누구도 거들떠보지도 않는데 굳이 앞으로 나아가 말하는 것을 일러 아첨 떠는 '녕(佞)'이라 하며, 상대방의 생각에 맞추어 말하는 것을 일러 알랑방귀 뀌어대는 '첨(諂)'이라 하고, 옳고 그름도 가리지 않고 말하는 것을 일러 아부나 떨어대는 '유(諛)'라 하며, 남의 나쁜 점만을 말하기 좋아하는 것을 일러 중상모략이나 해대는 '참(讒)'이라 하고, 남의 사귐을 단절시키고 친한 사이를 떼어놓는 것을 일러 남을 해치고 상하게 하는 도적과도 같은 '적(賊)'이라 하며, 남을 속이고 거짓으로 칭찬함으로써 자기가 싫어하는 사람을 구렁텅이에 빠트리는 것을 일러 간악하고 간특하다는 '특(慝)'이라 하고, 좋고 나쁜 것을 가리지 않고 양쪽을 모두 수용하여 자기가 원하는 것을 몰래 훔쳐 빼가는 것을 일러 위태롭고 나쁜 '험(險)'이라고 합니다. 이 여덟 가지 악습은 밖으로는 사람들을 혼란스럽게 하고, 안으로는 자신을 손상케 하는 겁니다. 따라서 군자는 이런 사람을 벗 삼지 않고, 현명한 군주는 이런 사람을 신하로 삼지 않습니다.

「今子既上無君侯有司之勢, 而下無大臣職事之官, 而擅飾禮樂, 選人倫, 以化齊民, 不泰多事乎? 且人有八疵, 事有四患, 不可不察也. 非其事而事之, 謂之摠. 莫之顧而進之, 謂之佞. 希意道言, 謂之諂. 不擇是非而言, 謂之諛. 好言人之惡, 謂之讒. 析交離親, 謂之賊. 稱譽詐僞以敗惡人, 謂之慝. 不擇善否, 兩容頰適, 偷拔其所欲, 謂之險. 此八疵者, 外以亂人, 內以傷身, 君子不友, 明君不臣.

이른바 네 가지 걱정거리라고 하는 것은 다음과 같습니다. 첫째는 큰일을 처리하는 것을 좋아하여 일상적인 원칙을 바꿔가면서까지 자신만의 공명을 얻으려는 것을 일러, 함부로 차지하려는 '도(叨)'라 합니다. 둘째는 오로지 자신의 지식만을 믿고 제멋대로 일 처리하여 남의 것을 빼앗아 자기 것으로 만들어버리는 것을 일러, 탐욕스러운 짓거리인 '탐(貪)'이라 합니다. 셋째는 잘못을 알고도 고치지 않고 충고를 들으면 오히려 더욱 심히 못되게 구는 것을 일러, 말을 듣지 않고 비뚤어진 짓을 하는 '흔(很)'이라고 합니다. 넷째는 다른 사람이 자기에게 찬성하면 괜찮지만 자기에게 찬성하지 않으면 비록 좋은 것이라 하더라도 좋지 않게 여기는 것을 일러, 교만을 떠는 짓인 '긍(矜)'이라 합니다. 이것이 네 가지 걱정거리입니다. 이러한 여덟 가지 악습을 제거하고, 네 가지 병폐를 없애야만 비로소 내가 가르칠 수가 있을 겁니다."

所謂四患者. 好經大事, 變更易常, 以挂功名, 謂之叨. 專知擅事, 侵人自用, 謂之貪. 見過不更, 聞諫愈甚, 謂之很. 人同於己則可, 不同於己, 雖善不善, 謂之矜. 此四患也. 能去八疵, 無行四患, 而始可教已.」

너무 심하네요. 선생은 정말 말귀를 못 알아듣는군요

제31편 어부(漁父) 2-1

공자는 근심스러운 듯 탄식하면서 두 번 절하고 일어나 말합니다.

"저는 노나라에서 두 번이나 쫓겨났고, 위나라에서도 추방당했으며, 송나라에서는 베인 나무에 깔려 죽을 뻔했고, 진나라와 채나라 국경에서는 포위를 당했습니다. 전 제가 무얼 잘못했는지 알지 못하겠습니다. 제가 이와 같이 네 번이나 모함을 받은 것은 무엇 때문일까요?"

孔子愀然而歎, 再拜而起, 曰:「丘再逐於魯, 削迹於衛, 伐樹於宋, 圍於陳蔡. 丘不知所失, 而離此四謗者何也?」

어부는 애처롭다는 표정을 지으며 말합니다.

"너무 심하네요. 선생은 정말 말귀를 못 알아듣는군요! 어떤 사람이 자기의 그림자가 두렵고 발자국이 싫어서 그것들을 피해 달아난다고 해봅시다. 발을 움직이는 횟수가 빨라질수록 발자국은 더욱 많아지고, 달리는 속도가 빨라질수록 그림자도 그의 몸에서 떨어지지 않았지요. 그래서 그 사람은 아직도 느리게 달리고 있다고 생각하며 쉬지 않고 더 빨리 달리다가 기력이 다해 결국엔 죽어버렸습니다. 만약 그가 그늘 속으로 들어갔더라면 그림자는 없어지고, 또 가만히 있었더라면 발자국도 생기지 않는다는 걸 몰랐던 겁니다. 지나치게 어리석었던 거죠.

客淒然變容曰:「甚矣, 子之難悟也! 人有畏影惡迹而去之走者, 擧足愈數而迹愈多, 走愈疾而影不離身, 自以爲尙遲, 疾走不休, 絶力而死. 不知處陰以休影, 處靜以息迹, 愚亦甚矣.

선생은 인의(仁義)에 대해 잘 알고 있고, 같음과 다름의 경계에 대해서도 관찰하였으며, 움직임과 고요함의 변화에 대해서도 살폈고, 주고받을 때의 법도에 대해서도 적절히 잘하고 있으며, 좋아하고 싫어하는 마음도 잘 다스렸고, 기쁨과 노여움의 조절을 조화롭게 하고는 있소. 그러나 아무리 애를 써도 재앙을 면치는 못할 겁니다. 그러나 만약 선생의 몸을 신중하게 수양하고, 타고난 진정을 신중하게 지켜 외물인 명성 따위를 다른 사람에게 돌려준다면 아무런 재앙도 없을 겁니다. 그런데 자신을 수양하지 않고 그 원인을 다른 사람에게서 찾는다면 이 역시 이치에서 벗어난 것 아니겠습니까?"

子審仁義之間, 察同異之際, 觀動靜之變, 適受與之度, 理好惡之情, 和喜怒之節, 而幾於不免矣. 謹修而身, 愼守其眞, 還以物與人, 則無所累矣. 今不修之身而求之人, 不亦外乎?」

함께 갈 만한 사람과 어울려 가면 오묘한 도(道)에 이를 수 있지만

제31편 어부(漁父) 2-2

공자는 근심어린 표정으로 묻습니다.

"무엇을 진정(眞情)이라 하는지 여쭙고자 합니다."

그러자 어부가 대답합니다.

"진정이란 정성스러움의 지극함에 있습니다. 정성스럽지 않으면 남을 감동시킬 수 없습니다. 그러므로 억지로 곡소리를 내는 자도 비록 슬퍼 보이기는 해도 애통하게 느껴지진 않고, 억지로 화를 내는 자는 비록 엄숙해 보이기는 하지만 위엄을 느낄 수는 없습니다. 또 억지로 친한 체하는 자는 비록 웃는다 해도 친밀함이 느껴지진 않습니다.

孔子愀然曰:「請問何謂眞?」客曰:「眞者, 精誠之至也. 不精不誠, 不能動人. 故強哭者雖悲不哀, 強怒者雖嚴不威, 強親者雖笑不和.

진실로 슬프면 곡소리를 내지 않아도 애통하게 느껴지고, 진실로 화를 내면 성내지 않아도 위엄이 느껴지며, 진실로 친하면 웃지 않아도 친밀감이 느껴집니다. 진정이 마음속에 있으면 신기(神氣)가 자연스레 몸 밖으로 발동되는데, 이 때문에 진정을 소중하게 여기는 겁니다. 그것을 인간 생활의 원리에 적용시켜 봅시다. 그것으로 부모님을 모시면 자애롭고 효성스럽게 되며, 군주를 섬기면 충성스럽고 지조가 있게 되고, 술을 마시면 기쁘고 즐겁게 되며, 상을 치르게 되면 슬프고 애통하게 됩니다.

眞悲無聲而哀, 眞怒未發而威, 眞親未笑而和. 眞在內者, 神動於外, 是所以貴眞也. 其用於人理也, 事親則慈孝, 事君則忠貞, 飮酒則歡樂, 處喪則悲哀.

충성과 지조는 공로를 세우는 게 제일이며, 술을 마실 때는 즐거움이 제일이고, 상을 치를 때는 애통함이 제일이며, 부모님을 모실 때는 편안하게 해드리는 게 제일이랍니다. 공로를 훌륭하게 이루기 위해서는 그 방법을 한 가지만 고집해서는 안 됩니다. 즉 부모님을 편안하게 모실 때는 방법을 따질 필요가 없고, 술을 마시며 즐길 때는 술잔을 가릴 필요가 없으며, 상을 치르며 애통해할 때는 예의를 따질 일이 아니랍니다. 예의라는 것은 세속 사람들이나 하는 짓이라오. 진정이라는 것은 하늘로부터 받은 것이기 때문에 저절로 그렇게 바뀔 수가 없습니다.

忠貞以功爲主, 飮酒以樂爲主, 處喪以哀爲主, 事親以適爲主. 功成之美, 無一其迹矣. 事親以適, 不論所以矣. 飮酒以樂, 不選其具矣. 處喪以哀, 無問其禮矣. 禮者, 世俗之所爲也. 眞者, 所以受於天也, 自然不可易也.

그러므로 성인은 하늘을 본받고 진정을 존귀하게 여기면서 세속의 법도에 얽매이지는 않습니다. 그런데 어리석은 사람은 이와는 반대여서 하늘을 본받지 못하고 인위적인 일에 얽매어 고생하고, 진정의 존귀함을 몰라서 이리저리 휩쓸리며 세속의 변화만을 받아들이기 때문에 만족을 모르는 겁니다. 참으로 안타까운 일입니다! 선생은 일찍부터 인위적인 일에 빠졌다가 지금에서야 대도에 대해 듣고 있는 겁니다."

故聖人法天貴眞, 不拘於俗. 愚者反此. 不能法天而恤於人, 不知貴眞, 祿祿而受變於俗, 故不足. 惜哉, 子之蚤湛於人僞而晩聞大道也!」

공자는 두 번 절하고 일어나 말합니다.

"이제라도 제가 선생님을 뵙게 된 것은 하늘이 주신 행운인 것 같습니다. 선생님께서는 저 같은 자를 수치로 여기시지 않으시고 제자와 똑같이 대해 주시며 몸소 가르침을 주셨습니다. 감히 선생님 댁이 어딘지 여쭙고 싶습니다. 선생님께 가르침을 받아 기어코 대도를 배우고자 합니다."

그러자 어부가 말했습니다.

"내가 듣기론, '함께 갈 만한 사람과 어울려 가면 오묘한 도(道)에 이를 수 있지만, 함께 가서는 안 될 사람은 그 도를 알지 못하기에 신중하게 생각하여 그와 함께하지 말아야 자신에게도 재앙이 닥치지 않는다'고 했습니다. 선생께서는 힘써 노력하십시오. 나는 이제 선생과 작별해야겠습니다. 이제 선생과 작별하겠습니다."

그러고는 배에 몸을 싣고 노를 저어 갈대 사이로 사라졌습니다.

孔子再拜而起曰:「今者丘得遇也, 若天幸然. 先生不羞而比之服役而身教之. 敢問舍所在, 請因受業而卒學大道.」客曰:「吾聞之, 可與往者與之, 至於妙道, 不可與往者, 不知其道, 愼勿與之, 身乃無咎. 子勉之, 吾去子矣, 吾去子矣.」乃刺船而去, 延緣葦閒.

현자를 보고서 존경하지 않는 것은 어질지 못한 것이다

제31편 어부(漁父) 2-3

안연이 수레를 돌리고 자로가 수레의 손잡이 끈을 주었지만, 공자는 돌아보지도 않고 배 떠나간 물결이 잠잠해지기를 기다렸습니다. 노 젓는 소리가 들리지 않게 된 후에야 공자는 감히 수레에 올랐습니다. 자로가 수레 곁으로 다가와 스승 공자에게 물었습니다.

"제가 스승님을 모신 지 오래되었습니다만, 스승님께서 사람을 만날 때 이번처럼 두려워하신 것을 여태껏 본 적이 없습니다. 만승의 천자건 천승의 군주건 스승님을 만날 때는 뜰 안에 자리를 함께 마련하고 대등한 예로 대했습니다. 오히려 스승님께서는 그들보다 의젓한 모습을 보이셨습니다. 그러데 조금 전 그 어부는 노를 짚은 채 마주 서 있는데 스승님께서는 꺾인 경쇠처럼 허리를 굽히시고 말을 할 때마다 두 번 절을 하고서야 대답하셨습니다. 그건 너무 지나치셨던 것이 아닌가요? 우리 제자들은 모두가 스승님을 이상하게 생각하고 있습니다. 그 어부가 어떻게 했기에 그런 대접을 하신 건가요?"

顔淵還車, 子路授綏, 孔子不顧, 待水波定, 不聞拏音而後敢乘. 子路旁車而問曰:「由得爲役久矣, 未嘗見夫子遇人如此其威也. 萬乘之主, 千乘之君, 見夫子未嘗不分庭伉禮, 夫子猶有倨午之容. 今漁父杖拏逆立, 而夫子曲要磬折, 言拜而應, 得無太甚乎? 門人皆怪夫子矣, 漁人何以得此乎?」

공자는 수레 앞턱 가로나무에 엎드린 채 한숨을 내쉬며 말합니다.

"자로 넌 정말 교화시키기가 어렵구나! 예의를 익힌 지가 오래되었는데도 아직도 천박한 생각을 버리지 못하고 있구나. 이리 오너라. 내 너에게 설명해 주마. 어른을 만나 공경하지 않는 것은 실례다. 현자를 보고서 존경하지 않는 것은 어질지 못한 것이다. 그분이 지인(至人)이 아니었다면 다른 사람을 머리 숙이게 하지 못했을 것이다. 다른 사람을 머리 숙이게 할 때 정성스럽지 않으면 그 진실을 얻을 수 없기 때문에 언제든 자신을 해치게 된단다.

孔子伏軾而歎, 曰:「甚矣, 由之難化也! 湛於禮義有間矣, 而樸鄙之心至今未去. 進, 吾語汝. 夫遇長不敬, 失禮也. 見賢不尊, 不仁也. 彼非至仁, 不能下人. 下人不精, 不得其眞, 故長傷身.

애석하구나! 다른 사람에게 어질지 못한 것만큼 그 재앙이 큰 것도 없는데, 유독 자로 너만이 멋대로 지껄이고 있구나. 또 도라는 것은 만물의 근원이란다. 모든 사물은 그것을 잃으면 죽고 그것을 얻으면 산단다. 일을 처리할 때도 그것을 거스르면 실패하고 그것을 따르면 성공하지. 그러므로 도가 있는 곳이라면 성인도 그곳을 존중한단다. 아까 그 어부는 도를 체득하고 있다고 말할 수 있을 것이다. 그러니 내가 어찌 감히 존경하지 않을 수 있었겠느냐?"

惜哉! 不仁之於人也, 禍莫大焉, 而由獨擅之. 且道者, 萬物之所由也. 庶物失之者死, 得之者生, 爲事逆之則敗, 順之則成. 故道之所在, 聖人尊之. 今之漁父之於道, 可謂有矣, 吾敢不敬乎?」

한자어원풀이

同類相從(동류상종) 이란 "같은 종류끼리는 서로를 따르고 어울린다"는 뜻으로, "같은 종류끼리는 서로 어울리고 같은 소리가 서로 호응하는 것은 본래 자연의 이치랍니다. 내가 체득한 것은 접어두고 선생이 일삼고 있는 일에 대해 살펴봅시다. 선생이 하고 있는 일은 인간 세상의 일입니다. 천자 · 제후 · 대부 · 서민 등 이 네 가지 계층의 사람들이 스스로 알아서 올바른 길을 가게 하는 것이 다스림의 미학입니다"라는 구절에서 유래했습니다.

한 가지 同(동) 은 갑골문에도 보이는 자형이지만 통일된 해석이 없습니다. 인문학적인 접근을 한다면 대나무와 같이 속이 텅 비었음을 나타낼 뿐만 아니라 마디마디를 절단해도 거의 한결같은 크기라는 뜻이 내포되었다고도 볼 수 있고, 한 무리(冂)의 사람들이 모두 한(一)목소리(口)를 낸다고도 보아 '한 가지', '함께', '다같이' 등의 뜻이 발생했다고 볼 수 있습니다.

무리 類(유, 류) 는 깨닫기 어려울 뇌(頪)와 개 견(犬)으로 구성되어 있습니다. 頪(뇌)는 쌀 미(米)와 머리 혈(頁)로 구성되었습니다. 米(미)는 벼와 기장의 알맹이 모양을 본뜬 상형글자로 갑골문에도 보이는데, 가로획(一)을 중심으로 상하에 각각 세 점이 곡식의 낟알을 표시하고 있습니다. 사람의 얼굴(머리)을 뜻하는 頁(혈)은 갑골문과 금문에도 사람의 몸과 머리털을 비교적 상세하게 그려내고 있는데, 특히 눈이 강조되어 있습니다. 또한 책의 면수(페이지)를 나타낼 때는 '책면 엽'으로 읽습니다. 따라서 頪(뇌)는 곡식의 낟알이나 쌀(米)은 그놈이 그놈 같아 그 모양(頁)을 구별하기가 어렵다는 뜻을 지니게 되었습니다.

犬(견)은 개의 옆 모양을 본뜬 것으로 가장 큰 특징인 입으로 내민 혀(丶)를 강조하였습니다. 따라서 類(유)의 전체적인 의미는 개(犬)는 그 생김생김이 비슷하여 구별하기 어렵다(頪)는 데에서 '닮다'라는 뜻을 지니게 되었습니다. 한편으로 인문학적인 해석을 한다면 米(미)는 식물을, 犬(견)은 동물을, 頁(혈)은 사람을 대표함으로써 각각의 종(種)을 나타내 '무리'라는 뜻을 지니게 되었다고 볼 수도 있습니다.

서로 相(상)은 나무 목(木)과 눈 목(目)으로 구성되었습니다. 木(목)은 한 그루의 나무를 가지와 줄기, 뿌리까지 본뜬 상형글자이며, 目(목)은 사람의 한쪽 눈을 본뜬 것으로 쓰기에 편리하도록 세로로 세운 모양입니다. 相(상)의 본뜻은 어린 묘목(木)의 성장을 눈(目)으로 살펴보는 데서 '보다', '살피다', '돕다'인데, 오늘날에 주로 쓰이는 '서로'라는 뜻은 살피고 보살핀 데서 파생된 겁니다. 한편 나무(木)의 싹이 움트는 모습을 살펴보면 항상 대칭적으로 싹눈(目)이 형성됨을 볼 수 있는데, 이 또한 '서로'라는 의미의 파생과정을 엿

볼 수 있습니다.

좇을 從(종) 은 쉬엄쉬엄 갈 착(辵)과 좇을 종(从)으로 구성되어 있습니다. 辵(착)에 대해 허신은『說文』에서 "辵은 갑자기 가거나 갑자기 멈춘다는 뜻이며 彳(척)과 지(止)로 구성되었다"고 하였습니다. 辵(착)은 자형 그대로 쓰이는 경우는 드물지만 이 從(종)에서 활용되었습니다. 대부분 다른 글자와 합하여 새로운 글자로 불어날 때는 辶(착)으로 간략화 되어 쓰입니다.

从(종)은 갑골문의 자형을 그대로 따르고 있는 글자로 두 사람(人)을 나란히 그렸습니다. 즉 어떤 사람(人)이 앞서가는 다른 어떤 사람(人)을 따르고 있는 모양으로 추종자와 인도자, 혹은 뜻이 맞는 사람끼리 어울린 모양을 그려내고 있는데 從(종)의 원형글자입니다. 따라서 從(종)의 전체적인 의미는 어떤 사람(人)이 앞서가는 사람(人)을 따라간다(辵)는 뜻을 담아냈습니다.

제32편

도가 사상가 열자

열어구

列 禦 寇

장자가 막 죽음에 이르렀을 때 제자들은 성대하게 장례를 치르고자 하였습니다. 그러자 장자가 제자들에게 말했습니다. "나는 하늘과 땅을 속관과 겉 관으로 삼고, 해와 달을 한 쌍의 구슬장식으로 삼으며, 별들로 입에 물리는 구슬로 삼고, 만물을 부장품으로 생각하고 있단다. 이처럼 내 장례 용품은 이미 다 갖추어지지 않았느냐? 그런데 여기에 무얼 보탠단 말이냐?" 제자들은 걱정스러운 듯 말합니다. "저희는 까마귀나 솔개가 스승님을 뜯어먹을까 봐 두렵습니다." 그러자 장자가 말합니다." 내 시신을 땅 위에 놓아두면 까마귀와 솔개들이 먹을 것이고, 땅속에 묻으면 땅강아지나 개미들의 먹이가 될 것이다. 너희는 까마귀와 솔개의 먹이를 빼앗아 땅강아지와 개미들에게 주려고 하고 있으니, 어찌 그리 편파적인 게냐?"

列 禦 寇

솜씨 좋은 자는 몸이 수고롭고, 지식이 많은 자는 근심걱정이 많게 마련이다

제32편 열어구(列禦寇) 1-1

열어구(列御寇: 열자列子)가 제나라로 가다 말고 중도에서 되돌아왔는데, 길에서 백혼무인(伯昏瞀人)을 만났습니다. 스승 백혼무인이 말합니다.

"어찌하여 가다 말고 돌아왔느냐?"

"제가 두려웠기 때문입니다."

"무엇이 두렵단 말이냐?"

"저는 열 곳의 음식점에서 식사를 하였는데, 그중 다섯 곳에서는 다른 사람보다 먼저 저에게 음식을 가져다주었기 때문입니다."

그러자 스승 백혼무인이 다시 묻습니다.

"그러한 일로 너는 무엇이 두려웠단 말이냐?"

列御寇之齊, 中道而反, 遇伯昏瞀人. 伯昏瞀人曰:「奚方而反?」曰:「吾驚焉.」曰:「惡乎驚?」曰:「吾嘗食於十漿, 而五漿先饋.」伯昏瞀人曰:「若是, 則汝何爲驚已?」

이에 제자 열자가 대답합니다.

"제 마음속의 정욕(情欲)이 아직 해소되지 않았는데도 그것이 몸 밖으로 드러나 빛을 내 외부의 다른 사람의 마음을 억누름으로써 사람들로 하여금 존귀한 노인들을 저보다도 가볍게 여기도록 하였으니, 제가 어지러이 환난을 조성한 꼴입니다. 음식점 주인은 특히 음식을 재화로 삼는데, 남는 것도 많지 않고 이익도 박하며 그 권리 또한 경미합니다. 그런데도 그들이 저를 그처럼 우대하였으니, 하물며 만승의 천자에게는 어떠하겠습니까? 천자의 몸은 나라 일로 지치고 그의 지력은 정사를 처리하느라 소진되었을 겁니다. 그는 저에게 나라 일을 맡기고 제가 공로를 세우기를 바랄 겁니다. 저는 이 때문에 두려웠던 것이랍니다."

曰:「夫內誠不解, 形諜成光, 以外鎭人心, 使人輕乎貴老, 而虀整其所患. 夫漿人特爲食羹之貨, 無多餘之贏, 其爲利也薄, 其爲權也輕, 而猶若是, 而況於萬乘之主乎? 身勞於國, 而知盡於事, 彼將任我以事, 而效我以功. 吾是以驚.」

스승 백혼무인이 말합니다.

"잘 보았구나! 네가 그렇게 처신한다면 사람들이 장차 너에게 모여들 것이다."

얼마 지나지 않아 백혼무인이 열자의 집에 가보니 문 밖까지 신발로 가득 차 있었습니다. 백혼무인은 북쪽을 향해 서서 지팡이를 세워 턱을 괴고 한동안 서 있다가 말없이 집을 나왔습니다. 빈객을 맡은 자가 이 사실을 열자에게 알렸습니다. 열자는 신발을 집어 들고 맨발로 달려나가 문 밖에 이르러 말합니다.

"스승님께서 기왕 오셨는데, 어이하여 약이 될 만한 가르침을 주시지 않으신 겁니까?"

伯昏瞀人曰:「善哉觀乎! 汝處已, 人將保汝矣.」無幾何而往, 則戶外之屨滿矣. 伯昏瞀人北面而立, 敦杖蹙之乎頤, 立有間, 不言而出. 賓者以告列子, 列子提屨, 跣而走, 暨於門, 曰:「先生旣來, 曾不發藥乎?」

그러자 백혼무인이 말합니다.

"아서라! 내가 전에 너에게 말했지. 사람들이 장차 너에게 모여들 거라고 말이지. 과연 사람들이 모여 있더구나. 네가 사람들로 하여금 너를 따르게 한 게 아니라, 네가 사람들로 하여금 너를 따르지 않도록 하지 못한 것이지. 그렇다면 더 가르쳐 봤자 어디에다 쓰겠느냐? 남을 감동시키거나 기쁘게 만드는 것은 무언가 특이점을 겉으로 드러냈기 때문이다. 꼭 다른 사람에게 감동을 주려다 보면 너의 타고난 본성도 동요될 터이니, 더 이상 할 말도 없다. 너와 함께 어울리는 자들 또한 너에게 그러한 사실을 말해 주지는 않을 것이다. 그들이 내뱉는 하찮은 말은 모두 사람들에게 해독이 될 뿐이다. 전혀 깨닫지도 못하면서 어떻게 서로를 익혀준단 말이냐?

솜씨 좋은 자는 몸이 수고롭고, 지식이 많은 자는 근심걱정이 많게 마련이다. 그러나 무능한 자는 아무것도 추구하는 것도 없이 그저 배불리 먹고 제멋대로 노닐 뿐이다. 마치 매어 있지 않은 배처럼 떠다니고, 마음을 텅 비우고 제멋대로 노닐 뿐이란다."

曰:「已矣, 吾固告汝曰. 人將保汝, 果保汝矣. 非汝能使人保汝, 而汝不能使人無保汝也, 而焉用之? 感豫出異也. 必且有感, 搖而本才, 又無謂也. 與汝遊者, 又莫汝告也. 彼所小言, 盡人毒也. 莫覺莫悟, 何相孰也? 巧者勞而知者憂, 無能者無所求, 飽食而敖遊, 汎若不繫之舟, 虛而敖遊者也.」

성인은 자연적인 것을 편안하게 여기며, 인위적인 것을 불편하게 여깁니다

제32편 열어구(列禦寇) 2-1

정(鄭)나라 사람 완(緩)이 구씨(裘氏)라는 고장에서 학문을 닦았습니다. 그렇게 공부한 지 3년 만에 완은 유학자가 되었습니다. 황하가 9리 안을 적시듯 그의 은택이 삼족에게까지 영향을 미쳤고, 그의 동생 적(翟)이 묵가사상의 시조인 묵자(墨子)가 되게 하였습니다. 그리하여 유학자인 형과 묵가인 동생은 서로 유묵(儒墨) 간의 사상적 논쟁을 벌였는데, 그의 아버지는 동생인 적의 편만 들었습니다. 10년 동안 그렇게 지내다 결국엔 형 완이 자살하고 말았습니다. 그의 아버지의 꿈에 완이 나타나 말했습니다.

"아버님의 아들 적을 묵자로 만든 것은 저였습니다. 그런데 어찌하여 제 무덤에는 한 번도 와보시지 않는 겁니까? 저는 이미 측백나무의 열매가 되었습니다."

鄭人緩也, 呻吟裘氏之地. 祇三年而緩爲儒. 河潤九里, 澤及三族, 使其弟墨. 儒墨相與辯, 其父助翟. 十年而緩自殺. 其父夢之曰:「使而子爲墨者, 予也. 闔胡嘗視其良? 既爲秋柏之實矣?」

조물주가 사람에게 무언가를 보상할 때엔 그 사람의 인위적인 면에 보상해 주는 게 아니라 그 사람의 천성적인 면에 보상해 줍니다. 즉 동생인 적은 그의 천성에 따라 묵자가 된 겁니다. 그 완이라는 사람은 자신이 다른 사람보다 특별하다고 여기고 자기 아버지까지 천시하고 있습니다. 이는 마치 제나라 사람이 우물을 파서 마실 때 우물물이 자기 힘으로 솟아난다고 서로 다투는 것과 같습니다. 그러므로 요즘 세상 사람들은 모두 완과 같다고 말하는 겁니다.

夫造物者之報人也, 不報其人而報其人之天, 彼故使彼. 夫人以己爲有以異於人以賤其親, 齊人之井飮者相捽也. 故曰: 今之世皆緩也.

자기 스스로 덕을 갖추고 있다고 내세우는 사람은 덕이 무엇인지도 모르는 사람입니다. 하물며 도를 터득했다고 하는 사람이야 말할 나위가 있겠습니까? 옛날에는 그러한 사람을 일러 '자연으로부터 도망쳐 형벌을 받는 자'라고 하였습니다. 성인은 자연적인 것을 편안하게 여기며, 인위적인 것을 불편하게 여깁니다. 일반적인 사람들은 인위적인 것을 편안하게 여기고, 자연적인 것을 불편하게 여깁니다.

自是有德者以不知也. 而況有道者乎? 古者謂之遁天之刑. 聖人安其所安, 不安其所不安. 衆人安其所不安, 不安其所安.

그래서 장자는 말했습니다.

"도를 알기는 쉽지만 그것을 말하지 않기는 어렵습니다. 도를 알면서도 말하지 않는 것은 자연적인 것을 따르기 때문입니다. 도를 알고 나서 그것을 말하는 것은 인위적인 것을 따르기 때문입니다. 옛날 사람들은 자연적인 것을 따랐지, 인위적인 것은 따르지 않았습니다."

莊子曰:「知道易, 勿言難. 知而不言, 所以之天也. 知而言之, 所以之人也. 古之人, 天而不人.」

무력만을 믿고 행동하면 파멸에 이르기 마련입니다

제32편 열어구(列禦寇) 3-1

주평만(朱泙漫)은 지리익(支離益)에게 용을 잡는 법을 배웠습니다. 무려 천금의 가산을 탕진하면서까지 3년이 되어서야 그 기술이 완성되었지만, 그 재주를 쓸 데가 없었습니다.

朱泙漫學屠龍於支離益, 單千金之家, 三年技成而無所用其巧.

성인은 필연적인 일에 대해서도 꼭 필연적이라고 여기지 않기 때문에 무력에 의지하지 않습니다. 보통 사람들은 필연적이 아닌 것도 꼭 필연적이라 여기기 때문에 무력에 의존하는 일이 많아집니다. 무력을 따르기 때문에 그런 사람의 행위에는 무언가 추구함이 있게 됩니다. 무력만을 믿고 행동하면 파멸에 이르기 마련입니다.

聖人以必不必, 故無兵. 衆人以不必必之, 故多兵. 順於兵, 故行有求. 兵恃之則亡.

소인배의 지식은 선물이나 편지를 주고받는 것에서 벗어나지 못하고 하찮은 일로 정신을 피폐하게 만듭니다. 그러면서도 도와 사물에 대하여 모두를 터득하고자 하고, 유형과 무형의 것을 크게 통일된 것으로 보고자 합니다. 그러나 이러한 사람은 우주에 미혹된 나머지 몸이 지쳐 태초의 이치에 대해선 알지 못합니다.

小夫之知, 不離苞苴竿牘, 敝精神乎蹇淺, 而欲兼濟道物, 太一形虛. 若是者, 迷惑於宇宙, 形累不知太初.

저 지극한 사람인 지인(至人)은 정신을 시작도 없는 허무상태로 돌려놓고 아무것도 없는 자유로운 공간에서 단잠을 잡니다. 그 정신은 아무런 형체도 없는 곳에서 물처럼 흘러나오고, 지극히 맑은 태청(太淸)에서 끊임없이 새어나옵니다. 아, 슬프구나! 그대들은 털끝만 한 지식을 쌓는 데 열중하느라 진짜로 크고 평온한 경지를 알지 못하는 겁니다.

彼至人者, 歸精神乎無始, 而甘冥乎無何有之鄕. 水流乎無形, 發泄乎太淸. 悲哉乎! 汝爲知在毫毛, 而不知大寧.

치질을 핥아서 낫게 한 자에게는 수레 다섯 대를 준다더군

제32편 열어구(列禦寇) 4-1

송(宋)나라 사람으로 조상(曹商)이라는 자가 있었는데, 그는 송나라 임금의 사신이 되어 진(秦)나라에 갔습니다. 그가 송나라를 떠날 때는 몇 대의 수레를 가지고 갔지만, 진나라 왕은 그를 반기며 수레 백 대를 선물하였습니다. 그는 송나라로 돌아와 장자를 만나 자랑스레 말합니다.

"비좁고 더러운 빈민굴에 살면서 곤궁해져 짚신을 삼아 생계를 이어가고, 비쩍 마른 채 누렇게 뜬 얼굴을 하고 있는 건 내겐 맞지가 않지. 그러나 단번에 만승 대국의 임금을 깨우쳐 수레 백 대를 뒤따르게 하는 일은 내가 잘하는 일이지."

宋人有曹商者, 爲宋王使秦. 其往也, 得車數乘. 王說之, 益車百乘. 反於宋, 見莊子, 曰:「夫處窮閭阨巷, 困窘織屨, 槁項黃馘者, 商之所短也. 一悟萬乘之主而從車百乘者, 商之所長也.」

그러자 장자가 말합니다.

"진나라 왕이 병이 나서 의사를 부를 때 악창이나 종기의 고름을 짜낸 자는 수레 한 대를 선물로 받고, 치질을 핥아서 낫게 한 자에게는 수레 다섯 대를 준다더군. 치료하는 부위가 낮을수록 선물하는 수레의 대수가 많아지는 셈이지. 자네는 어떻게 왕의 치질을 고쳤는가? 어떻게 그렇게 많은 수레를 상으로 받은 거야? 자넨 그만 물러가게!"

莊子曰:「秦王有病召醫, 破癰潰痤者得車一乘, 舐痔者得車五乘, 所治愈下, 得車愈多. 子豈治其痔邪? 何得車之多也? 子行矣!」

공자를 쓰신다면 나라를 다스리기 어려울 겁니다

제32편 열어구(列禦寇) 5-1

노나라 애공(哀公)이 안합(顔闔)에게 물었습니다.

"나는 공자를 국정의 책임자로 기용할까 하는데, 그러면 나라가 좀 나아지겠소?"

魯哀公問乎顔闔曰:「吾以仲尼爲貞幹, 國其有瘳乎?」

이에 안합이 대답합니다.

"위태롭고도 위험한 일입니다. 공자는 지금 깃털로 장식을 하고도 그 위에 채색을 더하면서 외양을 꾸미고 있습니다. 그는 화려한 말만을 늘어놓는 짓을 일삼고, 지엽적인 것을 중요한 일인 것처럼 주장하고 있습니다. 또 본성을 왜곡하여 백성들을 가르치면서도 아무도 믿지 않는다는 걸 알지 못합니다. 이와 같이 그의 마음속엔 엉뚱한 것을 받아들이고, 그러한 것들이 그의 정신을 주재하고 있습니다. 그러니 그런 사람이 어떻게 백성 위에 설 수 있겠습니까? 전하께선 그가 적합하다고 생각하십니까? 아니면 녹봉을 주어 키우고자 한 겁니까? 단순한 오해라면 괜찮습니다. 그러나 만약 백성들로 하여금 진실을 벗어나 거짓을 배우게 한다면, 그것은 백성을 가르치는 방법이 아니라는 겁니다. 후세를 생각하신다면 그만두시는 것만 못할 겁니다. 공자를 쓰신다면 나라를 다스리기 어려울 겁니다."

曰:「殆哉圾乎. 仲尼方且飾羽而畫, 從事華辭, 以支爲旨. 忍性以視民, 而不知不信, 受乎心, 宰乎神, 夫何足以上民. 彼宜女與? 予頤與? 誤而可矣. 今使民離實學僞, 非所以視民也, 爲後世慮, 不若休之. 難治也.」

그러한 사람은 장사꾼들마저도 언급하지 않습니다

제32편 열어구(列禦寇) 6-1

다른 사람에게 은혜를 베풀고서 잊지 못한다면, 그것은 자연이 만물에게 베푸는 것과 같은 건 아닙니다. 그러한 사람은 장사꾼들마저도 언급하지 않습니다. 비록 일 때문에 어쩔 수 없이 언급한다 하더라도 정신적으로는 여전히 거론하지도 않을 겁니다.

施於人而不忘, 非天布也. 商賈不齒. 雖以事齒之, 神者弗齒.

내적으로 받는 형벌은 마음의 동요와 후회입니다

제32편 열어구(列禦寇) 7-1

사람이 외적으로 받는 형벌은 쇠나 나무로 만든 도끼나 수갑과 같은 형 집행도구입니다. 내적으로 받는 형벌은 마음의 동요와 후회입니다. 소인들 중에서 외적인 형벌을 받는 자들은 쇠와 나무로 만든 형 집행도구에 의해 신문을 당하지만, 내적인 형벌을 받는 자들은 음양 두 기운의 부조화에 의해 마음이 갉아 먹히게 됩니다. 외적으로나 내적으로나 형벌을 모두 다 면할 수 있는 사람은 오직 참된 사람인 진인(眞人)만이 가능한 일입니다.

爲外刑者, 金與木也. 爲內刑者, 動與過也. 宵人之離外刑者, 金木訊之. 離內刑者, 陰陽食之. 夫免乎外內之刑者, 唯眞人能之.

이 아홉 가지 검증을 거치고 나면 못난 자를 가려낼 수 있습니다

제32편 열어구(列禦寇) 8-1

공자가 말했습니다.

"사람의 마음은 산이나 강보다 위험하고, 자연을 아는 것보다도 더 어려운 겁니다. 자연에는 봄, 여름, 가을, 겨울과 아침저녁이라는 규칙적인 변화가 있지만, 사람은 두꺼운 얼굴 속에 자신의 감정을 깊이 감추고 있습니다. 그러므로 외모는 공손해 보이지만 속마음은 교만한 자가 있고, 외모는 뛰어나 보이지만 속마음은 졸렬한 자가 있으며, 외모는 유순해 보이지만 속마음은 강직한 자가 있고, 외모는 굳건해 보이지만 속마음은 연약한 자가 있으며, 외모는 느긋해 보이지만 속마음은 성급한 자가 있습니다. 그러므로 마치 목마른 듯 정의를 추구하던 자도 뜨거운 열기를 피하듯 재빠르게 정의를 떠나는 자도 있습니다.

孔子曰: 「凡人心險於山川, 難於知天. 天猶有春秋冬夏旦暮之期, 人者厚貌深情. 故有貌愿而益. 有長若不肖, 有順懁而達, 有堅而縵, 有緩而釬. 故其就義若渴者, 其去義若熱.

그러므로 군자는 사람을 쓸 때 먼 곳으로 보내 일을 시키면서 그의 충성됨을 살피고, 가까운 곳에 두고 일을 시키면서 그의 공경심을 관찰하며, 번거롭게 일을 시키면서 그의 능력을 살펴보고, 갑자기 질문을 던져 그의 지식을 살펴보며, 다급하게 약속을 잡아 그의 신용을 관찰하고, 재산을 맡겨 그의 어짊을 살펴보며, 위급함을 알려 그의 지조를 관찰하고, 술에 취하게 하여 그의 태도를 살펴보며, 여자와 함께 있게 하여 그의 여색에 대한 태도를 살펴봅니다. 이 아홉 가지 검증을 거치고 나면 못난 자를 가려낼 수 있습니다."

故君子遠使之而觀其忠, 近使之而觀其敬, 煩使之而觀其能, 卒然問焉而觀其知, 急與之期而觀其信, 委之以財而觀其仁, 告之以危而觀其節, 醉之以酒而觀其側, 雜之以處而觀其色. 九徵至, 不肖人得矣.」

흉악한 덕에는 다섯 가지가 있는데, 그 가운데 중덕(中德)이 가장 나쁩니다

제32편 열어구(列禦寇) 9-1

송나라 사람 정고보(正考父)는 처음 선비로 임명되자 등을 굽혔고, 두 번째 대부로 임명되자 허리를 굽혔으며, 세 번째 경(卿)으로 임명되자 머리가 땅에 닿을 정도로 몸을 구부리고 담장 쪽에 붙어서 걸어다녔습니다. 그러니 어느 누가 감히 그를 본받지 않겠습니까! 그런데 보통사람들은 처음으로 선비에 임명되면 몸을 빳빳이 세워 거들먹거리고, 두 번째 임명을 받아 대부가 되면 수레 위로 올라 춤을 추며, 세 번째로 임명을 받아 경이 되면 큰아버지나 작은아버지 이름까지도 불러대며 거만하게 됩니다. 그러니 어찌 요 임금이나 허유의 겸손함을 따를 수 있겠습니까!

正考父一命而傴, 再命而僂, 三命而俯, 循牆而走, 孰敢不軌! 如而夫者, 一命而呂鉅, 再命而於車上儛, 三命而名諸父. 孰協唐許!

의식적인 마음으로 덕을 실천하고 그 마음을 눈썹처럼 재빨리 움직이는 것보다 더 나쁜 것은 없습니다. 그 마음이 눈썹처럼 재빨리 움직이게 되면 제멋대로 보며 판단하는데, 제멋대로 보고 판단하면 실패하기 마련입니다.

賊莫大乎德有心而心有睫, 及其有睫也而內視, 內視而敗矣.

흉악한 덕에는 다섯 가지가 있는데, 그 가운데 중덕(中德)이 가장 나쁩니다. 무엇을 일러 중덕이라 하겠습니까? 중덕이란 자기 자신이 좋아하는 것은 따로 두고서, 자기가 좋아하지 않는 것은 모두 그르다고 비난하는 것을 말합니다.

凶德有五, 中德爲首. 何謂中德? 中德也者, 有以自好也, 而吡其所不爲者也.

곤궁한 상태에 빠지는 데에는 여덟 가지 원인이 있고, 운수가 잘 풀리는 데에는 꼭 필요한 세 가지 요소가 있으며, 몸에는 여섯 개의 장부가 있습니다. 미모, 구레나룻, 큰 키, 큰 몸집, 센 힘, 화려한 모습, 용맹함, 과감함이 다른 사람보다 뛰어남을 갖추고 있으면, 그것 때문에 곤궁함에 빠지게 됩니다.

窮有八極, 達有三必, 形有六府. 美髯長大壯麗勇敢, 八者俱過人也, 因以是窮.

사물의 변화에 자연스럽게 따르는 것, 남의 뜻에 따르는 것, 유약하게 자신을 낮추는 것, 이 세 가지 것은 모두 운수가 잘 풀리게 하는 원인이 됩니다. 지혜를 밖으로 드러내고 용맹스럽게 행동하면 원망이 많아지고, 인의(仁義)를 실천하면 책망이 많아집니다. 생명의 실정에 통달한 사람은 마음이 넓고, 지식에 통달한 사람은 생각이 짧습니다. 위대한 천명에 통달한 사람은 자연의 변화를 따르고, 세상의 작은 일에만 통달한 사람은 어려움을 당하기 마련이랍니다.

緣循, 偃佒, 困畏不若人, 三者俱通達. 知慧外通, 勇動多怨, 仁義多責. 達生之情者傀, 達於知者肖. 達大命者隨, 達小命者遭.

자넨 아마도 갈기갈기 찢겨 가루가 되었을 거야

제32편 열어구(列禦寇) 10-1

어떤 사람이 송나라 임금을 알현하고 나서 열 대의 수레를 하사받았습니다. 그런 그가 수레 열 대를 하사받았다며 장자에게 치기어린 투로 자랑을 하자, 장자가 말합니다.

"황하 가에 가난한 집이 있었는데, 갈대로 물건을 만들어 생계를 꾸려가고 있었지. 어느 날 그 집 아들이 깊은 물속으로 잠수하여 천금의 값이 나가는 붉은 구슬을 얻었다네. 그런데 그 아버지는 아들에게 타일러 말했지. '돌을 가져와서 그걸 깨뜨려버려라! 천금의 값이 나가는 붉은 구슬은 분명 깊고 깊은 물속의 검은 용의 턱밑에 있었던 것일 터인데, 네가 그 구슬을 가져올 수 있었던 것은 틀림없이 그 용이 잠을 자고 있을 때 갔기 때문일 게다. 만약 검은 용이 깨어 있었다면 네가 어떻게 살아남아 있었겠느냐?'라고 말이지. 지금 송나라의 깊이는 깊고 깊은 물속에 비할 바가 아니지. 송나라 임금의 사납기는 검은 용에 비할 바가 아니라네. 자네가 수레를 얻을 수 있었던 것은 분명 그가 잠들었을 때 갔기 때문일 거야. 만약 송나라 임금이 깨어 있었다면 자넨 아마도 갈기갈기 찢겨 가루가 되었을 거야."

人有見宋王者, 錫車十乘. 以其十乘驕穉莊子. 莊子曰:「河上有家貧恃緯蕭而食者, 其子沒於淵, 得千金之珠. 其父謂其子曰:『取石來鍛之! 夫千金之珠, 必在九重之淵而驪龍頷下, 子能得珠者, 必遭其睡也. 使驪龍而悟, 子尙奚微之有哉?』今宋國之深, 非直九重之淵也. 宋王之猛, 非直驪龍也. 子能得車者, 必遭其睡也. 使宋王而悟, 子爲齏粉夫.」

자네는 희생물로 쓰이는 소를 보았는가

제32편 열어구(列禦寇) 11-1

누군가가 장자를 초빙하려고 했습니다. 장자는 그가 보낸 사자에게 말했습니다.

"자네는 희생물로 쓰이는 소를 보았는가? 아름다운 문양으로 수를 놓은 옷을 입히고 좋은 풀과 콩을 먹여 기르지. 그러나 그 소가 천자의 조상을 제사 지내는 태묘(太廟)로 끌려갈 때가 되면 비록 어미 없이 자유로운 송아지가 되고 싶어 한들 그게 가능하겠는가?"

或聘於莊子, 莊子應其使曰:「子見夫犧牛乎? 衣以文繡, 食以芻菽, 及其牽而入於大廟, 雖欲爲孤犢, 其可得乎?」

내 장례 용품은 이미 다 갖추어지지 않았느냐

제32편 열어구(列禦寇) 12-1

장자가 막 죽음에 이르렀을 때 제자들은 성대하게 장례를 치르고자 하였습니다. 그러자 장자가 제자들에게 말했습니다.

"나는 하늘과 땅을 속관과 겉 관으로 삼고, 해와 달을 한 쌍의 구슬장식으로 삼으며, 별들로 입에 물리는 구슬로 삼고, 만물을 부장품으로 생각하고 있단다. 이처럼 내 장례 용품은 이미 다 갖추어지지 않았느냐? 그런데 여기에 무얼 보탠단 말이냐?"

제자들은 걱정스러운 듯 말합니다.

"저희는 까마귀나 솔개가 스승님을 뜯어먹을까 봐 두렵습니다."

그러자 장자가 말합니다.

"내 시신을 땅 위에 놓아두면 까마귀와 솔개들이 먹을 것이고, 땅속에 묻으면 땅강아지나 개미들의 먹이가 될 것이다. 너희는 까마귀와 솔개의 먹이를 빼앗아 땅강아지와 개미들에게 주려고 하고 있으니, 어찌 그리 편파적인 게냐?"

莊子將死, 弟子欲厚葬之. 莊子曰:「吾以天地爲棺槨, 以日月爲連璧, 星辰爲珠璣, 萬物爲齎送. 吾葬具豈不備邪? 何以加此?」弟子曰:「吾恐烏鳶之食夫子也.」莊子曰:「在上爲烏鳶食, 在下爲螻蟻食, 奪彼與此, 何其偏也?」

공평하지 않은 기준으로써 공평하게 하려 한다면, 그 공평함은 불공평한 겁니다. 징험하지도 않은 일로써 징험했다고 우긴다면, 그 징험은 징험하지도 않은 것이죠. 총명한 사람은 다른 사람에 의해 부림을 당하지만, 정신이 온전한 사람은 자연과의 합일을 징험합니다. 총명함이 정신의 온전함을 이길 수 없다는 사실은 오래전부터 있어 왔는데도, 어리석은 자는 자기의 소견을 믿고 인위적인 일에 빠져듭니다. 그렇다 보니 그들의 공로라는 게 모두 외면적인 것뿐이니, 이 또한 슬픈 일이 아니겠습니까?

以不平平, 其平也不平. 以不徵徵, 其徵也不徵. 明者唯爲之使, 神者徵之. 夫明之不勝神也久矣, 而愚者恃其所見入於人, 其功外也, 不亦悲夫?

한자어원풀이

厚貌深情(후모심정) 이란 "외모를 두텁고 부드럽게 잘 꾸미고 있지만 자신의 속마음은 깊숙이 감추고 있다"는 뜻으로, "사람의 마음은 산이나 강보다 위험하고, 자연을 아는 것보다도 더 어려운 겁니다. 자연에는 봄, 여름, 가을, 겨울과 아침저녁이라는 규칙적인 변화가 있지만, 사람은 두꺼운 얼굴 속에 자신의 감정을 깊이 감추고 있습니다"라는 구절에서 유래했습니다.

두터울 厚(후) 는 기슭 엄(厂)과 두터울 후(㫗)로 이루어졌습니다. 그러나 글자의 원형이라 할 수 있는 갑골문을 보면 산기슭(厂) 비탈면에 쇠를 얻기 위해 설치한 광석을 녹이기 위한 도가니(㫗)를 연상케 합니다. 철광석을 녹이기 위해서는 일반적인 용기와는 달리 두텁게 해야 한다는 데서 '두텁다', '두터이 하다'는 뜻을 지니게 되었습니다.

그러나 후대로 오면서 도가니 모양이 현재자형인 㫗(후) 모양으로 변형되었는데, 자형상부의 日(일)은 쓰개 모(冃)의 변형이라 할 수 있습니다. 冃(모)는 겨울철 찬바람을 막기 위해 얼굴 전체를 가리고(冂) 두 눈(二)만 내놓은 모습을 그리고 있는, 즉 아이(子)가 춥지 않도록 두텁게 머리를 감싼다(冃)는 데서 '두텁다'는 뜻을 유추

할 수 있습니다.

얼굴 貌(모) 는 해태 태(豸: 벌레 치)와 얼굴 모(皃)로 구성되어 있습니다. 豸(태)에 대해『說文』에서는 "豸는 긴 등뼈를 지닌 짐승이 살금살금 가면서 엿보아 죽이려고 하는 모양이다"고 하였습니다. 갑골문의 자형을 보면 입을 크게 벌리고 있는 모양의 육식동물임을 강조하고 있습니다. 표범(豹)이나 승냥이(豺)처럼 먹잇감을 노릴 때 몸을 낮추는 모양을 그려냈다고 할 수 있습니다.

皃에 대해『說文』에서는 "皃는 드러난 모습을 뜻한다. 儿(인)으로 구성되었다. 자형상부의 白(백)은 얼굴의 모습을 본뜬 것이다"고 하였습니다. 단옥재는 이에 대한 주석에서 '容(용)은 내면을 말한 것이고 皃(모)는 외면을 말한 것이다'고 하였습니다. 따라서 貌(모)의 전체적인 의미는 몸 전체의 모습(豸)뿐만 아니라 얼굴(皃)까지도 그려낸다는 데서 '모양', '얼굴'이라는 뜻을 부여했습니다.

깊을 深(심) 은 물줄기가 흩어지고 모이는 강을 상형한 물 수(水)의 간략형인 수(氵)와 깊을 삼(罙)으로 이루어졌습니다. 罙(삼)의 본래 자형은 청동기 문화를 반영한 금문에 보이는데, 횃불(火)을 들고 깊은 갱도(穴)에 들어가 광물을 채굴하는 모양(㴱, '깊을 심'의 옛글자)이었으나 현재 자형으로 간략화 되었습니다. 즉 어두운 동굴(穴)의 깊이를 가늠하기 위해 긴 나뭇가지(木)로 측정한다는 행위적 요소가 새롭게 가미되었죠. 따라서 深(심)의 전체적인 의미는 깊이를 알 수 없는 동굴(穴)과도 같은 물속(氵)은 긴 나뭇가지(木)를 넣어보아야 알 수 있다는 데서 '깊다'는 뜻을 지니게 되었습니다.

뜻 情(정) 은 마음 심(忄)과 푸를 青(청)으로 구성되어 있습니다. 마음(心)의 또 다른 표현인 忄(심)은 몸의 한가운데 위치한 심장을 본뜬 것으로, 옛사람들은 마음작용을 일으키는 주된 역할을 오장 중 심장이 하는 것으로 보았습니다. 이러한 心(심)은 놓이는 위치에 따라 자형의 좌변에서는 忄(심) 그리고 자형의 하부에서는 心(심)과 㣺(심)으로 쓰이고 있는데 마음작용과 관련이 깊습니다.

青(청)에 대해 허신은 『說文』에서 "青은 동쪽 방향을 나타내는 색이다. 木(목)은 火(화)를 낳는다(오행의 상생관계, 목생화木生火를 뜻함). 生(생)과 丹(단)으로 구성되었다"고 하였습니다. 갑골문에는 보이지 않지만 금문에 그려진 자형을 보면 광산의 갱도(井)에서 광물(丶)을 깨내는데, 자형(丹)이 형성된 시대적인 배경으로 보아 구리일 가능성이 높습니다. 여기서 붉은 뜻을 갖은 丹(단)은 안료로 쓰이는 주사(朱砂)나 진사(辰砂)를 의미하기도 하지만, 구리(銅)를 나타내기도 했습니다. 따라서 구리(丹)가 산화되면 푸른빛을 낸다(生)는 점에 착안하여 '푸를 青'이라 하였습니다. 따라서 情(정)의 전체적인 의미는 깊은 마음(忄)속에서 우러나는 푸른 하늘처럼 맑고 깨끗한(青) '사랑'이나 '정'을 말합니다.

제 33 편

온 세상의 사상가들

천하

天 下

"황홀하고 적막하여 형체도 없는 것이 끝없이 변화합니다. 죽음과 삶은 천지와 나란히 함께 존재하고, 조화의 신명과 함께 갑니다. 망연하게 어디로 가는 걸까요? 홀연히 어디로 가는 걸까요? 만물이 모두 우리 앞에 펼쳐져 있어도 딱히 돌아갈 곳이 없습니다. 옛날의 도술(道術) 가운데 이러한 것을 추구하는 사람이 있었는데, 바로 장주(莊周)가 이러한 학설을 좋아하였습니다. 그는 사실과는 아득히 먼 학설과 황당무계한 말과 끝없는 말로 자유분방하게 자기의 의견을 피력하면서도 어느 한쪽으로 치우치지 않았고, 어느 한쪽에 치우친 견해만을 내세우지도 않았습니다."

천인(天人)과 신인(神人)과 지인(至人) 그리고 성인(聖人)과 군자(君子)에 대한 정의

제33편 천하(天下) 1–1

천하 세상에는 도술의 일부분만을 연구하고 닦는 사람들이 많은데, 그들은 모두 자기가 연구하고 닦는 것 외에 따로 더 보탤 것이 없다고 생각합니다. 그렇다면 옛날 사람들이 말한 '도술이란 과연 어디에 있는 걸까요?' 대답하자면 그것은 '없는 곳이 없다'고 할 수 있습니다. 또 묻자면 '조화의 신묘함은 어디로부터 내려왔으며, 인류의 총명함은 어디로부터 나온 걸까요?' 답변해 볼까요. '성인의 생성에도 원인이 있으며, 제왕의 생성에도 그럴 만한 원인이 있는데, 모두가 하나인 도(道)에서 근원하고 있습니다.'

天下之治方術者多矣, 皆以其有爲不可加矣. 古之所謂道術者, 果惡乎在? 曰: 「無乎不在.」曰: 「神何由降, 明何由出?」「聖有所生, 王有所成, 皆原於一.」

도의 근원인 종본(宗本)에서 벗어나지 않는 사람을 일러 천인(天人)이라 하고, 도의 정미함으로부터 벗어나지 않은 사람을 일러 신인(神人)이라 하며, 도의 진실된 본질(眞質)에서 벗어나지 않은 사람을 일러 지인(至人)이라 합니다. 자연을 근원으로 삼고, 덕을 근본으로 삼고, 도를 문으로 삼고, 모든 변화의 징조를 예견하는 사람을 일러 성인(聖人)이라 합니다. 인(仁)을 은혜를 베푸는 것으로 삼고, 의(義)를 행동 윤리로 삼고, 예(禮)를 행동 규범으로 삼고, 악(樂)을 화합의 도구로 삼으면서 훈훈하게 인자함을 베푸는 사람을 일러 군자(君子)라 합니다.

不離於宗, 謂之天人. 不離於精, 謂之神人. 不離於眞, 謂之至人. 以天爲宗, 以德爲本, 以道爲門, 兆於變化, 謂之聖人. 以仁爲恩, 以義爲理, 以禮爲行, 以樂爲和, 薰然慈仁, 謂之君子.

그리고 법도로써 상하의 직급을 나누고, 벼슬의 관명으로써 직무를 나타내며, 직무와 실적을 참고하여 점검하고, 그 결과를 고찰하여 상벌을 결정하는데, 숫자 1, 2, 3, 4와 같이 명백해야 합니다. 모든 관리들은 이러한 방법을 통해 각자 능력에 맞는 관직을 맡고, 자기가 맡은 직무를 일상적으로 처리하며, 백성들이 잘 입고 먹을 수 있도록 그 문제를 주요한 일로 삼고, 백성들의 농산물을 증산케 하고 재물을 모으게 하며, 노약자나 고아나 과부들을 염두에 두고 모두가 부양받을 수 있도록 하는 것, 이것이 백성을 다스리는 방법입니다.

以法爲分, 以名爲表, 以參爲驗, 以稽爲決, 其數一二三四是也. 百官以此相齒, 以事爲常, 以衣食爲主, 蕃息畜藏, 老弱孤寡爲意, 皆有以養, 民之理也.

그들의 법도가 온 세상에 퍼져서 중국에 성립된 것이 제자백가의 학문

제33편 천하(天下) 1-2

옛사람들(천인 · 신인 · 지인 · 성인)은 타고난 본성을 온전히 갖추고 있었습니다. 그들은 천지신명과 짝을 이루고 하늘과 땅을 본받았으며, 만물을 길러내고 천하 사람들을 화합케 했으니, 그들의 은택이 온 백성에게까지 미쳤습니다. 또 그들은 도의 근본에 대해서도 밝았고, 구체적인 법도들도 꿰고 있었습니다. 그리하여 그들의 도는 천지사방과 사시에 통했고, 크고 작은 것과 미세하고 굵은 것에 이르기까지 그 운행이 미치지 않은 곳이 없었습니다.

古之人其備乎. 配神明, 醇天地, 育萬物, 和天下, 澤及百姓, 明於本數, 係於末度, 六通四辟, 小大精粗, 其運無乎不在.

이러한 도술(道術)은 여러 가지 제도나 규범 등에 분명하게 나타나는데, 옛날의 법률과 제도 및 세상에 전해 오는 역사 속에 아직도 많이 남아 있습니다. 또 그것은 『시경(詩經)』 · 『서경(書經)』 · 『예경(禮經)』·『악경(樂經)』 등의 경전 속에 남아 있고, 추나라와 노나라의 선비들과 경대부 그리고 유학자들이 대부분을 밝혀 놓고 있습니다. 『시경』은 사람의 심경을 나타낸 책이고, 『서경』은 정치적인 사건들을 기술한 책이며, 『예경』은 행위의 규범을 기술한 책이고, 『악경』은 성정의 조화를 기술한 책이며, 『역경(易經)』은 음양 변화의 이치를 기술한 책이고, 『춘추(春秋)』는 명분에 대하여 기술한 책입니다. 그들의 법도가 온 세상에 퍼져서 중국에 성립된 것이 제자백가의 학문인데, 시대에 따라 칭송하거나 언급하기도 하는 겁니다.

其明而在數度者, 舊法世傳之史尙多有之. 其在於『詩』·『書』·『禮』·『樂』者, 鄒魯之士搢紳先生多能明之. 『詩』以道志, 『書』以道事, 『禮』以道行, 『樂』以道和, 『易』以道陰陽, 『春秋』以道名分. 其數散於天下而設於中國者, 百家之學, 時或稱而道之.

이제 도술마저도 천하의 학자들에 의하여 분열조짐을 보이고 있는 겁니다

제33편 천하(天下) 1–3

온 세상이 큰 혼란에 빠진 뒤로는 현인과 성인의 도가 나타나지 않았고, 도와 덕에 대한 견해도 일치하지 않았습니다. 온 세상 사람들은 다분히 도의 일면만을 터득하고선 스스로 만족하게 되었습니다. 비유하자면 마치 그것은 귀와 눈과 코와 입의 기능이 모두 제각기 분명하지만 서로 소통하지 못하는 것과 같습니다. 이것은 마치 수많은 집안(百家)들의 여러 가지 기술과 같은 것으로 모두 뛰어난 장점을 가지고 있고 때에 따라 쓰임새가 있기는 하지만, 그들 각각은 모든 것을 겸비하지 못한 채 모든 곳에 두루 적용되지도 못하고 어느 한 분야에만 치우친 전문 학자와도 같은 겁니다.

天下大亂, 賢聖不明, 道德不一. 天下多得一察焉以自好. 譬如耳目鼻口, 皆有所明, 不能相通. 猶百家衆技也. 皆有所長, 時有所用. 雖然, 不該不徧, 一曲之士也.

그들은 천지조화의 아름다움을 전체적으로 보지 않고 조각내 보며, 만물의 이치를 분석적으로 보고, 옛사람의 온전함을 부분으로 나누어 봅니다. 그러니 천지의 아름다움을 갖추거나 신명의 모습을 지녔다고 할 만한 경우가 드물게 되는 겁니다. 그렇기 때문에 내적으로는 성인의 덕을 갖추고 외적으로는 제왕으로서의 능력을 갖추는 내성외왕(內聖外王)의 도는 암울하게 드러나지 못했고, 단단히 막혀 피어나지 못했으며, 온 세상 사람들은 각자 자기가 하고 싶은 것을 하면서 자신이 하는 것이 도술(道術)이라 생각하고 있습니다. 아, 슬픈 일입니다! 여러 학파는 자기 생각대로 달려가면서 본래의 근본으로 돌아오지 않으니 결코 합일되지는 못할 겁니다. 그 뒤로 후세의 학자들은 불행하게도 천지의 순수함이라든가 옛사람들의 전체적인 모습을 보지 못하게 되었습니다. 이제 도술마저도 천하의 학자들에 의하여 분열조짐을 보이고 있는 겁니다.

判天地之美, 析萬物之理, 察古人之全, 寡能備於天地之美, 稱神明之容. 是故內聖外王之道, 闇而不明, 鬱而不發, 天下之人各爲其所欲焉以自爲方. 悲夫! 百家往而不反, 必不合矣. 後世之學者, 不幸不見天地之純, 古人之大體. 道術將爲天下裂.

이것을 과연 인정(人情)에 맞는 것이라 할 수 있을까요

제33편 천하(天下) 2-1

후세 사람들이 사치에 빠지지 않게 하고, 모든 물건을 함부로 낭비하지 않게 하며, 법률이나 제도를 화려하게 제정하지 않고, 올바른 규범으로 스스로를 바로잡으며, 세상의 위급한 일에 대비케 해야 합니다. 옛날의 도술 중에 이러한 것에 중점을 둔 것이 있었습니다. 묵가학파의 창시자 묵적(墨翟)과 그의 제자 금골리(禽滑釐)가 그러한 가르침을 듣고서는 아주 기뻐했습니다. 그러나 그들은 검소하고 절약함이 너무 지나쳤고, 그쳐야 될 사치와 소비에 대해서는 지나치게 신중하였습니다. 그들은 음악을 비판하는 『비악(非樂)』이라는 글을 썼고, 절약할 것을 주장하는 『절용(節用)』을 표방하였습니다. 그래서 그들은 살아서는 아무리 기쁜 일이 있어도 노래 부르지 않았고, 죽어서는 상복도 입지 않았습니다.

不侈於後世, 不靡於萬物, 不暉於數度, 以繩墨自矯, 而備世之急. 古之道術有在於是者. 墨翟禽滑釐聞其風而說之. 爲之大過, 已之大循. 作爲『非樂』, 命之曰『節用』. 生不歌, 死無服.

묵자는 모든 사람을 차별 없이 널리 사랑했고, 물질적 이익을 공유했으며, 전쟁을 반대했습니다. 그리고 그가 주장하는 도는 남에게 성내지 않는 겁니다. 그는 또 배우는 것을 좋아해 폭넓게 섭렵했지만 또 다른 학설을 내세우지는 않았습니다. 그러나 이는 옛 임금들인 요순과 같지 않았고, 오히려 예부터 전해 오는 예악(禮樂)을 비방했습니다. 황제 시대에는 「함지(咸池)」라는 음악이 있었고, 요 임금 때는 「대장(大章)」이라는 음악이 있었으며, 순 임금 때는 「대소(大韶)」라는 음악이 있었고, 우 임금 때는 「대하(大夏)」라는 음악이 있었으며, 탕 임금 때는 「대호(大濩)」라는 음악이 있었고, 문왕 때는 「벽옹(辟雍)」이라는 음악이 있었으며, 무왕과 주공 때는 「무(武)」라는 음악을 제작했습니다.

墨子氾愛兼利而非鬬, 其道不怒. 又好學而博, 不異, 不與先王同, 毁古之禮樂. 黃帝有『咸池』, 堯有『大章』, 舜有『大韶』, 禹有『大夏』, 湯有『大濩』, 文王有辟雍之樂, 武王周公作『武』.

옛날의 상례(喪禮)에는 귀천에 따라 의식이 달랐고, 신분의 높고 낮음에 따라 차등이 있었습니다. 천자는 속관과 겉 관을 일곱 겹으로 하였고, 제후는 다섯 겹, 대부는 세 겹, 선비는 두 겹으로 제한하였습니다. 그런데 지금 묵자만은 오직 살아서는 노래를 부르지 않고 죽어서도 상복을 입지 않으며, 세 치 두께의 오동나무 속관에 겉 관을 쓰지 않는 것을 법식으로 삼았습니다. 이런 방식으로 사람들을 교육하다 보면 아마도 다른 사람을 사랑하지도 않을 겁니다. 이런 방식으로 자신이 실행하다 보면 틀림없이 자기 자신마저도 사랑하지 않을 겁니다. 묵자의 이러한 학설을 실패했다고 할 수는 없습니다. 그러나 노래하고 싶을 때 노래하지 못하게 하고, 곡하고 싶을 때 곡하지 못하게 하고, 즐기고 싶을 때 즐기지 못하게 한다면, 이것을 과연 인정(人情)에 맞는 것이라 할 수 있을까요?

古之喪禮, 貴賤有儀, 上下有等, 天子棺槨七重, 諸侯五重, 大夫三重, 士再重. 今墨子獨生不歌, 死無服, 桐棺三寸而無槨, 以爲法式. 以此教人, 恐不愛人. 以此自行, 固不愛己. 未敗墨子道, 雖然, 歌而非歌, 哭而非哭, 樂而非樂, 是果類乎?

그들은 살아서는 부지런히 일만 하고 죽어서는 야박한 대우를 받으니, 그들의 방식은 너무나도 각박한 겁니다. 그들의 방식은 사람들을 근심스럽게 하고 사람들을 슬프게 하기 때문에 그것은 실행하기도 어려울 겁니다. 아마도 그러한 방식은 성인의 도라고 할 수 없을 것이며, 온 세상 사람들의 마음과는 반대되는 것이므로 세상 사람들이 감당하지 못할 겁니다. 묵자 자신은 그러한 방식을 실행할 수 있다 하더라도 세상 사람들이 어떻게 그걸 감당하겠습니까? 온 세상 사람들의 마음에서 떠났다면 그러한 방식은 왕도와는 거리가 먼 일일 겁니다.

其生也勤, 其死也薄, 其道大觳. 使人憂, 使人悲, 其行難爲也. 恐其不可以爲聖人之道, 反天下之心, 天下不堪. 墨子雖獨能任, 奈天下何? 離於天下, 其去王也遠矣.

묵적과 금골리의 의도는 옳았지만 그들의 행동은 옳지 못했습니다

제33편 천하(天下) 2-2

묵자는 도에 관하여 다음과 같이 말하고 있습니다.

"옛날에 우 임금이 홍수를 막을 때 양자강과 황하의 범람한 물을 운하를 파 터줌으로써 사방 변방의 땅과 온 중국 땅인 구주에까지 흐르게 하였습니다. 그때 큰 강 300개와 지류 하천 3,000개 그리고 무수히 많은 소하천의 물길을 터주었죠. 우 임금이 몸소 삼태기와 삽을 들고서 온 세상의 강물을 한데 흐르도록 한 겁니다. 그 때문에 장딴지는 잔털도 나지 않았고 정강이에는 털이 닳아 없어지고, 소나기로 머리를 감고 거센 바람으로 머리를 빗으면서 모든 나라를 안정시켰습니다. 우 임금은 위대한 성인임에도 이처럼 몸을 수고롭게 하면서까지 온 세상을 안정시켰던 겁니다."

墨子稱道曰: 「昔者禹之湮洪水, 決江河而通四夷九州也. 名川三百, 支川三千, 小者無數. 禹親自操橐耜而九雜天下之川. 腓無胈, 脛無毛, 沐甚雨, 櫛疾風, 置萬國. 禹大聖也, 而形勞天下也如此.」

그러고는 후세의 묵가 사람들에게 가죽과 굵은 베로 옷을 지어 입게 하고 나막신과 짚신을 신게 했으며, 밤낮 쉴 새 없이 자신을 고통 속으로 몰아넣는 것을 최고의 수행법이라고 하였습니다. 그러면서 말하죠.

"이와 같이 할 수 없다면 그건 우 임금의 도가 아니며 묵가라고 말할 수도 없다"고 말이지요.

使後世之墨者, 多以裘褐爲衣, 以跂蹻爲服, 日夜不休, 以自苦爲極, 曰:「不能如此, 非禹之道也, 不足謂墨.」

상리근(相里勤)의 제자, 오후(五侯)의 무리, 남방의 묵가인 고획(若獲)·기치(已齒)·등릉자(鄧陵子)의 무리들은 모두『묵경(墨經)』을 암송하고 다니면서도 내세우는 주장은 상반되거나 같지가 않았습니다. 그들은 상대방을 묵가의 별종으로 불렀습니다.

相里勤之弟子, 五侯之徒, 南方之墨者若獲已齒鄧陵子之屬, 俱誦『墨經』, 而倍譎不同, 相謂別墨.

또 견백(堅白)과 동이(同異)의 궤변으로 상대방을 헐뜯으며, 홀수와 짝수처럼 짝이 되지도 못하는 말로 서로들 대응했습니다. 그리고 자기네의 중심인물인 거자(巨子)를 성인이라고 우겨댔습니다. 그리고 모두가 묵가의 종가(宗家)가 되기를 바라고 묵자의 후계자가 되기를 희망하면서 지금까지도 결판을 내지 못하고 있는 겁니다.

以堅白同異之辯相訾, 以觭偶不仵之辭相應. 以巨子爲聖人. 皆願爲之尸, 冀得爲其後世, 至今不決.

묵적과 금골리의 의도는 옳았지만 그들의 행동은 옳지 못했습니다. 그들은 후세의 묵가 사람들에게 반드시 스스로를 고통 속으로 몰아넣고 장딴지는 잔털도 나지 않고 정강이에는 털이 닳아 없어지도록 서로를 앞지르도록 경쟁시켰을 뿐입니다. 그것은 세상을 혼란에 빠뜨린 죄 값은 크고, 세상을 다스리는 공로는 적다는 얘깁니다. 비록 그렇기는 하지만 묵자는 진정 온 세상 사람들을 사랑했습니다. 그는 겸애의 도를 추구하다 얻지 못하면 비록 제 몸이 빼빼 야위어도 자기의 주장을 포기하지 않았으니, 그는 진정 세상을 구제할 재능 있는 인물이었습니다.

墨翟禽滑釐之意則是, 其行則非也. 將使後世之墨者, 必以自苦腓無胈脛無毛, 相進而已矣. 亂之上也, 治之下也. 雖然, 墨子眞天下之好也. 將求之不得也, 雖枯槁不舍也, 才士也夫.

오욕칠정을 줄여나가는 것을 내적인 수행의 목표로 삼았습니다

제33편 천하(天下) 3-1

세속의 일에 얽매이지 않고, 외물로 자신을 꾸미지 않으며, 다른 사람을 가혹하게 대하지 않고, 여러 사람의 마음을 거스르지 않으며, 온 세상이 평안하게 생활함으로써 백성의 성명이 보전되기를 바라고, 타인과 내가 먹고살기에 충분하면 만족하고 그칠 줄 아는 것, 이러한 관점에서 자기의 심경을 드러냈습니다. 옛날의 도술(道術) 가운데 이러한 관점을 지향하는 사람들이 있었습니다. 전국시대 송윤학파의 일원인 송견(宋鈃)과 윤문(尹文)이 이러한 학설을 듣고서 기뻐했습니다. 그들은 위아래 폭이 같은 화산관(華山冠)이라는 모자를 만들어 쓰고는 만민평등이라는 자기 학파의 사상을 표현했고, 만물을 대할 때 차별관을 없애는 것을 학문의 시작점으로 삼았습니다. 그들은 마음에 담긴 내용에 대해서도 토론했는데, 그것을 명명하여 '마음의 활동'이라고 하기도 하였습니다.

不累於俗, 不飾於物, 不苛於人, 不忮於衆, 願天下之安寧以活民命, 人我之養, 畢足而止, 以此白心. 古之道術有在於是者. 宋鈃尹文聞其風而說之. 作爲華山之冠以自表, 接萬物以別宥爲始. 語心之容, 命之曰「心之行」.

그들은 부드러운 태도로 다른 사람의 기쁨을 함께하고, 또 그것으로써 온 세상을 조화롭게 하고자 했습니다. 그리고 모두가 이러한 내용을 주도적인 사상으로 삼고자 하였습니다. 그래서 그들은 업신여김을 받아도 모욕으로 생각하지 않았으며, 백성들 사이의 싸움을 해결하고 구제하고자 했고, 침략을 금지하고 군대를 없앰으로써 온 세상의 전쟁을 막아내려고 하였습니다. 그들은 이러한 주도적 사상을 지닌 채 온 세상을 돌아다니면서 위로는 군주들을 설득하고 아래로는 백성들을 교화하였습니다. 비록 세상 사람들이 받아들이지는 않았지만, 강행군하며 유세하는 것을 포기하지 않았습니다.

以聏合驩, 以調海內. 請欲置之以爲主. 見侮不辱, 救民之鬭, 禁攻寢兵, 救世之戰. 以此周行天下, 上說下教. 雖天下不取, 強聒而不舍者也.

그래서 세상 사람들은 말했죠. '윗사람은 윗사람대로 아랫사람은 아랫사람대로 모두가 싫어했지만 강행군하며 자기네 관점을 펼치고 다닌다'고 말이지요. 비록 그렇기는 하였지만 그들은 타인을 위해서는 지나칠 정도였고, 그들 자신을 위해서는 지나치게 신경 쓰지도 않았습니다. 그러면서 그들은 말합니다.

"우리가 원하는 것은 다만 다섯 되 정도의 밥이면 충분합니다."

그러면서도 자기의 스승들이 배부르게 먹지 못할까 걱정했을 뿐 그 제자들은 비록 굶주리더라도 세상 사람들을 잊지 않았습니다. 그들은 밤낮으로 백성들을 위해 일하면서도 "우리 모두 반드시 잘 살아야 한다"고 외칩니다. 참으로 위대한, 세상을 구제할 인사들입니다!

故曰: 上下見厭而強見也. 雖然, 其爲人太多, 其自爲太少. 曰:「請欲固置五升之飯足矣.」先生恐不得飽, 弟子雖飢, 不忘天下. 日夜不休, 曰:「我必得活哉!」圖午乎救世之士哉!

그들은 또 외칩니다.

"군자라면 다른 사람에 대해 가혹하게 사찰하지 않아야 하며, 자신 스스로는 어떤 외물에도 의지하지 않아야 합니다."

그들은 세상에 전혀 도움이 되지도 않는 일을 일일이 밝히는 것보다는 그만두는 편이 낫다고 생각했습니다. 그래서 그들은 침략을 금지하고 군대를 없애는 것을 외적인 목표로 삼았고, 오욕칠정을 줄여나가는 것을 내적인 수행의 목표로 삼았습니다. 그러나 그들이 주장하는 크고 작으면서 치밀하고 큰 계획들의 실행은 결국 이쯤에 이르러 중단되고 말았습니다.

曰:「君子不爲苛察, 不以身假物.」以爲無益於天下者, 明之不如已也. 以禁攻寢兵爲外, 以情欲寡淺爲內. 其小大精粗, 其行適至是而止.

사물에 대한 시시비비를 버리고서야 세속의 속박으로부터 벗어날 수 있었습니다

제33편 천하(天下) 4-1

공평하면서도 편을 가르지 않고, 평이하면서도 번거롭지 않고, 움직일 수 없을 만큼 확고한 신념을 가졌으면서도 사견을 내세우지 않고, 사물의 변화를 따르면서도 자신과 사물을 둘로 나누지 않고, 어떤 일에 대해 미리 생각으로 둘러보지 않고, 얄팍한 지식으로 무언가를 도모하지 않고, 어떤 대상에 대해 시시비비를 가리지 않고서 그저 그것들과 함께 어우러집니다. 옛날의 도술 가운데 이러한 입장에 선 자들이 있었는데, 바로 팽몽(彭蒙)과 전병(田騈)과 신도(愼到) 등이 그러한 학설을 듣고서 기뻐하였습니다.

公而不黨, 易而無私, 決然無主, 趣物而不兩, 不顧於慮, 不謀於知, 於物無擇, 與之俱往. 古之道術有在於是者, 彭蒙田騈愼到聞其風而說之.

그들은 만물을 동등하게 보는 것을 가장 중요한 사상으로 삼고서 다음과 같이 주장했습니다.

"하늘은 만물을 덮어줄 수 있지만 실을 수는 없고, 땅은 만물을 실어줄 수 있지만 덮어줄 수는 없다. 대도는 만물을 포용할 수는 있지만 그것들을 일일이 구별하지는 않는다."

그들은 만물에는 인위적인 방법으로 가능한 것도 있지만 불가능한 것도 있음을 알고 있었습니다. 그래서 그들은 말합니다.

"인위적으로 어떤 것을 선택하면 보편적이지 못하고 무언가를 가르치면 온전할 순 없지만, 도는 어느 것 하나 빠뜨리지 않는다."

齊萬物以爲首, 曰:「天能覆之而不能載之, 地能載之而不能覆之, 大道能包之而不能辯之.」知萬物皆有所可, 有所不可, 故曰:「選則不徧, 教則不至, 道則無遺者矣.」

이렇기 때문에 신도(愼到)는 지력에 의한 판단을 버리고 자기 견해를 없애면서 어쩔 수 없는 경우만을 따랐습니다. 그는 사물의 변화를 그대로 따르는 것을 올바른 도리라고 생각했습니다. 그래서 그는 말했죠.

"알 수 없는 것을 억지로 알려고 한다면, 오히려 지식은 얄팍해져 결국엔 자신만 상처를 입게 된다"고.

그래선지 그는 사물의 변화를 따를 뿐 아무 일도 맡지 않았고, 현명한 사람을 숭상하는 세상 사람들을 비웃었습니다. 또 제멋대로 거리낌도 없이 어떤 행동에도 구속됨이 없었고, 천하의 대성인마저도 비난하였습니다. 그는 자신의 모난 곳을 때리고 깎아내어 사물의 추이변화에 따라 완만하게 변신해 갔습니다. 그리고 사물에 대한 시시비비를 버리고 나서야 진정으로 세속의 속박으로부터 벗어날 수 있었습니다.

是故愼到棄知去己, 而緣不得已. 泠汰於物, 以爲道理. 曰:「知不知, 將薄知而後鄰傷之者也.」謑髁無任, 而笑天下之尚賢也. 縱脫無行, 而非天下之大聖. 椎拍輐斷, 與物宛轉. 舍是與非, 苟可以免.

저 무지한 흙덩어리는 도를 잃는 일이 없다

제33편 천하(天下) 4-2

또 지식이나 생각을 앞세우지 않고, 앞뒤 사정을 알려 하지 않고, 그저 홀로 우뚝 서 있을 뿐이었습니다. 그는 무언가에 떠밀린 후에야 움직였고, 누군가가 앞에서 끌어줘야 나아갔습니다. 그의 행동은 마치 회오리바람이 돌아가듯이, 마치 깃털이 선회하듯이, 마치 맷돌이 돌아가듯이 자연스러웠습니다. 그래서 온전하여 결점이 없었고, 움직이건 머물건 허물이 없었고, 결코 죄를 지은 적도 없었습니다. 이러한 건 무슨 까닭일까요?

不師知慮, 不知前後, 魏然而已矣. 推而後行, 曳而後往, 若飄風之還, 若羽之旋, 若磨石之隧, 全而無非, 動靜無過, 未嘗有罪. 是何故?

대체로 보아 무지한 사람은 자기를 내세워 환난을 당하는 일이 없고, 지식을 활용하여 속박되는 일도 없으며, 움직이건 머물건 자연의 이치에서 벗어나는 일도 없고, 이 때문에 평생 동안 명예를 얻는 일도 없게 됩니다. 그래서 그는 또 말합니다.

"무지한 사물과 같은 경지에 이르면 그만이다. 현인이나 성인의 가르침도 필요 없다. 저 무지한 흙덩어리는 도를 잃는 일이 없다."

夫無知之物, 無建己之患, 無用知之累, 動靜不離於理, 是以終身無譽. 故曰:「至於若無知之物而已, 無用賢聖, 夫塊不失道.」

세상의 호걸들은 서로들 그의 주장을 비웃으며 말합니다.

"신도가 내세우는 도는 살아 있는 인간의 행동이 아니라 그것은 죽은 사람의 도리일 뿐이다. 그러니 괴상하다는 소리를 듣는 것이다."

豪傑相與笑之曰:「愼到之道, 非生人之行, 而至死人之理, 適得怪焉.」

전병(田騈)도 역시 마찬가지였습니다. 그는 팽몽(彭蒙)에게 배웠는데, 말로는 전할 수 없는 비전을 터득했습니다. 팽몽의 스승이 말했습니다.

"옛날의 도를 체득한 사람은 어떤 것도 옳다 하지 않고 어느 것도 그르다고 하지 않는 경지에 이르렀단다. 그의 가르침은 바람과도 같았으니 어찌 말로 표현할 수 있겠느냐?"

그는 항상 일반 사람들의 생각과는 반대로 행했고 그 때문에 사람들의 주목을 끌지도 못했으며, 인위적인 성격 역시 벗어나진 못했습니다. 그가 말한 도는 도가 아니며, 그가 옳다고 말한 것 중에 그르지 않은 것이 없었습니다. 팽몽과 전병과 신도는 진정한 도를 알지 못했던 겁니다. 비록 그렇기는 하지만 그들 모두는 도에 대한 개략적인 내용은 들은 일이 있는 사람들입니다.

田騈亦然, 學於彭蒙, 得不教焉. 彭蒙之師曰:「古之道人, 至於莫之是莫之非而已矣. 其風窢然, 惡可而言?」常反人, 不見觀, 而不免於魭斷. 其所謂道非道, 而所言之韙不免於非. 彭蒙田騈愼到不知道. 雖然, 概乎皆嘗有聞者也.

관윤(關尹)과 노담(老聃)은 옛날의 박식하고 위대한 진인(眞人)이었습니다

제33편 천하(天下) 5-1

도의 근본은 정미하다고 보고 유형의 사물은 조잡하다고 보며, 무언가를 축적하는 것을 부족하다고 여기면서 담담하게 홀로 조화의 신명과 함께 지냅니다. 옛날의 도술(道術) 가운데 이러한 관점을 지향하는 사람이 있었는데, 관윤(關尹)과 노담(老聃: 노자)이 그러한 학풍을 좋아하였습니다. 그들은 영원한 무(無)와 유(有)를 설정하고, 만물과 하나되는 태일(太一)을 중심 사상으로 삼았습니다. 겉으로 드러난 모습은 유약하고 겸손했으며, 텅 빈 마음으로 만물을 훼손하지 않는 것을 진실한 내용으로 삼았습니다.

以本爲精, 以物爲粗, 以有積爲不足, 澹然獨與神明居. 古之道術有在於是者, 關尹老聃聞其風而說之, 建之以常無有, 主之以太一. 以濡弱謙下爲表, 以空虛不毁萬物爲實.

관윤은 말합니다.

"자기 마음에 집착이 없으면 유형의 사물 스스로가 모습을 드러낸다. 그러한 사람의 움직임은 물과 같고, 고요할 때는 거울과 같으며, 반응은 메아리와 같다. 또 황홀하여 아무것도 없는 것 같고, 적막하기가 맑은 물과 같다. 그것과 동화하면 화합되지만, 그것을 얻으려고 하면 잃어버린다. 그리고 다투어 남보다 앞서지 말고 항상 다른 사람을 뒤따라야 한다."

關尹曰: 「在己無居, 形物自著. 其動若水, 其靜若鏡, 其應若響. 芴乎若亡, 寂乎若清. 同焉者和, 得焉者失. 未嘗先人而常隨人.」

노담도 말합니다.

"그 남성스러움을 알면서 여성스러움을 지킬 수 있다면 천하의 물줄기가 모여드는 계곡이 될 수 있다. 결백함을 알고서 욕됨의 상태를 지키면 천하의 물줄기가 모여드는 계곡이 될 수 있다."

사람들은 모두 남보다 앞서려고 하는데, 그는 홀로 남보다 뒤에 서려고 합니다.

노자는 또 말합니다.

"온 세상의 치욕을 다 받아들인다."

사람들은 실속 있는 것을 취하는데, 그는 홀로 텅 빈 것을 선택했습니다. 그는 아무것도 저장해 둔 게 없기 때문에 언제나 여유로웠습니다. 그는 홀로 우뚝 솟은 산처럼 늘 여유로웠습니다. 그는 몸을 천천히 움직여 힘을 낭비하지 않았고, 인위적으로 무언가를 하지 않으면서 기교를 앞세우는 사람을 비웃었습니다. 사람들은 모두가 복을 추구하지만 그 자신은 홀로 인위적인 뜻을 굽힘으로써 온전함을 유지했습니다.

老聃曰:「知其雄, 守其雌, 爲天下谿. 知其白, 守其辱, 爲天下谷.」人皆取先, 己獨取後. 曰:「受天下之垢.」人皆取實, 己獨取虛, 無藏也故有餘, 巋然而有餘. 其行身也, 徐而不費, 無爲也而笑巧. 人皆求福, 己獨曲全 ,

노자는 또 말합니다.

"정말로 세상의 재앙을 피해야 합니다."

그는 깊이 있는 것을 근본으로 삼고, 간략한 것을 삶의 벼리로 삼았습니다.

그는 또 말합니다.

"지나치게 단단하면 부서지기 쉽고, 지나치게 날카로우면 꺾이기 쉽다."

그는 항상 모든 사물에 대해 관용을 베풀었고, 다른 사람을 깎아내리지 않았으니 지극하다 할 만합니다. 그러니 관윤(關尹)과 노담(老聃)은 옛날의 박식하고 위대한 진인(眞人)이었습니다!

曰:「苟免於咎.」以深爲根, 以約爲紀. 曰:「堅則毁矣, 銳則挫矣.」常寬容於物, 不削於人, 可謂至極. 關尹老聃乎, 古之博大眞人哉!

장자가 말하는 도는 대도에서 벗어나지 않았으며, 아득하고 심원하여 다함이 없었습니다

제33편 천하(天下) 6-1

황홀하고 적막하여 형체도 없는 것이 끝없이 변화합니다. 죽음과 삶은 천지와 나란히 함께 존재하고, 조화의 신명과 함께 갑니다. 망연하게 어디로 가는 걸까요? 홀연히 어디로 가는 걸까요? 만물이 모두 우리 앞에 펼쳐져 있어도 딱히 돌아갈 곳이 없습니다. 옛날의 도술(道術) 가운데 이러한 것을 추구하는 사람이 있었는데, 바로 장주(莊周)가 이러한 학설을 좋아하였습니다. 그는 사실과는 아득히 먼 학설과 황당무계한 말과 끝없는 말로 자유분방하게 자기의 의견을 피력하면서도 어느 한쪽으로 치우치지 않았고, 어느 한쪽에 치우친 견해만을 내세우지도 않았습니다.

芴漠無形, 變化無常, 死與生與, 天地竝與, 神明往與, 芒乎何之? 忽乎何適? 萬物畢羅, 莫足以歸. 古之道術有在於是者. 莊周聞其風而說之, 以謬悠之說, 荒唐之言, 無端崖之辭, 時恣縱而不儻, 不以觭見之也.

그는 온 세상 사람들이 모두 혼탁함에 빠져 있다고 생각했기 때문에 올바른 말로는 그들과 이야기할 수 없다고 여겼습니다. 그래서 그는 그때그때 상황에 맞게 하는 말인 치언(卮言)으로써 다양한 표현수단으로 삼았고, 옛사람의 말이나 일을 차용하는 중언(重言)으로써 진실을 일깨웠으며, 우화의 형식을 띤 우언(寓言)으로써 광범위한 문제를 이야기했습니다. 그는 홀로 천지의 정신과 왕래하면서 만물에 대해 오만해 하거나 무시하지 않았고, 옳고 그름을 따지지 않았으며, 세속 사람들과 더불어 살았습니다.

以天下爲沈濁, 不可與莊語, 以卮言爲曼衍, 以重言爲眞, 以寓言爲廣. 獨與天地精神往來, 而不敖倪於萬物, 不譴是非, 以與世俗處.

그가 쓴 책의 내용은 기발하고 특이하지만 원만하게 서술하여 도리에 어긋나지 않았습니다. 그가 구사하는 말들은 허구와 사실이 뒤섞여 기이하긴 해도 볼 만합니다. 그는 자기 마음속에 말할 것들로 가득차서 글 쓰는 걸 멈출 수가 없었을 겁니다. 위로는 조물주와 더불어 노닐고, 아래로는 생사를 잊은 채 시작과 끝이 없다고 생각하는 사람을 벗으로 삼았습니다. 그는 도를 근본으로 삼았고, 그의 정신영역은 광대하고도 확 트였으며 심원하고도 자유로웠습니다. 그는 자연을 종가로 삼았고, 그의 정신경계는 자연과 적절하게 조화를 이루어 최고의 경지에 도달했다고 말할 수 있을 겁니다. 비록 그렇기는 하지만 그는 자연의 변화에 순응하면서도 사물의 속박에서 벗어나는 것에 대한 그의 논리는 끝날 줄 몰랐고, 그가 말하는 도는 대도에서 벗어나지 않았으며, 아득하고 심원하여 다함이 없었습니다.

其書雖瓌瑋, 而連犿無傷也. 其辭雖參差, 而諔詭可觀. 彼其充實, 不可以已, 上與造物者遊, 而下與外死生無終始者爲友. 其於本也, 弘大而辟, 深閎而肆, 其於宗也, 可謂稠適而上遂矣. 雖然, 其應於化而解於物也, 其理不竭, 其來不蛻, 芒乎昧乎, 未之盡者.

만물을 널리 사랑하십시오! 천지는 한 몸입니다

제33편 천하(天下) 7-1

혜시의 학술은 여러 분야에 걸쳐 있고 그가 지은 책도 다섯 수레나 되었지만, 그가 내세운 도는 잡다한 것들로 뒤섞여 있고 그의 이론 또한 이치에 맞지 않습니다. 그는 사물의 의미를 분석하여 다음과 같이 말했습니다.

"지극히 커서 밖이 없는 것을 일러 대일(大一)이라 하고, 지극히 작아서 그 안이 없는 것을 일러 소일(小一)이라 합니다. 두께가 없어서 쌓을 수는 없지만 소일의 관점에서는 그 크기가 천 리에 이릅니다. 대일의 관점에서 보면 하늘과 땅은 낮고 산과 연못은 평평하며, 해가 중천에 뜨자마자 서쪽으로 기울어지고, 모든 사물은 태어나면서 동시에 죽어가고 있습니다. 큰 견지에서 보면 모두가 같지만, 작은 견지에서 볼 때 같기도 하고 다르기도 하다면 이걸 일러 '소동이(小同異)'라고 합니다. 만물은 모두 같으면서 동시에 모두 다른 것을 일러 '대동이(大同異)'라고 합니다.

惠施多方, 其書五車, 其道舛駁, 其言也不中. 厤物之意, 曰:「至大無外, 謂之大一. 至小無內, 謂之小一. 無厚, 不可積也, 其大千里. 天與地卑, 山與澤平, 日方中方睨, 物方生方死. 大同而與小同異, 此之謂『小同異』. 萬物畢同畢異, 此之謂『大同異』.

남쪽은 끝이 없으면서도 북쪽이 있기에 끝이 있는 겁니다. 오늘 월나라로 출발하였어도 옛날에 도착했다고도 할 수 있습니다. 연결되어 있는 고리도 풀 수 있습니다. 나는 세상의 중앙이 어디인지 알고 있는데, 그곳은 연나라의 북쪽이면서 월나라의 남쪽이라고도 할 수 있습니다. 만물을 널리 사랑하십시오! 천지는 한 몸입니다."

혜시는 이러한 논법을 위대하다고 생각하여 온 세상에 제시하고 변사들을 가르쳤습니다. 그러자 온 세상의 변사들은 서로 함께 모여 그걸 즐겼습니다.

南方無窮而有窮, 今日適越而昔來. 連環可解也. 我知天下之中央, 燕之北越之南是也. 氾愛萬物, 天地一體也.」 惠施以此爲大, 觀於天下而曉辯者, 天下之辯者相與樂之.

그들은 다른 사람들의 마음을 현혹시켰고 사람들의 의지를 바꾸어버렸습니다

제33편 천하(天下) 8-1

혜시(惠施)를 추종하는 변사들은 다음과 같은 말들을 했습니다.

"알에는 털이 있다."

"닭의 다리는 세 개다."

"초나라의 수도인 영(郢) 땅 안에도 천하가 있다."

"개는 양이 될 수도 있다."

"말은 알을 낳는다."

"청개구리는 꼬리가 있다."

"불은 뜨겁지 않다."

"산에도 입이 있다."

"수레바퀴는 땅 위를 구르지 않는다."

"눈은 사물을 보지 못한다."

"손가락은 사물에 닿지 못하고, 닿으면 떨어지지 않는다."

"거북이는 뱀보다 길다."

"곱자는 네모나지 않다."

"그림쇠로는 원을 그릴 수 없다."

"구멍은 그 속에 꽂힌 쐐기를 감싸지 못한다."

"날아가는 새의 그림자는 결코 움직이지 않는다."

"빠르게 날아가는 화살은 가지도 않고 멈추지도 않은 때가 있다."

"강아지는 개가 아니다."

"누런 말과 검은 소는 셋이다."

"흰 강아지는 검다."

"외로운 망아지는 어미가 있어 본 적이 없다."

"한 자 길이의 채찍을 매일 반씩 자르면 만년이 지나도 없어지지 않는다."

卵有毛, 雞三足, 郢有天下, 犬可以爲羊, 馬有卵, 丁子有尾, 火不熱, 山出口, 輪不蹍地, 目不見, 指不至, 物不絕, 龜長於蛇, 矩不方, 規不可以爲圓, 鑿不圍枘, 飛鳥之景未嘗動也, 鏃矢之疾, 而有不行不止之時, 狗非犬. 黃馬驪牛三, 白狗黑, 孤駒未嘗有母, 一尺之捶, 日取其半, 萬世不竭.

변사들은 이런 말로써 혜시의 주장에 호응하며 죽을 때까지 멈추지 않았습니다. 환단(桓團)과 공손룡(公孫龍)이 바로 이러한 변사들의 무리로, 그들은 다른 사람들의 마음을 현혹시켰고 사람들의 의지를 바꾸어버렸습니다. 그들은 사람들의 말을 이길 수는 있었지만, 사람들의 마음을 굴복시키지는 못했습니다. 이것이 변사들의 한계랍니다.

辯者以此與惠施相應, 終身無窮. 桓團公孫龍辯者之徒, 飾人之心, 易人之意, 能勝人之口, 不能服人之心, 辯者之囿也.

혜시는 재능을 지녔음에도 어리석게 제멋대로 행동하더니 아무 것도 얻은 게 없었고

제33편 천하(天下) 8-2

혜시는 날마다 그의 지식을 이용하여 사람들과 변론을 일삼았고, 특히 세상의 변사들과 함께 괴이한 변론들을 만들어냈습니다. 앞에서 말한 이러한 것들이 혜시학설의 대략적인 것들입니다. 그러나 혜시는 자신의 입담 때문에 자기 자신이 가장 현명하다고 생각하면서 말합니다.

"내 변론보다 뛰어난 것은 하늘과 땅뿐이다!"

혜시에겐 굳센 의지는 있었지만 체계적인 도술은 없었습니다.

惠施日以其知與人之辯, 特與天下之辯者爲怪, 此其柢也. 然惠施之口談, 自以爲最賢, 曰:「天地其壯乎.」施存雄而無術.

남쪽 초나라에 황료(黃繚)라는 기인이 있었습니다. 그는 하늘이 무너지지 않고 땅이 함몰되지 않는 까닭과 바람과 비와 천둥과 번개가 발생하는 원인에 대해 혜시에게 물었습니다. 혜시는 조금도 사양하지 않으며 호응했고, 깊이 생각해 보지도 않고 대답합니다. 그는 만물에 대해 전반적으로 설명했는데, 쉬지 않고 많은 것을 설명했으면서도 그칠 줄 몰랐습니다. 그는 오히려 설명이 부족하다고 생각하여 이상한 괴변을 이어갔습니다.

南方有倚人焉, 曰: 黃繚, 問天地所以不墜不陷, 風雨雷霆之故. 惠施不辭而應, 不慮而對, 徧爲萬物說, 說而不休, 多而無已, 猶以爲寡, 益之以怪.

그는 사람들의 상식에 어긋나는 것을 사실로 간주하고, 논쟁에서 다른 사람을 이김으로써 명성을 얻고자 했습니다. 이 때문에 그의 괴변은 대중에게는 맞지 않았습니다. 그는 내면의 덕을 쌓는 데는 미약했고, 사물의 분석에는 강했기 때문에 그가 추구한 길은 비뚤어져버렸습니다. 천지의 도라는 관점에서 볼 때 혜시의 지적능력은 한 마리 모기나 한 마리 등에의 수고로움과도 같습니다. 그것이 만물에 대하여 어떤 쓸모가 있겠습니까?

以反人爲實, 而欲以勝人爲名, 是以與衆不適也. 弱於德, 強於物, 其塗隩矣. 由天地之道觀惠施之能, 其猶一蚊一虻之勞者也. 其於物也何庸?

그의 주장이 한 분야에는 충족했다고 할 수 있지만 그것이 도보다도 존귀하고 뛰어나다고 말한다면 참으로 위험한 생각입니다. 혜시는 이것만으로는 자신 스스로도 만족하지 못하고 온갖 사물에 정신을 빼앗겨 지칠 줄도 모르더니, 마침내는 말만 뛰어난 변사로 명성을 얻고자 했습니다. 참으로 애석한 일입니다! 혜시는 재능을 지녔음에도 어리석게 제멋대로 행동하더니 아무것도 얻은 게 없었고, 만물에 정신이 팔려 자신을 되돌아볼 줄 몰랐습니다. 이는 곧 소리를 질러 메아리를 없애려 하는 것과 같고, 몸과 그림자가 서로 앞서 나가려고 다투는 것과 같이 허망한 일이었습니다. 참으로 슬픈 일입니다!

夫充一尚可, 曰愈貴道, 幾矣. 惠施不能以此自寧, 散於萬物而不厭, 卒以善辯爲名. 惜乎! 惠施之才, 駘蕩而不得, 逐萬物而不反, 是窮響以聲, 形與影競走也. 悲夫!

한자어원풀이

內聖外王(내성외왕) 이란 "내면적으로는 성인의 덕을 갖추고 외면적으로는 제왕으로서의 능력을 갖춘다"는 뜻으로, "내적으로는 성인의 덕을 갖추고 외적으로는 제왕으로서의 능력을 갖추는 내성외왕(內聖外王)의 도는 암울하게 드러나지 못했고, 단단히 막혀 피어나지 못했으며, 온 세상 사람들은 각자 자기가 하고 싶은 것을 하면서 자신이 하는 것이 도술(道術)이라고 생각하고 있습니다. 아 슬픈 일입니다!"라는 구절에서 유래했습니다.

안 內(내) 는 들 입(入)과 먼데 경(冂)으로 이루어졌습니다. 入(입)에 대해 『說文』에서는 "入은 안으로 들어감을 말한다. 밖으로부터 안으로 들어가는 모양을 본떴다"라고 하였습니다.

자형 외곽의 먼데 冂(경)은 들 坰(경)의 옛글자인데, 사람들이 거주하는 곳을 邑(고을 읍)이라 하고 읍 밖을 郊(성 밖 교)라 하며, 郊의 밖을 野(들 야)라 하고 野의 밖을 林(수풀 림)이라 하며 林의 밖을 冂(먼데 경)이라 합니다. 따라서 먼 곳(冂)으로부터 안으로 들어온다(入)는 데서 '안', '들이다'는 뜻을 지니게 되었습니다.

성스러울 聖(성) 은 사람의 귀 모양을 본뜬 귀 이(耳)와 입 모양을 상형한 입 구(口) 그리고 오뚝할 정(壬)으로 구성되어 있습니다. 현재 자형으로만 볼 때, 壬(임)과 壬(정)은 같지만 초기 갑골문에서는 전혀 다른 뜻을 가지고 있었습니다. 壬(임)의 갑골문자형은 '工'의 모양으로 되어 있는데, '두 개의 도끼', '베틀' 혹은 '사람이 임신한 모양' 또는 그 모습이 마치 짐을 진 것 같다 하여 '짊어지다'의 뜻을 지니고 있었습니다. 그러나 壬(정)의 갑골문을 보면 우뚝한 땅(土) 위에 서 있는 사람(亻)을 그려내고 있는데, 그 흔적이 '드릴 呈'(정)에 남아 있습니다.

이에 따라 聖(성) 자에는 상대방의 말을 잘 들어주고(耳) 좋은 말씀(口)으로 잘 다독이는 데 뛰어난(壬) 사람이라는 뜻이 담겨 있습니다. 즉 사람들의 마음을 잘 헤아려(耳) 가르침(口)을 펼치는 데 뛰어난 사람(壬)이라는 의미를 담고 있습니다.

밖 外(외)는 저녁 석(夕)과 점 복(卜)으로 구성되어 있습니다. 夕(석)은 해가 서산으로 지고 반달이 동쪽 산허리에 걸친 모양이라 할 수 있습니다. 갑골문에는 반달 모양으로 그려져 있어 月(월)이나 夕(석)의 구분이 뚜렷하지 않았습니다. 그러다 후대로 오면서 月(월)은 달 자체를, 夕(석)은 밤을 뜻하다, 밤을 뜻하는 夜(야)가 등장하자 夕(석)은 또다시 해질녘으로 세분화 되었습니다.

卜(복)은 거북이를 불에 굽기 위해 올가미를 씌워 옆에서 본 것을 상형한 글자로 특히 복갑(腹甲)의 갈라진 금을 보고서 점을 쳤습니다. 그 갈라진 금(卜)을 보고서 말(口)해 주는 게 바로 점(占)입니다. 이러한 행위는 해 뜰 무렵인 이른 아침(早)에 점(卜)을 보아야만 신의 계시를 탁월(卓)하게 알아낼 수 있는 것이지, 신성한 기운이 사라진 밤(夕)에 보는 점(卜)은 계시에서 벗어난다(外)고 여겼습니다.

임금 王(왕) 은 일반 무사들이 가지고 있는 도끼보다 크고 머리 부위에 장식이 달린 '큰 도끼'를 본뜬 모양입니다. 이러한 큰 도끼는 부족의 우두머리나 한 나라의 왕만이 가질 수 있다는 데서 '임금'이란 뜻을 지니게 되었습니다. 후대로 오면서 철학적인 의미도 부여했는데, 『說文』에서 "王은 천하가 돌아가는 곳"이라며, 가로의 삼 획이 의미하는 하늘·땅·사람을 관통하는 것이 왕이라고 규정하고 있습니다. 즉 제일 상부의 一은 하늘(天), 가운데 一은 땅(地), 제일 아래 一은 사람(人)을 의미하는데, 이 셋을 아울러 관통(丨)할 수 있는 사람이 곧 왕(王)이라는 것입니다. 따라서 천지인을 관통한 왕은 하늘의 천신(天神)을 향해서는 천제(天祭)를, 곡식을 관장하는 지신(地神)을 위해서는 지제(地祭)를, 왕실을 있게 한 인신(人神)에 해당하는 조상신을 위해서는 종묘(宗廟)에서 제사를 주관하게 됩니다.